대학연의보【1】大學衍義補

권수~권4

대학연의보【1】大學衍義補

1판 1쇄 인쇄 2024년 5월 10일
1판 1쇄 발행 2024년 5월 30일

저 자 | 구 준
역주자 | 윤정분 · 정재훈 · 오항녕 · 정호훈 · 김선민
발행인 | 이방원

발행처 | 세창출판사
신고번호 · 제1990-000013호 | 주소 · 서울 서대문구 경기대로 58 경기빌딩 602호
전화 · 02-723-8660 | 팩스 · 02-720-4579
http: / /www.sechangpub.co.kr | e-mail: edit@sechangpub.co.kr

ISBN 979-11-6684-321-1 94150
979-11-6684-099-9 (세트)

이 번역서는 2015년 대한민국 교육부와 한국연구재단의 지원을 받아 수행된 연구임 (NRF-2015S1A5A7016334).

대학연의보 大學衍義補

권수~권4

A Translation of **"Daxue Yanyi Bu"**

【1】

구준邱濬 저

윤정분 · 정재훈 · 오항녕 · 정호훈 · 김선민 역주

세창출판사

【머리말】

구준(邱濬)이 지은 《대학연의보(大學衍義補)》는 일반에게 잘 알려진 책은 아니다. 그러나 정주학(程朱學) 혹은 성리학(性理學)에 관심이 있거나 중국의 경세학(經世學)에 약간의 상식이 있는 사람이라면 이 거대한 저작에 대해 조금이라도 귀동냥을 했을 법한 나름은 유명한 책이기도 하다.

주지하다시피 성리학은 한때 지나친 관념주의로 치부되어 비판받기도 하였다. 하지만 송대에 주희(朱熹)가 정리한 이래 중국의 역사에서 가장 핵심적인 사상으로서 기능했으며, 또 현실을 움직였던 학문으로 두루 인정된 것은 또한 사실이다. 특히 주희가 주목한 경전으로서의 《대학》은 그 분량이 대단히 적음에도 불구하고 이전의 유학과는 다른 신유학의 핵심 경전이다. 그 《대학》의 순서에 따라 역사적 사실을 결합하여 경사(經史) 일치의 경세학으로서 《대학》과 관련된 여러 저작이 등장하였다.

그 대표적인 것으로 꼽을 수 있는 책이 진덕수(眞德秀)의 《대학연의(大學衍義)》(43권)와 구준의 《대학연의보》(160권)이다. 남송대와 명대를 대표하는 이 두 책은 모두 제왕학에 핵심적인 교재로서 원나라 이후에 경연에서도 읽힐 만큼 경세와 깊은 관련이 있었다. 송나라 후기와 원나라를 거치며, 명과 청 제국에서도 성리학적 사고와 이에 기반한 실천은 중국의 역사를 설명하는 가장 중요한 요소가 되었다.

《대학연의보》는 양명학이 발전한 명에서 주목이 되었던 경세서이다. 주희의 재전(再傳) 제자였던 진덕수는 《대학연의》에서 국가의 통치를 위해서 원칙을 중시하였고, 특히 황제의 개인적인 수양(修養)이 국가의 안녕과 경세의 기초가 됨을 강조하였다. 구준은 여기에 황제 개인의 수양만이 아니라 제도적인 정비와 개선의 노력이 또한 중요함을 《대학연의보》에서 수많은 역사적인 사례를 들어서 설득하려고 시도하였다.

황제 개인에게 권력이 집중됨으로써 황제독재체제를 유지하였던 명조의 상황에서 황제를 향한 이러한 제안은 군주의 마음을 바르게 하는 것에서 출발하여 조정과 백관, 만민과 나아가 사방(세계)을 안정시키는 유일한 경세의 대안이었다. 이전에 군주의 마음 수양에 강조를 두던 경향에 더하여 국가 경영과 민생에 필요한 분야는 모두 망라한 내용은 매우 실용적이고 객관적이며 실천가능한 내용을 포함한 것이었다.

이 때문에 이 책은 성리학으로 국가를 경영하였던 비슷한 처지의 조선에서도 주목이 되었던 것이다. 따라서 《대학연의보》의 번역은 단지 중국의 고전, 경세서로서만이 아니라 많은 문화를 공유하였던 중국과 한국, 특히 명, 청과 조선의 역사와 문화를 이해하는 데에도 매우 큰 시사점을 줄 수 있다.

이 책의 번역은 한국연구재단의 동서양학술명저번역사업의 지원으로 가능하였다. 160권에 달하는 엄청난 분량을 번역하기 위해 고 윤정분 덕성여대 교수를 연구책임자로 번역팀을 구성하여 2015년부터 번역이 시작되었다. 하지만 번역작업을 마쳐 가던 2017년 12월 불의의 사고로 인해 윤 교수님이 유명을 달리하시게 되어서 불가피하게 번역이 지체되어 이제야 간행에 이르게 되었다. 국내에서 《대학연의보》와 명대 정치사의 최고 권위자였던 윤 교수님께서 평생 소원이었던 이 책의 번역과 간행을 미처 보시지 못한 점을 우리 번역팀 모두는 매우 안타깝게 여기면서 윤 교수님의 영전에 이 책을 바친다.

2022년 4월

번역팀 일동

【차 례】

대학연의보(大學衍義補) 권4 · 291

《대학연의보(大學衍義補)》 해제

정재훈(경북대)

1. 저자와 구성

《대학연의보(大學衍義補)》는 15세기 중국 명나라 때 구준(丘濬, 1421~1495)[1]이 지은 《대학(大學)》의 해설서이다. 《대학》은 주자학에서 학문의 전체체계를 제시한 경전으로서 사서(四書) 가운데서도 첫 번째로 자리매김이 될 정도로 중요한 책이었다. 그래서 이 책을 근거로 제왕학의 고전으로 일컬어진 진덕수(陳德秀, 1178~1235)의 《대학연의(大學衍義)》가 저술되어 원, 명, 청을 거치면서 주목되기도 하였다. 《대학연의보(이하 연의보로 약칭함)》 역시 이러한 흐름 속에서 명대에 저술되어 경세학에 크게 참고가 되는 책으로 주목받았다.

이 책의 저자 구준은 1421년(영락 18)에 광동(廣東) 경산부(瓊山府: 현재 海

1 특히 丘濬의 사망 연도에 대해서는, 《明史》《明史稿》《明書》《明大政從信錄》《明大政纂要》《明紀》 등 대부분의 사료에서는 1496년으로 기록되고 있지만, 최근 연구에 따르면 1495년이 유력하다고 할 수 있다. 따라서 여기에서는 1495년 설에 따르기로 한다. 吳緝華, 〈明代丘濬的生卒年〉, 《大陸雜誌》 35:2, 1967, pp.42-44; 李焯然, 〈關於丘濬生卒年的一點補充〉, 《丘海季刊》 5:6, 1982.9, pp.40-41 참조.

南島 瓊山縣 府城鄕)에서 출생하여, 특히 명 중기에 해당하는 성화(成化, 1465~1487)·홍치(弘治, 1488~1505) 연간의 정치·사상계에서 큰 족적을 남긴 인물이다.[2] 그는 1454년(景泰 5) 정시(廷試)에 급제하여 서길사(庶吉士)에 제수된 이래 한림원을 기반으로 비교적 순탄하게 관계 진출에 성공하였으며 1480년(성화 16)에는 마침내 예부시랑 겸 내각대학사와 국자감좨주를 역임하는 등 황제의 측근으로서 상당한 실권을 장악하기에 이르렀다.[3]

또한 구준은 화려한 관직 경력 못지않게 저술활동도 왕성하게 전개하여, 《환우통지(寰宇通志)》·《대명일통지(大明一統志)》·《영종실록(英宗實錄)》·《송원강목(宋元綱目)》·《헌종실록(憲宗實錄)》 등의 관찬서는 물론이고, 경세학 관련 저서인 《대학연의보》를 비롯하여 학술사인 《주자학적(朱子學的)》, 역사서인 《세가정강(世史政綱)》, 가례 관련 저서인 《가례의절(家禮儀節)》, 어문학에 대한 《성어고(成語考)》, 희곡소설인 《투필기(投筆記)》《오륜전비(伍倫全備)》 등 매우 다양한 저서를 집필하기도 하였다.[4]

구준이 《연의보》를 저술한 성화 연간에는 오여필(吳與弼)의 문인인 진헌장[陳獻章(白沙), 1428~1500]이 심학(心學)을 발전시킨 이래 이를 계승 발전시킨 왕수인[王守仁(陽明), 1472~1528] 등 이른바 '요강학(姚江學)'이 천하를 풍미하기 시작함으로써 정주학(程朱學)이 크게 위협받고 있었다. 더구나 당시 정주학은 과거를 위한 수단인 '거자지학(擧子之學)'으로 전락하게 됨에 따라 정주학의 학문적 가치는 크게 비판받고 있었다. 이처럼 정주학이 위기에 직면한 가운데, 이에 대한 재해석과 부흥을 통해 새로운 이론과

2 구준의 주요 관직 경력에 대해서는 윤정분, 〈대학연의보의 저술배경과 體裁〉, 《中國近世 經世思想 硏究》, 혜안, 2002, p.49 참조.

3 구준이 저술한 개인 저서에 대해서는 윤정분, 위의 책, pp.50-51 참조.

4 윤정분, 앞의 책, p.13 참조.

방안을 모색하는 것은 어쩌면 필연적인 일이라 하겠다. 이렇듯 정주학이 사상적으로는 지나치게 현학적이면서도 또 한편으로는 과거시험을 위한 학문으로 전락한 상황에서, 구준은 정주학의 부흥을 꾀하는 동시에 치국(治國)·평천하(平天下)에 필요한 현실적 이론과 방안을 제시하고자 《연의보》 160권을 저술함으로써, 중국 근세시기 경세서의 보고로 자리매김하게 되었다. 구준이 《연의보》를 저술한 직접적인 동기는 '전체대용(全體大用)', 즉 체용(體用)의 원리에 따라 진덕수의 《대학연의》에서 언급한 격물(格物)~제가(齊家)의 부분을 체(體)로 이해하고, 자신은 대학의 8조목에서 빠져 있는 용(用)의 부분, 즉 치국·평천하와 관련된 구체적인 방안을 중심으로 서술하려고 한 것이었다.

《연의보》 160권은 모두 119사(事)에 대해 언급하고 있는데, 이 책의 구성은 조정과 6부(部)의 구성에 따라 〈정조정(正朝廷)〉·〈성공화(成功化)〉(조정), 〈정백관(正百官)〉(이부), 〈고방본(固邦本)〉·〈제국용(制國用)〉(호부), 〈명예악(明禮樂)〉·〈질제사(秩祭祀)〉·〈숭교화(崇教化)〉(예부), 〈비규제(備規制)〉(공부), 〈신형헌(愼刑憲)〉(형부), 〈엄무비(嚴武備)〉·〈어이적(御夷狄)〉(병부) 등 12편으로 나누어져 있고, 이는 정심(正心) → 정조정(正朝廷) → 정백관(正百官) → 정만민(正萬民: 理財, 호부)·정사(正辭 예부, 공부)·정의(正義, 형부) → 정사방(正四方, 병부)의 국가조직론과 세계관에 따라 구성되었다고 할 수 있다. (〈부표 1〉 《대학연의보》의 목차와 내용 참조.)

《연의보》에 대한 지금까지의 연구동향은 《연의보》의 구성 및 체재 등 제도사적 연구,[5] 경제사상사의 견해에 입각하여 재정과 회계정책 등 부

5 間野潛龍, 〈大學衍義補の正朝廷につて〉, 《中山八郎教授頌壽記念明清史論叢》, 東京, 燎原書店, 1977, pp.89-109가 대표적이다.

분적 내용에 대한 평가,[6] 학술·사상사적 입장에서 남송의 영가학파(永嘉學派)와 명말 청초의 경세치용학파를 연계해 주는 사상사적 역할을 강조하는 입장,[7] 경학사의 입장에서 주자학을 명 중기에 부흥시켰다는 평가,[8] 구준 개인의 생애와 문학 활동에 주목한 연구,[9] 진덕수(眞德秀)의 《연의》와 비교 연구[10] 등으로 대별할 수 있다. 종전의 연구는 대부분 신유학사의 입장을 지나치게 강조하여 《연의》와 《연의보》의 차이점을 부각시키거나, 《연의보》의 공리적 측면이나 경세적 측면을 강조하기 위해 《연의보》에서 나타나는 경제사상의 특징을 단편적으로 강조함으로써, 《연의보》에 대한 체계적이고 종합적인 분석이 미흡했다고 할 수 있다. 그런데 최근에는 이러한 한계를 극복하고자 《연의보》에 대한 본격적인 분석과 종합적인 연구가 학위논문으로 발표되었고,[11] 특히 《연의보》가 조선에

---

6 西田太一郎,〈儒敎的財政思想の一類型-大學衍義補制國用を讀む〉,《東亞人文學報》 3:4, 1944, pp.95-137; 石世奇, 〈論丘濬的國民經濟管理思想〉,《北京大學學報》 1985:1, pp.59-64; 胡寄窗, 〈明淸封建帝國經濟思想〉,《中國經濟思想史》 下卷, 上海, 人民出版社, 1981, pp.305-325; 趙靖, 〈邱濬-中國15世紀經濟思想的卓越代表人物〉,《北京大學學報》 1982:2, pp.47-53; 黃國強, 〈略論丘濬的經濟思想〉,《華南師範大學學報》 3, 1983, pp.84-90 등이 있다.

7 間野潛龍, 〈明代儒學と陽明學〉,《明代文化史硏究》, 東京, 同朋舍, 1979, pp.135-161; 蘇雲峯, 〈丘濬-一位遙從海外數中原中的布衣卿相〉,《丘海季刊》 5:6, 1982.9., pp.9-20; 王萬福, 〈丘瓊山之著述與思想〉,《廣東文獻》 3:1, 1983, pp.11-24 등이 있다.

8 詹尊泮, 〈丘文莊的學術根源及其中心思想〉,《丘海季刊》 5:6, 1982.9., pp.21-26이 대표적인다.

9 吳緝華, 앞의 논문, 1967, pp.10-12; 吳緝華, 〈明史丘濬傳補正〉,《大陸雜誌》 35:9, 1967, pp.7-14; 王萬福, 〈丘文莊公年譜〉,《廣東文獻》 6:4, 1976.12., pp.40-44; 李焯然, 앞의 논문, 1982.9., pp.40-41; 林光灝, 〈丘瓊山詩話〉,《廣東文獻》 7:2, 1977.6., pp.66-69 등 참조.

10 朱鴻林, 〈理論型的經世之學〉,《食貨月刊》1985:3, pp.108-119; Chu Hong-Lan, Ch'iu Chün(1421~1495) and The Ta-Hsüeh Yen-I Pu: Statecraft Thought in 15th-Century China, Ph.D. Degree, Princeton University, 1983.

11 Chu Hong-Lan, *Ibid.*; Lee Chk-Yin, Ch'iu Chün(1421-1495) and His Views on Government and History, Ph.D. Degree, The Australian National University, 1984.

전래되는 과정과 조선후기의 개혁정치와의 연계성을 검토한 연구가 발표되어,[12] 《연의보》가 근세 시기 중국뿐만 아니라 조선에서도 경연 교재로 널리 활용됨으로써, 조선 후기의 개혁정치에도 중요한 전거(典據)로 영향을 끼쳤다는 사실이 밝혀지는 등 《연의보》에 대한 국내 학계의 관심이 확대되고 있는 것은 매우 고무적인 일이라 할 수 있다.

이렇듯 구준의 《연의보》는 양명학을 중심으로 심학이 풍미한 15세기에 이르러 주자학이 위기에 직면한 상황에서, 대학의 8조목 가운데 사회문제를 해결하는 현실적인 치평(治平)의 방안을 통해 정통 주자학의 위기를 극복하는 한편, 동요되고 있는 국가의 질서를 재건하고자 구체적인 방안을 제시한 방대한 분량의 경세서의 보고라고 할 수 있다. 이 저서에 담긴 내용은 토지·재정·경제·군사·예제 등 국가에 필요한 모든 제도의 연혁을 비롯한 현실적 해결방안을 제시함으로써, 중국 근세 시기 국가제도의 구체상과 연혁을 이해하는 데에 필수적인 전적(典籍)이라고 할 수 있을 뿐만 아니라, 조선에도 전래되어 적지 않은 영향을 끼쳤다고 할 수 있다.

그러므로 특히 근세 시기 중국과 조선의 정치·경제·사회·예제 등 모든 분야의 제도사와 그 변천과정, 또한 당시 국가관과 통치술의 변화 추이를 통한 정치사상사의 흐름을 이해하기 위해서는 진덕수의 《연의》와 더불어 매우 중요한 텍스트이자 필수적인 전거라고 할 수 있다. 따라서 이 책의 번역은 한국에서는 처음으로 이루어진 작업임과 동시에 중국과 조선 등 동아시아 근세기의 정치·학술(사상)·제도·예제사 등 봉건국가

---

12 윤정분, 〈大學衍義補의 조선 전래와 그 수용(上)〉, 《中國史研究》 14, 2001.8., pp.101-129; 윤정분, 〈大學衍義補의 조선 전래와 그 수용(下)〉, 《中國史研究》 17, 2002.2., pp.139-166 참조.

의 모든 분야에서의 연구를 위해 매우 의미 있는 작업이라 하겠다.

2. 판본 및 국내외 연구동향

《대학연의보》는 책이 완성된 이듬해인 1488년(弘治 元年)에 초간본이 나온 이래 중국, 조선, 일본 등 동아시아 각 지역에서 여러 판본이 출간되었다. 번역의 학술적 완성도를 확보하려면 우선 저본을 신중하게 선정해야 한다. 이를 위해서는 《대학연의보》의 대체적인 출간 상황을 파악하고 현존 판본을 꼼꼼히 검토한 후 각 판본 사이의 전승관계를 규명하는 작업이 필수적이다. 이에 본 번역에서는 각 판본 사이의 비교하는 작업을 통해 각 판본의 학술적 가치와 그 문화적 함의를 파악한 후 번역의 저본을 선정하였다.

현존하는 《대학연의보》의 주요 판본을 출간지역에 따라 살펴보면 다음과 같다.

(1) 중국본: ① 明 弘治 元年(1488) 建寧府 刻本, ② 明 正德 元年(1506) 宗文堂 刻本, ③ 明 嘉靖 38年(1559) 吉澄 刻本, ④ 明 萬曆 33年(1605) 喬應甲 刻本, ⑤ 明 崇禎 5年(1632) 陳仁錫 評閱本, ⑥ 淸 四庫全書本, ⑦ 林冠君, 周濟夫 校點本(北京: 京華出版社, 1999), ⑧ 中國經學史基本叢書本(上海: 上海書店出版社, 2012)

(2) 조선본: ① 初鑄甲寅字本(中宗內賜本, 冲齋 權橃 소장, 寶物 제896-7호), ② 戊申字本(英祖代)

(3) 일본판본: 寬政 4年(1792) 福井軏 校本

현재 가장 쉽게 접할 수 있는 《대학연의보》의 판본은 사고전서본(四庫全書本)으로, 이 판본은 경화출판사본(京華出版社本)이나 중국경학사기본총서본(中國經學史基本叢書本) 등 근래에 출판된 표점본의 모본이다. 하지만 사고전서본은 당시의 정치적, 문화적 한계로 인해 적지 않은 와탈(訛脫)과 왜곡이 보인다. 이 때문에 사고전서본 계열의 판본을 번역의 저본으로서 삼는 것은 부적절하다.

《대학연의보》 번역의 학술적 엄밀성을 갖추기 위하여 본 번역에서는 명대(明代)의 판본을 저본으로 번역에 참고하였다. 초간본인 홍치본(弘治本)은 현재 중국의 적지 않은 도서관에 소장되어 있다. 그런데 160권이라는 큰 편폭의 저작을 단 1년이라는 짧은 시간에 판각하였기 때문에 홍치본에는 판각의 과정에서 많은 오류가 보인다. 후인들이 《대학연의보》의 교감(校勘)에 상당한 노력을 기울인 것도 홍치본의 결함을 바로잡기 위해서였다.

본 번역에서는 주홍모(周洪謨) 등이 교감한 정덕본(正德本)과 길징(吉澄) 등이 교감한 가정본(嘉靖本)을 저본으로 선정하여 번역을 하였다. 이 두 판본은 초간본과의 시간적 거리가 그리 멀지 않을 뿐만 아니라 홍치본의 오류를 수정한다는 문제의식에서 새롭게 출간한 판본이기 때문에 학문적 신뢰도가 상당히 높다. 정덕본과 가정본을 대조하여 원문을 확정한 후 기타 여러 판본을 참고자료로 활용한다면 번역의 완성도를 제고할 수 있다.

조선의 초주갑인자(初鑄甲寅字) 중종내사본(中宗內賜本)의 경우 최소한 내사 시기인 1515년(正德 10) 이전에 인쇄되었다는 점에서 《대학연의보》 번역의 주요한 참고자료가 된다. 초간본과의 시간적 거리가 그리 멀지 않을 뿐만 아니라 한중 문헌교류사나 조선중기 정치사상사에서 큰 의미를 지니기 때문이다.

진인석(陳仁錫)의 평열(評閱)을 바탕으로 교응갑(喬應甲)이 판각한 만력본은 근대 이전 그 유통범위가 가장 넓은 판본으로서, 현재 중국뿐만 아니라 한국과 일본의 도서관에도 적지 않게 소장되어 있다. 또한 조선 영조대(英祖代)의 무신자본(戊申字本)이나 일본 관정본(寬政本)의 모본이기도 하다. 이러한 점을 고려하면 만력본 계열의 여러 판본도 주요한 참고자료로 활용하였다.

현재 국내에는 《대학연의보》의 번역본이 없다. 다만 이와 관련된 책인 진덕수의 《대학연의》만이 3종 번역 출간된 바가 있다.[13] 《대학연의보》의 번역은 《대학》에서 시작된 경세학이 중국에서 하나의 정점을 이룬 저작을 국내 최초로 번역하였다는 점에서 의미가 있다. 더구나 한국에서도 깊은 관심을 보였던 책인 만큼 이번 번역을 통해 조선후기의 경세학, 사상사, 정치사, 사회경제사 연구에서 이러한 경세의 흐름들이 어떻게 반영되었는지 살필 수 있는 좋은 기회가 될 것이다.

3. 이 책의 의의

동아시아 전근대 정치사상의 중심을 이루는 주요한 요소 중의 하나로 주희(朱熹)가 정리한 《대학(大學)》의 수기치인론(修己治人論)을 거론할 수 있

13 《대학연의—上,下 성현의 말씀과 제왕의 역사로 읽어낸 〈대학〉 풀이》, 이한우 역, 해냄출판사. 2014; 《대학연의 大學衍義 1~5》, 신승운 외 역, 전통문화연구회, 2015~2018; 《대학연의 : 리더십을 말하다—상·중·하》, 정재훈 외 역, 서울대학교 출판문화원, 2018.

을 것이다. 주희는 이 책의 편집과 주석을 통하여 수신(修身)-제가(齊家)-치국(治國)-평천하(平天下)로 이어지는, 성리학의 학문론·경세론을 구체화하였다. 최고의 권력·권력자는 성인의 학문을 통하여 성인의 경지에 이르러야만 유교의 이상을 현실에서 구현할 수 있다는 것이 그 주된 내용이었다. 주희는 이러한 학문을 성학(聖學)이라고 이름 짓고, 군주학·제왕학은 성학이어야 한다고 했다.

이후 주희의 성학론은 후학들에게 강하게 영향을 미치며 발전하였다. 그 가운데 진덕수(眞德秀)의 《대학연의》는 중국 경서의 담론과 역사 경험을 활용하며 주희의 정치론을 확장한 주요 성과였다. 이 책에 이르러 성학으로서의 군주학·제왕학은 매우 정치(精緻)해졌다. 그러나 이 책은 수신-제가의 문제에만 관심을 기울여 치국·평천하에 대해서는 완전히 배제했다.[14]

이 점은 이 책의 특징이자 한계이기도 했는데, 《대학연의보》는 주희의 《대학장구》, 진덕수의 《대학연의》에서 구축된 학문론·정치론을 계승하며, 또한 그 한계를 넘어서려는 의도로 편찬되었다. 두 책에 부족했던 치국-평천하의 문제를 이 책에서 전면적으로 거론한 것은 그 구체적인 모습이라 하겠다. 말하자면, 《대학연의보》는 《대학장구》와 《대학연의》의 문제의식을 그대로 보여 주면서도 그 한계 또한 뛰어넘는 경세서(經世書)였다.

구체적으로 《대학연의보》는 《대학연의》가 가지고 있는 한계, 즉 지나치게 본(本)의 관점, 혹은 군주 심학(心學)에 주목하는 관점을 탈피하여 보

14 《대학》에서 출발한 제왕학에 대한 기본적인 논의는 정재훈, 《조선전기 유교정치사상연구》, 태학사, 2005 참조.

다 구체적인 방안을 제시함으로써 《대학연의》의 빠진 부분을 보충하려는 의도가 있었다.

이에 따라 군주는 내성외왕(內聖外王)의 절대자로서, 그리고 천명(天命)의 수임자(受任者)로서 이상화되지만 실제로는 치자(治者)라는 현실적인 인간으로 파악하여 도덕적 능력에 한계가 있다는 사실을 중시한다는 점에 차이가 있다. 즉 군주의 도덕적 수양만으로 치국과 평천하가 자연스럽게 달성되는 것이 아니라 치국 평천하의 구체적인 항목에 군주의 개입이 요청되는 현실을 반영하는 것이었다. 따라서 군주의 수양 덕목인 수기(修己)와 치인(治人)이 실질적으로 분리된다는 점이 이전의 성리학에서 제시한 제왕관(帝王觀)과는 다른 점이었다.[15]

그러므로 《대학연의보》는 《대학연의》의 제목과 형식, 내용까지도 상당히 계승함에도 불구하고 당시 처해져 있던 시대적 상황을 반영하면서 군신론(君臣論)에서도 군주의 심학을 강조하는 것과는 달리 군주의 관심 범위를 구체적인 현실로 확대하게 한 데서 차이가 있게 되었다.

송대의 《대학장구》에서 명대의 《대학연의보》로의 전개는 송대의 역사 배경 위에서 성립했던 주자학의 정치사상이 시대의 변화를 거치며 어떻게 변모하는가를 잘 보여 주는 일이기도 했다. 구준의 《대학연의보》는 송대의 역사적 배경 위에서 틀 잡힌 성리학의 정치론을 포괄하면서

15 윤정분, 《中國近世 經世思想 硏究》, 혜안, 2002, 250-258쪽 참조. 이 책에서는 帝王의 수양 덕목인 修己와 治人이 실질적으로 분리되고, 이에 따라 사대부의 역할이 증대되면서 관료에 의한 分治의 가능성까지 있다고 보았다. 하지만 이때 사대부 관료의 역할은 단지 제왕의 충실한 보조자로서 관료로서의 성격이 강하였다고 보아야 할 것이며, 오히려 황제권이 구체적인 항목까지 개입하는 논리는 역으로 신하들의 위상이 낮아진 증거였다고 파악해야 한다.

도, 이 책이 편찬된 명대의 제반 상황을 반영하며 만들어졌다. 특히 이 책에는 양명학이 확산되며 주자학의 역할이 약화되던 시기를 목도하며, 주자학의 정치성을 재확인하고자 하는 구준의 의도가 강하게 자리 잡고 있었다.

《대학연의보》에 대한 번역은 《대학장구》, 《대학연의》를 전제로 성립한 이 책의 성격을 구체적으로 확인하고 드러내는 일이 된다. 그리고 그 정확한 번역은 《대학장구》, 《대학연의》, 《대학연의보》로 이어지며 전개된 송학에서의 정치사상을 온전히 이해하기 위한 발판이 될 것이다.

또한 구준의 《대학연의보》는 편찬된 지 얼마 되지 않아 조선·일본 등 이웃 동아시아 국가로 유통되며, 이들 지역에 큰 영향을 미쳤다. 이 점은 중국에서 생산된 서책이 중국 밖에서 유통되며, 당해 지역의 문화 속으로 스며들어 가던 사정과 별반 다를 바 없다고 하겠으나, 성리학적 정치사상의 요체를 담고 있는 점에서 이 책에서만 찾을 수 있는 특수성을 지니고 있다고 볼 수 있다.[16]

《대학연의보》의 유통과 활용 양상은 나라별로 차이가 있었고, 또 주희·진덕수의 《대학장구》나 《대학연의》에 비해서도 제한적이었다. 조선에서는 이미 15세기 말에 중국에 사행을 다녀온 사람이 구해 온 책을 인쇄하여 반포할 정도로 이 책을 일찍 접하였다. 그러나 이 책을 경연(經筵)에서 읽으며 군주의 성학(聖學) 학습에 활용하거나 학자들이 이 책을 연구하는 것은 그렇게 활발하지 않았다.

---

16 《대학연의보》와 《대학》, 《대학연의》 등이 가지는 정치사상적 의미를 조선에서 어떻게 이해할 수 있는가의 문제에 대해서는 정재훈, 〈《대학연의(大學衍義)》와 조선의 정치사상〉, 《韓國思想史學》 64, 2020 참조.

이 책을 주목한 시기는 대체로 16세기 전반의 중종대, 18세기의 영·정조대였던 것으로 파악된다.[17] 이 두 시기에는 경연에서 국왕이 직접 이 책을 강독했음을 확인할 수 있으며, 정조대에는 이 책을 재구성하여 《대학유의(大學類義)》라는 책을 만들어 내기도 했다.

말하자면 《대학연의보》에 대한 조선 사회의 관심과 활용은 그다지 활발한 것이 아니었다고 할 수 있는데, 이 점은 군주의 학습 과목으로 대학과 《대학연의》를 채택하고 이를 적극 강독했던 것과는 비교된다. 나아가, 이황(李滉)과 이이(李珥)가 이 책들을 활용하여 《성학십도(聖學十圖)》, 《성학집요(聖學輯要)》를 편찬하여 군주 교육의 표준으로 삼도록 하려고 했던 것과도 비교된다. 《대학연의보》에 대한 조선 학계의 관심은 《대학연의》에 비해 상대적으로 빈약했다고 할 수 있을 것이다.

《대학연의보》에 대해 조선에서 그렇게 주목하지 않은 것은 이 책이 엄청난 분량을 갖춘 거질(巨帙)이어서 국왕의 학습서로 쉽게 활용할 수 없었던 점도 있지만, 《대학》이나 《대학연의》에서 찾아볼 수 없는 이 책만의 특성에 대해, 조선의 학자·신료들이 쉽게 받아들이지 못했던 것도 한 이유일 것이다. 그렇다면 문제는 조선의 학자들이 《대학연의보》에서 쉽게 받아들일 수 없었던 이 책만의 특성은 무엇이었던가 하는 점일 것이다.

18세기 영조와 정조가 이 책을 중시했던 점을 고려해 본다면 이 책은 아마도 군주(君主)·국가(國家)의 역할을 보다 강조하는 정치사상적 특색을 지니고 있었던 것은 아닐까 생각하게 된다. 그리고 아직 연구가 충분하지는 않지만 18세기 이후 이른바 실학(實學)이라고 불리는 현실개혁적 사

17 윤정, 〈朝鮮 中宗·英祖大〈大學衍義補〉 進講의 의미〉, 《奎章閣》 24, 2001 참조.

상의 면모에는 이 책이 끼친 영향이 적지 않았을 것으로 상정해 볼 수 있다. 18세기에 조선에서는 조선 국가의 역할에 대해 고민하는 지식인들이 적지 않았고, 그들이 역대 제도와 그 문제점에 대해 풍부하게 수록된 이 책을 참고하였을 가능성은 충분하다.

《대학연의보》의 번역은 이 책이 가지고 있는 정치사상의 성격을 면밀하게 정리할 수 있는 계기를 제공할 것이다. 그러한 작업은 동아시아 국가에서 이 책을 수용, 활용하는 모습을 다양하게 형상화함에 일조할 것이다. 중국의 학술과 사상을 전문적으로 연구하는 학자라 할지라도 《대학연의보》와 같은 거질의 책 속에 구축된 성리학의 성학론, 정치사상을 직접 파악하는 것은 쉽지 않은 일이다. 신뢰를 주는 《대학연의보》의 번역은 보다 많은 연구자들이 이 책을 쉽게 접할 수 있도록 도울 것이다. 그 과정에서 이 책은 연구자들로 하여금 보다 폭 넓은 사유를 가능하게 하는 매체 역할을 할 것이다.

〈부표 1〉《대학연의보》의 목차와 내용

권수	대목차	소목차	내 용	기 타
1	治國平天下之要 (계속)	正朝廷	總論朝廷之政	
2			正綱紀之常·定名分之等	
3			公賞罰之施·謹號令之頒	
4			廣陳言之路	
5		正百官	總論任官之道·定職官之品	
6			頒爵祿之制·敬大臣之禮	
7			簡侍從之臣	
8			重臺諫之任	
9			清入仕之路	
10			公銓選之法	
11			嚴考課之法·崇推薦之道	
12			戒濫用之失	
13		固邦本	總論固本之道·蕃民之生	
14			制民之産	
15			重民之事·寬民之力·愍民之窮	
16			恤民之患	
17			除民之害	
18			擇民之長	
19			分民之牧·詢民之瘼	
20·1		制國用	總論理財之道 上·下	
22			貢賦之常	
23·4			經制之義 上·下	
25			市糴之令	
26·7			銅楮之幣 上·下	
28·9			山澤之利 上·下	
30			征榷之課	
31			傳算之籍	

권수	대목차	소목차	내 용	기 타
32	治國平天下之要(계속)	制國用	鬻算之失	
33·4			漕輓之宜 上·下	
35			屯營之田	
36·7		明禮樂	總論禮樂之道 上·下	
38-40			禮儀之節 上·中·下	
41·2			樂律之制 上之上·下	
43·4			樂律之制 中·下	
45-7			王朝之禮 上·中·下	
48			郡國之禮	
49-51			家鄕之禮 上之上·中·下	
52			家鄕之禮 中	
53			家鄕之禮 下	
54·5		秩祭祀	總論祭祀之禮 上·下	
56·7			郊祀天地之禮 上·下	
58·9			宗廟饗祀之禮 上·下	
60·1			國家常祀之禮 上·下	
62			內外群祀之禮	
63·4			祭告祈禱之禮 上·下	
65·6			釋尊先師之禮 上·下	
67		崇教化	總論教化之道	
68-70			設學校以立教 上·中·下	
71·2			明道學以成教 上·下	
73-5			本經術以爲教 上之上·中·下	
76			本經術以爲教 中	
77			本經術以爲教 下	
78			一道德以同俗	
79			躬孝悌以敦化	
80			崇師儒以重道	
81			謹好尙以率民	

권수	대목차	소목차	내 용	기 타
82			廣敎化以變俗	
83		崇敎化	嚴旌別以示勸	
84			擧贈諡以勸忠	
85·6			都邑之建 上·下	
87			城池之守	
88			宮闕之居	
89			囿游之設	
90			冕服之章·璽節之制	
91			輿衛之儀	
92·3		備規制	歷象之法 上·下	
94			圖籍之儲	
95			勸量之謹	
96			寶玉之器	
97	治國平天下之要 (계속)		工作之用	
98			章服之辨·胥隸之役	
99			郵傳之置·道塗之備	
100·1			總論制刑之義 上·下	
102·3			定律令之制 上·下	
104			制刑獄之具	
105			明流贖之意	
106			詳聽斷之法	
107		愼刑憲	議當原之辟·順天時之令	
108			謹詳讞之議	
109			伸寃抑之情·愼眚災之赦	
110			明復讐之義	
111			簡典獄之官	
112			存欽恤之心	
113			戒濫從之失	

권수	대목차	소목차	내 용	기 타
114-6			總論威武之道 上·中·下	
117			軍伍之制	
118			宮禁之衛	
119			京輔之屯·郡國之守	
120			本兵之柄	
121·2			器械之利 上·下	
123-5			牧馬之政 上·中·下	
126·7			簡閱之敎 上·下	
128·9		嚴武備	將帥之任 上之上·下	
130			將帥之任 中	
131			將帥之任 下	
132			出師之律	
133·4	治國平天下之要 (계속)		戰陳之法 上·下	
135			察軍之情	
136-8			遏盜之機 上·中·下	
139-40			賞功之格 上·下	
141·2			經武之要 上·下	
143·4			內外之限	
145			愼德懷遠之道·譯言賓待之禮	
146·7			征討綏和之義 上·下	
148·9		御夷狄	修攘制御之策 上·下	
150·1			守邊固圉之略 上·下	
152			列屯遣戍之制	
153-5			四方夷落之情 上·中·下	
156			劫誘窮黷之失	
157-60		成功化	聖神功化之極 上之上·下, 中·下	

일러두기

1. 이 책의 번역 저본은 1506년 명(明) 정덕(正德) 원년(元年)에 주홍모(周洪謨) 등이 교감한 정덕본이다. 소장처는 동경대학 동양문화연구소이다.
2. 1559년 명(明) 가정(嘉靖) 38년(1559) 길징(吉澄) 등이 교감한 가정본, 청의 《사고전서》에 수록된 사고전서본을 참고하여 원문을 교감했다.
3. 번역 저본은 주제별로 경전(經傳)과 사서(史書)에서 발췌한 본문, 본문에 대한 여러 학자들의 해설, '신안(臣按)'으로 표시된 구준(邱濬)의 의견으로 구성되어 있다. 본문과 해설, 구준의 의견은 각기 번역문 하단에 원문을 부기하였다.
4. 원문은 읽기 쉽도록 표점하였으며, 한국고전번역원 표점 지침(2014)을 준용했다.
5. 본문을 비롯한 여러 글의 원주(原註)는 번역문의 중간에 【 】로 표시하고 번역했다.
6. 번역은 원주(原註)를 최대한 반영하였으며, 그러므로 현재 통용되는 해석과는 차이가 있을 수 있다.
7. 역자 주는 각주를 원칙으로 하되, 10자 안팎의 간단한 내용이면 본문 속에 한 포인트 작은 글자로 설명하였다.
8. 번역문은 한글 쓰기를 원칙으로 하되, 필요하면 한글(한자)로 병기했다.
9. 책은 《 》, 편장은 〈 〉으로 표시했다.
10. 책의 이해를 돕기 위하여 《대학연의보》 1권 앞에 전체 해제를 실었다.
11. 인명·지명·서명·고유명사는 현대 한국어표기법을 따랐다.
12. 각 권별로 번역 책임을 맡은 역자는 다음과 같다.

《대학연의보》를 올리는 표문-어제 서문-자서: 오항녕 / 권수: 오항녕 /

권1: 윤정분·오항녕 / 권2: 정호훈 / 권3: 김선민 / 권4: 정재훈

대학연의보

大學衍義補

《대학연의보》를 올리는 표문

[進大學衍義補表]

국자감(國子監) 장감사(掌監事) 예부(禮部) 우시랑(右侍郎) 신 구준(丘濬)은 진실로 황송하고 두려워 머리를 조아리며 말씀을 올립니다. 삼가 아룁니다. 세상을 유지하고 가르침을 세우는 일은 육경(六經)에 달려 있지만 그 요체는 《대학(大學)》에 모여 있으니, 명덕(明德)과 신민(新民)에 8조목이 있어 그 공은 치평(治平)에서 거두고, 덕의(德義)를 들어 사업에 조치하며, 옛 도를 참작하여 지금의 정치에 시행하였습니다. 선유(先儒)가 남긴 뜻을 풀이하고 성인 정치의 지극한 공적을 보완하여, 오직 헌근(獻芹)의 정성[1]을 다할 줄만 알고 속초(續貂)의 비난[2]을 돌아볼 겨를이 없었습니다. 1경(經) 10전(傳)을 살펴보면 바로 성인(聖人)의 체(體)를 온전히 하고 용(用)을

---

1 헌근(獻芹)의 정성: 변변찮지만 성의(誠意)를 다해 올린다는 뜻의 겸사이다. 어떤 시골 사람이 미나리 맛이 좋다면서 윗사람에게 바쳤다가 핀잔을 받았다는 헌근(獻芹)의 고사에서 나왔다. 《列子 楊朱》

2 속초(續貂)의 비난: 훌륭한 사람의 업적, 즉 진덕수(陳德秀)의 《대학연의(大學衍義)》에 변변치 못한 자신의 저서가 이어 뒤따랐다는 비난을 말한다. 고대에 임금을 기까이 보필하는 고급 관리들은 관의 장식으로 담비꼬리를 썼는데, 진(晉)나라 때 조왕(趙王) 사마륜(司馬倫)이 조정의 정사를 전단하면서 봉작(封爵)이 너무 많은 나머지 담비꼬리가 부족하여 개꼬리로 보충하였던 데서 유래하였다. 《晉書 卷59 趙王倫列傳》

크게 한 저서이며, 3강령(綱領)과 8조목으로 나눈 것은 실로 배우는 자의 몸을 수양하고 사람을 다스리는 요체입니다.

《대학장구(大學章句)》에서 이미 성인의 온축을 크게 밝혔으며, 《대학연의(大學衍義)》에서 또 위로 임금의 마음을 바로잡았으니, 저서는 비록 이전 왕조에서 완성되었지만 도(道)는 오늘날에 시행되었습니다. 생각건대 태조[太祖: 주원장(朱元璋)]께서 나라를 세우시고, 일찍이 전각 벽 사이에 크게 써 놓았고, 열성조께서 기틀을 빛내기에 이르러 누누이 경연 석상에서 강론을 들으셨습니다. 정사를 잘하여 태평한 치세를 이룬 뒤에는 하나같이 모두 몸소 행하고 마음으로 깨닫는 데 근본이 되었으니, 할 바를 잘 미루는 자는 진실로 말을 다하기를 기다릴 것이 없고, 그 공업을 온전히 하려는 자 또한 빠지거나 소략함을 보완하게 마련입니다.

삼가 《대학연의》의 네 가지 요체를 보니 여전히 치국, 평천하의 두 조목을 남겨 두었으니,[3] 비록 들어다 놓는 것이 어렵지 않다고는 해도 온전히 완성하여 진선(盡善)한 것만 못합니다. 하물며 체가 있으면 용이 있고, 스스로에게서 완성한 뒤 마땅히 다른 사람을 완성시켜야 하며, 이치는 진실로 하나도 버려두어서는 안 되는데 공업을 어찌 하나라도 빠트리겠습니까. 훌륭한 법은 단순히 시행할 수 없고, 본말(本末)은 두루 상세한 것이 중요합니다. 늘 책을 펴 볼 때마다 수정, 편찬할 마음이 일었습니다만, 돌아보건대 한 사람의 견문은 한계가 있고 천하의 사건은 다사다난합니다. 한 방에 살면서도 사방을 짐작하고 자신에게 근거하되 많은 일을 절충하는 것 또한 본디 불가함을 알면서도 오히려 그 어려운 일을 억

3 《대학연의》의 … 두었으니: 《대학연의》의 제3장~제6장은 각각 격물치지, 성의정심, 수신, 제가로 되어 있으며, 치국과 평천하 두 조목은 없다는 말이다.

지로 하였으니, 이는 일념으로 구구히 나라에 보답하려는 충정과 평생 애쓴 배우려는 뜻 때문이었습니다. 그래서 비천함을 잊고 참람되게 앞선 저술을 본받았으니, 어찌 망녕된 생각이고 말같지 않음을 알지 못하겠습니까만 삼가 또한 소견을 진술하고자 합니다.

생각건대 크나큰 천하도 그 근본은 한 몸에 있고, 미미한 인심도 그 쓰임은 만사에 흩어집니다. 하나의 사물에는 한 사물의 쓰임과 한 방면의 의당함이 있으니, 변화의 방도는 진실로 몸에 근본을 두고 있고 처신의 방도는 각각 그 도리가 있습니다. 사물은 모두 이치가 있어 반드시 사물마다 모두 그 의당함을 얻고, 사람은 각각 마음이 있어 모름지기 사람마다 욕망을 거스르지 못하니, 적당하게 처신하고자 한다면 반드시 먼저 강론하여 그 상세함에 힘써야 합니다. 옛날을 살펴 지금을 증명하고 시대에 따라 응용하며, 작은 것을 쌓아 큰 것을 이루고 치우친 점을 보완하여 그 전체를 충족시키는 것입니다. 거대하고 세밀하거나 정밀하고 거칠거나 구석구석 두루 상세히 살피고 전후나 좌우에 고르게 바로잡음으로써, 나라를 다스리고 천하를 고르게 하는 의리를 부연하고 격물(格物)·치지(致知)·성의(誠意)·정심(正心)·수신(修身)·제가(齊家)의 공을 거두는 것입니다. 본말(本末)을 거론하여 시작과 끝이 있고, 내외(內外)를 아울러 나머지나 흠이 없으니, 기필코 성신(聖神)의 지극한 공업에 이르러 저 《대학(大學)》의 체용(體用)이 온전함을 볼 수 있을 것입니다.

체례는 모두 《대학연의》를 따라 모범을 후학에게 내려 주었으니, 성인의 경서를 살피고 현인의 열전을 수정하여 남김없이 수습하였고, 선행을 기록하고 아름다운 말을 서술하여 버려지는 것 없이 구하였습니다. 관(管)에서 보는 듯한 좁은 소견을 덧붙여 일하(日下: 황제)께서 행하시기를 바라고, 굽어 보잘것없는 정성을 다하고 우러러 해악(海嶽)의 위대함을 돕고자 합니다.

이에 삼가 황제 폐하께서 예지로 임하시고 강명하여 미혹되지 않으시는 시대를 만났으니, 옛 가르침을 배워 대도(大道)를 얻고 검소한 덕을 신중히 하여 영원한 계획을 품으시어, 일찍이 청궁(青宮: 동궁)에서 덕을 길러 큰 가르침을 받아들였고, 시시로 황권(黃卷: 서책)에 몰두하여 성인의 경서를 완미하였습니다. 개도(開導)는 모두 충성스럽고 보탬이 되는 말을 다하였고, 체험(體驗)은 확충의 노력을 지극히 하였으니, 매번 몸소 실천하였고 언제나 날로 달로 진보하였습니다. 어질고 효성스러운 덕이 궁궐에 넘치고, 원량(元良)의 명성이 중국에 퍼졌으니, 하루아침에 천자를 계승하여 즉위하시어 만방이 덕을 우러르며 마음을 귀의하였습니다. 큰 뜻이 일찍 완성되어 한 선제(漢宣帝)가 즉위하던 나이와 딱 맞았고, 작은 경계에도 자문을 구하여 주 성왕(周成王)의 방락(訪落)의 마음을 열었습니다.[4] 먼저 큰 계획을 깊이 강구하고 서둘러 지극한 정치를 넓고 크게 하였습니다. 무릇 새로운 정치에는 대규모의 건치(建置)가 있었으니, 모두 예전의 배움에서 평소 강론하여 밝힌 바입니다. 격물·치지·성의·정심의 공력을 확충하고, 이를 통해 수신·제가·치국·평천하의 효과를 다하였으니, 태평스러운 치세의 단서를 날짜를 꼽아 기대할 수 있을 것입니다.

신 준(濬)은 어리석고 비루한 자질로 시골구석에서 외롭게 살았습니다. 세상에 태어났지만 한 마디 장점도 없으면서도 자못 세상을 부지하

4 작은 … 열었습니다: 새로 즉위한 임금이 신하들과 함께 국사를 도모하는 것을 말한다. 《시경》〈주송(周頌) 방락(訪落)〉에, "내가 처음 시작할 때 신하들에게 물어보아, 이 소고를 따르려 한다.[訪予落止 率時昭考]" 하였다. '작은 경계'는 《시경》의 〈주송 소비(小毖)〉의 편명이기도 한데, 의미는 같다.

려고 유념하였고, 책을 읽고 하나라도 깨달음이 있으면 늘 책을 저술하려는 망녕된 뜻을 가졌습니다만, 진실로 우경(虞卿)의 깊은 근심도 아니었고[5] 또한 진씨(眞氏)의 직위를 떠남도 아니었습니다.[6] 외람되이 관직이 3품에 있고 부끄럽게도 아무 도움도 없이 두터운 녹봉을 받았는데, 나이는 70에 가까우니 남은 인생이 얼마 되지 않은 것이 애석합니다. 1년 벼슬하면서 국문[國門: 도성문(都城門)]을 나가지 않았고, 여섯 번 관계(官階)를 옮기면서 모두 문한관(文翰官)을 맡았으니, 정치를 해서 백성을 다스릴 기능을 시험하지 못하고 단지 임금을 사랑하고 나라를 걱정하는 마음만 품고 있었습니다.

이제 평생의 정력을 다하여 비로소 저술을 완성하였지만, 쓸데없는 진언일 것이 두려우니 끝내 항아리 덮개나 될 것입니다. 다행히 지금은 조정이 경화(更化)하여 중외가 엄숙하고 맑으며, 국정의 기강을 총람하시어 정무를 일신하였습니다. 혹시 구중궁궐에서 들으실 수 있다면 채택하여 을야(乙夜)에 보시도록 갖추어 놓고, 열이나 백 가운데 두세 가지 대책을 채용하신다면, 당대에 보탬이 필시 없지 않을 것이며 또한 더러 후세 사람에게도 취할 바가 있을 것이니, 백성이 이를 통해 일신할 것이고, 세도가 여기에서 옛 제도로 복귀할 것입니다.

좋아할 바를 좋아하고 싫어할 바를 싫어하여 한 사람의 영원한 자손이

---

5 우경(虞卿)의 … 아니었고: 전국 시대 우경(虞卿)이 양(梁) 나라에서 곤경에 처해 실의에 빠졌을 때 국가의 득실을 논한 이른바 《우씨춘추(虞氏春秋)》 8편을 저술하였다. 이에 대해 사마천(司馬遷)이 "우경이 만약 깊은 근심[窮愁]에 처하지 않았다면, 글을 지어 후세에 자기를 전할 수 없었을 것이다." 하였다.《史記 卷76 虞卿列傳》

6 진씨(眞氏)의 … 아니었습니다: 진덕수가 관직에서 물러나 《대학연의》를 저술한 것을 가리키는 것으로 보인다.

억조창생을 기르고, 현인을 인정하고 친척과 친하여 사해가 모두 존중하고 만세에 추대되었습니다. 신은 하늘의 위엄을 번거롭게 하였으니, 지극히 간절하고 황공함을 이기지 못하겠습니다. 신이 편찬한 《대학연의보(大學衍義補)》 160권, 《대학연의》를 보충한 1권, 목록 3권으로 모두 40질을 완성하여 삼가 표문을 바치며 나아와 아뢰옵니다.

성화(成化) 23년[7] 11월 18일

국자감 장감사 예부 우시랑 신 구준이 삼가 표문을 올립니다.

國子監掌監事禮部右侍郎臣丘濬, 誠惶誠懼, 稽首頓首, 上言: 伏以持世立教在六經而撮其要於《大學》, 明德新民有八目, 而收其功於治平, 擧德義而措之於事爲, 酌古道而施之於今政, 衍先儒之餘義, 補聖治之極功, 惟知罄獻芹之誠, 罔暇顧續貂之誚. 原夫一經十傳乃聖人全體大用之書, 分爲三綱八條實學者修己治人之要, 《章句》既有以大明聖蘊, 《衍義》又所以上格君心. 書雖成於前朝, 道則行於今代. 惟太祖之建極, 嘗大書於殿壁之間; 曁列聖之紹基, 屢聽講於經筵之上. 既已致夫雍熙太和之治, 一皆本乎躬行心得之餘, 善推所爲者固無俟乎盡言, 欲全其功者亦須補其闕略.

竊觀《衍義》之四要, 尙遺治平之二條, 雖曰擧而措之爲無難, 不若成而全之爲盡善, 況有其體則有其用, 既成乎己, 當成乎人, 理固無一之可遺, 功豈有一之可闕? 善法不能以徒擧, 本末則貴乎兼該. 每當翻閱之時, 輒起編劘之念, 顧一人之見聞有限, 而天下之事體多端, 居一室而料度乎四方, 據己

---

7 성화(成化) 23년: 명나라의 제8대 황제인 헌종(憲宗)의 연호(1465~1487)로, 성화 23년은 1487년이며, 조선 성종(成宗) 18년이다.

私而折衷乎衆務, 亦固知其不可猶强爲其所難, 是蓋一念區區報國之忠, 抑亦平生孜孜爲學之志. 是以頓忘下賤, 僭效前修, 豈不知妄擬非倫? 竊亦欲薄陳所見.

念惟天下之大, 其本在於一身. 人心之微, 其用散於萬事. 一物有一物之用·一方之宜, 所以化之者固本於身, 所以處之者各有其道. 事皆有理必事事皆得其宜, 人各有心須人人不拂所欲, 伊欲處之適當其可, 必先講之務盡其詳. 考古以證今, 隨時而應用, 積小以成其大, 補偏以足其全. 巨細精粗而曲折周詳, 前後左右而均齊方正. 於以衍治國平均天下之義, 用以收格致誠正修齊之功. 擧本末而有始有終, 合內外而無餘無欠. 期必底於聖神功化之極, 庶以見夫《大學》體用之全.

體例悉準於前書, 楷範用垂於後學, 稽聖經·訂賢傳, 裒取無遺; 紀善行·述嘉言, 搜求罔棄. 附以管中之所見, 覬於日下之可行, 俯竭涓塵之微, 仰裨海嶽之大. 玆蓋伏遇皇帝陛下睿智有臨, 剛明不惑, 學古訓而獲大道, 愼儉德以懷永圖. 蚤毓德於靑宮, 服膺大訓; 時潛心於黃卷, 玩味聖經. 開導盡忠益之言, 體驗極擴充之力, 每躬行而實踐, 恒日就以月將. 仁孝之德孚於宮闈, 元良之聲播於函夏, 一旦承天而踐阼, 萬邦仰德以歸心. 大志夙成, 適符漢宣登極之歲; 小毖求助, 肇周成訪落之心. 首深究於大猷, 亟恢弘於至治. 凡新政之大有建置, 皆舊學之素所講明, 廣充格致誠正之功, 用臻修齊治平之效, 太平之治端可計日而待也.

臣濬下愚陋質, 荒陬孤生. 生世無寸長, 頗留心於扶世; 讀書有一得, 輒妄意以著書. 固非虞卿之窮愁, 亦匪眞氏之去位. 猥以官居三品, 慚厚祿以何裨; 年近七旬, 惜餘齡之無幾. 一年仕宦, 不出國門, 六轉官階, 皆司文墨, 莫試涖政臨民之技, 徒懷愛君憂國之心. 竭平生之精力, 始克成編; 恐無用之陳言, 終將覆瓿. 幸際朝廷更化, 中外肅淸, 總攬權綱, 一新政務. 儻得徹九重之聽, 取以備乙夜之觀, 采於十百之中, 用其二三之策, 未必無補於當世, 亦或有取於後人, 民物於是乎一新, 世道玆焉乎複古. 好所好·惡所惡, 一人永子, 育乎兆民; 賢其賢·親其親, 四海咸尊, 戴於萬世. 臣干冒天威, 無任激切屛營之至. 臣所撰到《大學衍義補》一百六十卷, 補前書一卷, 並目錄三卷, 共成四十帙, 謹奉表隨進以聞.

成化二十三年十一月十八日, 國子監掌監事·禮部右侍郞, 臣 丘濬謹上表.

《대학연의보》 어제 서문

[大學衍義補御制序]

짐이 생각건대, 제왕의 학문에는 체(體)가 있고 용(用)이 있다. 중니[仲尼: 공자(孔子)]가 《대학(大學)》이라는 경서 하나를 지었고 증자(曾子)가 그 뜻을 풀어 십전(十傳)을 지었으니, 그 강령은 덕을 밝히고[明德] 백성을 새롭게 하고[新民] 지극한 선에 머무르는[止至善] 것이며, 그 조목은 격물(格物)·치지(致知)·성의(誠意)·정심(正心)·수신(修身)·제가(齊家)·치국(治國)·평천하(平天下)이니, 요·순·우·탕·문·무(堯舜禹湯文武)의 정전(正傳)을 열었으며 만세 제왕의 천덕(天德)과 왕도(王道)의 표준을 세웠다. 송나라 유학자 진덕수(眞德秀)는 이어 《대학연의(大學衍義)》를 만들었거니와, 경전(經傳), 제자(諸子)와 역사서의 내용을 선별하여 수록함으로써 내실을 채웠는데, 다만 부연한 부분은 격물·치지·성의·정심·수신·제가에 그쳤고, 치국·평천하는 오히려 빠트렸다.

우리 효종경황제(孝宗敬皇帝)[1] 때 이르러 대학사(大學士) 구준(丘濬)이 이윽

1 효종경황제(孝宗敬皇帝, 1470~1505): 주우탱(朱祐樘)으로, 명나라 황제(재위 1488~1505)이다. 성화(成化) 12년(1476) 황태자가 되고, 23년(1487) 헌종이 죽자 제위를 이었다. 효종(孝宗) 때에 구준(丘濬)이 예부상서가 되고 문연각대학사(文淵閣大學士)를 겸하여 정무에 참여하였다.

고 이어서《대학연의》를 확장하여 거기에 미비한 점을 널리 가져와《대학연의보(大學衍義補)》를 저술하였다. 치국·평천하(治國平天下)와 신민(新民)의 요체를 드러내어 명덕(明德)의 공을 수렴하고, 고금(古今)에 전해진 가언(嘉言)과 선행(善行)을 찾아내어 경전의 취지를 발현하였다. 그 뒤 체(體)와 용(用)이 구비하여 진씨(眞氏)의 책을 완성하였고 공자와 증자의 보완 저서가 되었으니,《대학》에 얕지 않은 공이 있는 것이다. 그러므로 효종(孝宗)께서 그 고증과 근거가 정밀하고 상세하며 논술이 해박하여 정치에 도움이 될 것을 가상히 여겨 특별히 간행하여 반포하라고 명하였다.

짐이 즉위한 이래 옛것을 살피고 학문을 바르게 하여 경사(經史)의 모든 책을 널리 연구함으로써 거의 두루 통달하였다. 이어 생각건대, 진씨(眞氏)의《대학연의》는 우리 성조(聖祖)께서 태묘(太廟)의 무벽(廡壁)에 크게 써 두었고, 누대의 열성들께서 경연에서 강의하였으며, 숙종(肅宗)께서 강의를 듣고 나서〈익학(翊學)〉시를 지어 기념하였다. 짐이 이에 유신(儒臣)에게 명하여 날마다 진강(進講)하고 계절이 여러 번 바뀐 뒤에 다 읽기에 이르렀다. 그렇지만 체를 통해서 용을 궁구하고자 하였는데, 이 책이《대학연의》의 빠진 부분에 한층 도움이 되었다. 짐이 장차 의미를 찾아내고 깊이 음미하여 정책 시행에 구현함으로써, 위로 조종조의 성학(聖學)으로 소급하고, 또한 천하의 가가호호가 읽고 깨닫게 하여 치국, 평천하에 이르게 함으로써, 짐이 덕을 밝히고 백성을 새롭게 하며 정치에서 도모하는 뜻을 밝게 보이고자 한다. 이에 중간(重刊)하여 널리 전파하도록 명하고 이렇게 서문을 쓰노라.

만력(萬曆) 33년[2] 12월 21일 황제가 짓다

御制序

朕惟帝王之學有體有用, 自仲尼作《大學》一經, 曾子分釋其義以爲十傳, 其綱明德·新民·止至善, 其目格·致·誠·正·修·齊·治·平, 闡堯·舜·禹·湯·文·武之正傳, 立萬世帝王天德王道之標準. 宋儒眞德秀因爲《大學衍義》, 掇取經傳子史之言以實之, 顧所衍者止於格致·誠正·修齊, 而治平猶闕. 逮我孝宗敬皇帝時, 大學士丘濬乃繼續引伸, 廣取未備, 爲《大學衍義補》. 揭治國平天下新民之要, 以收明德之功; 采古今嘉言善行之遺, 以發經傳之指. 而後體用具備, 成眞氏之完書, 爲孔曾之羽翼, 有功於《大學》不淺. 是以孝廟嘉其考據精詳, 論述該博, 有補政治, 特命刊而播之. 朕踐祚以來, 稽古正學, 經史諸書博涉殆遍, 因念眞氏《衍義》我聖祖大書於廡壁, 累朝列聖置之經筵, 肅宗聽講之餘, 賦《翊學》詩以紀之. 朕爰命儒臣日以進講, 更數寒暑, 至於終篇. 然欲因體究用, 而此書尤補《衍義》之闕, 朕將紬繹玩味, 見諸施行, 上溯祖宗聖學之淵源, 且欲俾天下家喩戶曉, 用臻治平, 昭示朕明德·新民·圖治之意. 爰命重梓以廣其傳, 而爲之敍如此云.

萬曆 三十三年 十二月 二十一日 御制 [2]

2 만력(萬曆) 33년: 만력은 명 신종(明神宗)의 연호이며, 33년은 1605년이다. 조선 선조(宣祖) 38년이다.

《대학연의보》 자서
(大學衍義補自序)

신은 생각건대, 《대학(大學)》이라는 한 책은 유자(儒者)의 '체를 완전히 하고 용을 크게 하는[全體大用]' 학문입니다. 한 사람의 마음에 근원을 두되, 모든 일의 이치에 해당하고 수많은 인민의 삶에 관계됩니다. 그 근본은 몸[身]에 있고 그 본보기[則]는 집[家]에 있으되, 그 공용(功用)은 거대한 천하에까지 지극합니다. 성인(聖人)이 《대학》을 세워 가르침으로 삼았고, 임금이 《대학》에 근본을 두고 정치를 하였으며, 학자는 《대학》을 학업으로 삼아 학문을 이루고 이를 적용하여 임금을 보필하였으니, 이는 육경(六經) 전체의 요체이고 만세(萬世)의 대전(大典)이며, 이제삼왕(二帝三王)[1] 이래 마음을 전하고 세상을 경영하신 유법(遺法)입니다.

공자(孔子)는 제왕(帝王)의 전수를 이어서 백세 유교(儒敎)의 종지(宗旨)를 열었으니, 그 가르침을 세우고 세상에 전한 도(道)는 205글자의 문장입니다. 무릇 대저 상하와 고금, 백천만(百千萬) 년에 배우고 가르치며 다스리는 도는 모두 이 밖에 있지 않습니다. 증자(曾子)가 직접 공자의 가르침을

---

1 이제삼왕(二帝三王): 이제(二帝)는 당요(唐堯)와 우순(虞舜)이고, 삼왕(三王)은 하(夏)나라의 우왕(禹王), 상(商)나라의 탕왕(湯王), 주(周)나라의 문왕(文王)과 무왕(武王)이다.

받아 그 말을 총괄하여 서술한 뒤, 또 그 뜻을 분석하여 《대학》 한 편을 지었습니다. 한(漢)나라 유학자들은 《대학》을 《예기(禮記)》에 같이 섞어 두었는데,[2] 송(宋)나라에 이르러 하남(河南)의 정호(程顥) 형제가 처음 장(章)으로 편차하였고,[3] 신안(新安)의 주희(朱熹)가 《장구(章句)》와 《혹문(或問)》을 지었습니다.[4]

건안(建安)의 진덕수(眞德秀)는 또 경전(經傳), 제자(諸子)와 역사서의 내용을 선별 수록하여 내용을 보충하고 채웠는데, 각각 《대학》의 말을 따라 의미를 확충하여 《대학연의(大學衍義)》라고 이름하였습니다. 이를 당시 군주에게 바쳐서 정치가 나오는 근본을 바로잡고 정치의 원칙을 세워 장차 후세에 전함으로써 천하의 군주가 된 자의 율령격식(律令格式)으로 삼고자 했습니다. 그렇지만 부연 설명이 격물(格物)·치지(致知)·성의(誠意)·정심(正心)·수신(修身)·제가(齊家)에서 그쳤으니, 이는 임금에게 절실하고 가까운 것만 언급하고 이를 가져와 나라[國]와 천하(天下)에 적용하려고 한 것입니다.

신이 생각건대, 유학자의 학문에는 체(體)가 있고 용(用)이 있으니, 체(體)는 비록 하나의 이치[理]에 근본을 두지만 용(用)은 만사에 흩어져 있으

2 한(漢)나라 … 두었는데: 《대학》은 전한(前漢) 선제(宣帝) 때 대성(戴聖)이 편집한 《소대례(小戴禮)》, 즉 《예기》 49편 중에 제42편이었다.

3 송(宋)나라에 … 편차하였고: 이정(二程), 즉 정호(程顥)와 정이(程頤)는 성의와 정심의 행(行) 공부가 《대학》의 중점이라고 보았고 이에 맞게 《대학》을 개정하였다. 원래 송대(宋代) 들어 《대학》을 독립된 책으로 가장 먼저 장(章)으로 편차한 이는 사마광(司馬光)으로, 그는 《대학광의(大學廣義)》를 지었다.

4 신안(新安)의 … 지었습니다: 주희는 이정(二程)의 《대학》에 대한 이론을 집대성하면서 치지(致知)의 중요성을 강조하여 보망장(補亡章)을 보충한 《대학장구》를 지었다. 또 문인들과 문답을 수록한 《대학혹문》을 남겼다.

므로, 반드시 극도로 정밀하게 분석하되 어지럽지 않은 뒤에 합하여 대강을 다하고 남김이 없어야 합니다. 그러므로 《대학》의 가르침은 큰 강령을 먼저 제시한 뒤 다시 상세한 조목을 나열하였고, 조목 가운데에 또 각각 조리(條理)와 절목(節目)이 있습니다. 그 순서를 어지럽혀서는 안 되고 그 공력을 빠뜨려서는 안 되니, 하나의 공력을 빠뜨린다면 한 가지 일이 적어지고 한 가지 절목이 모자라게 되어, 광대한 쓰임[用]을 이루기에 부족하고 체(體)가 체다움 또한 완전하지 않은 바가 있을 것입니다.

그렇지만 용(用)이 광대하게 되기 위해서 여러 소소한 것을 합하지 않고 또 어찌 이룰 수 있겠습니까. 여기에서 광대함이란 소소한 것이 쌓인 것이라는 사실을 알게 됩니다. 비유하자면 그물과 같으니, 그물은 본디 하나의 그물코[目]만 있는 것은 아니지만, 혹여 하나의 그물코만 풀어져도 그물은 펴지지 않습니다. 집에 비유하자면 집에 본디 하나의 서까래[榱]만 있는 것은 아니지만 혹여 하나의 서까래만 빠져도 집은 유지될 수 없습니다. 이것이 신이 어리석고 비루함을 헤아리지 않고 남몰래 진씨(眞氏)가 부연 설명한 뜻을 모방하여 제가(齊家)의 아래에 또 '치국(治國)·평천하(平天下)의 요체'를 보충한 이유입니다.

이 책의 조목은 모두 12개이니, 조정을 바로잡음[正朝廷]【6조목】·백관을 바로잡음[正百官]【11조목】·나라의 근본을 굳게 함[固邦本]【11조목】·국용을 제어함[制國用]【11조목】·예악을 밝힘[明禮樂]【6조목】·제사를 질서 있게 함[秩祭祀]【7조목】·교화를 숭상함[崇教化]【11조목】·규제를 갖춤[備規制]【16조목】·형벌과 법을 삼감[愼刑憲]【14조목】·무비를 엄하게 함[嚴武備]【16조목】·이적을 제어함[馭夷狄]【9조목】·공화를 이룸[成功化]【1조목】입니다. 그 근본을 우선하고 말단은 뒤로하며, 안에서 말미암아 밖으로 미쳐서 마침내 성신(聖神)의 공적과 교화의 지극함으로 귀결되니, 본말(本末)을 겸하고 내외(內外)를 합함으로써 체를 완전히 하고 용을 크게 하는 지극한 공(功)을 이루게 됩니다.

진씨(眞氏)의 《대학연의》에서는 몸과 집에 근본을 두고 천하에 이르렀거니와, 신이 이 책을 지었으니 또 장차 치국(治國)·평천하(平天下)의 효과를 이루고 격물(格物)·치지(致知)·성의(誠意)·정심(正心)·수신(修身)·제가(齊家)의 공을 수렴하며, 이어 남은 바를 통하여 확충하고 소략함을 보완하여 그 완전함을 이룬 것입니다. 그러므로 이 책을 《대학연의보》라고 이름하였으니, 감히 선현에 나란히 견주어 부도한 죄를 범하려는 것은 아닙니다.

신이 일찍이 읽은 진씨(眞氏)의 서문에 "임금된 자는 《대학》을 알지 못해서는 안 되고, 신하된 자도 《대학》을 알지 못해서는 안 된다."라고 하였고, 또 계속하여 "임금이 되어 《대학》을 알지 못하면 정치가 나오는 근원을 맑게 할 수 없고, 신하가 되어 《대학》을 알지 못하면 임금을 바르게 하는 법도를 다할 수 없다."라고 하였습니다. 이는 대개 그 본체(本體)로만 말하였을 따름이니, 만약 그 공용(功用)을 끝까지 궁구하고자 한다면 임금과 신하가 마땅히 알아야 하는 것은 진실로 여기에 있습니다.

예로부터 성현이 학문을 하는 방법과 제왕이 정치를 하는 순서는 모두 반드시 먼저 알고 난 후에 실행할 수 있으니, 알 때는 반드시 그 의의를 밝히고 실행할 때는 반드시 그 요체를 들어야 합니다. 그러므로 그 요체를 실행하려고 하는 자는 반드시 먼저 그 의의를 알아야 하니, 만일 그 의의가 어디 있는지 알지 못한다면 어찌 그 요체를 얻어 실행할 수 있겠습니까. 그러므로 신이 지은 이 책에서 처음에 배우는 것은 격물치지(格物致知)의 방법이고, 마지막에 실행하는 것은 치국평천하의 요체가 될 것입니다.

궁궐이 높고 깊지만 궁전의 뜰에서 나오지 않아도 뭇 고을과 변방의 실정을 알 수 있고, 초택(草澤)이 깊고 멀지만 성에 들어가지 않아도 조정과 관청의 정무를 알 수 있습니다. 그 요체를 들고 정치가 나오는 데 힘입어 세상을 제어하고 백성을 어루만지는 도구가 될 뿐만이 아니라, 또한 그 의의를 밝히고 임금을 바로잡는 길을 넓혀 세상을 보좌하고 백성에게 은택을 베푸는 방책이 되려는 것입니다. 의서(醫書)에 비유하자면, 《대학연의》는 황제(黃帝)의 《소문(素問)》,[5] 월인(越人)의 《난경(難經)》[6]이고, 《대학연의보》는 장중경(張仲景)의 《금궤(金匱)》의 논의,[7] 손사막(孫思邈)의 《천금(千金)》의 처방[8]으로, 하나의 처방으로 하나의 증상을 치료할 수 있고 처방에 따르면 그 질병이 그치니, 오직 어떻게 쓰는가에 달려 있습니다.

---

5 황제(黃帝)의 《소문(素問)》: 《황제내경소문(黃帝內經素問)》이다. 원서(原書)는 9권으로 모두 81편이다. 당(唐)나라 왕빙(王氷)이 이 책에 보주(補注)를 달 때 24권으로 고치고 또 '대론(大論)' 7편을 보충하였지만 여전히 자법론(刺法論)·본병론(本病論) 2편은 빠져 있었다. 북송(北宋)의 임억(林億) 등이 교주(校注)한 뒤에야 지금 있는 《소문》으로 되었다.

6 월인(越人)의 《난경(難經)》: 중국 고대의 의서(醫書)로, 진(秦)나라의 명의(名醫) 편작(扁鵲)이 지었다. 한의학(漢醫學)의 근본(根本)이 되는 《황제내경(皇帝內經)》과 《소문영추(素問靈樞)》 가운데 가장 중요한 것만을 추려서 알기 쉽게 풀이하였고, 난문(難問)을 모아 설명하였다.

7 장중경(張仲景)의 《금궤(金匱)》의 논의: 《금궤(金匱)》는 동한(東漢)의 장중경(張仲景)이 지은 《상한잡병론(傷寒雜病論)》이다. 상한(傷寒)과 잡병(雜病)을 논술한 전문 서적이다. 이 책은 일찍이 진(晉)나라 왕숙화(王叔和)가 정리하였다. 나중에 상한 부분과 잡병 부분이 두 책으로 나누어졌다. 북송(北宋) 시대에 교정의서국(校正醫書局)이 일찍이 따로따로 바로잡아 고쳤으며, 모두 《상한론(傷寒論)》 10권, 《금궤요략방론(金匱要略方論)》 3권, 《금궤옥함경(金匱玉函經)》 8권 등 세 가지 전본(傳本)이 있다.

8 손사막(孫思邈)의 《천금(千金)》의 처방: 《천금(千金)》은 당대(唐代)의 의학자인 손사막(孫思邈)이 지은 의서이다. 손사막은 민간에 오랫동안 머물러 살았는데 소박하게 살면서 약재를 채취하고 의학을 연구하여 사람들의 병을 고쳐 주고 책을 지어 의학 이론을 세웠다. 당(唐)나라 이전의 중국 의학 발전의 풍부한 경험을 체계적으로 총결하고 개인의 80년간의 임상 경험을 결합하여 두 권의 유명한 의학책을 지었는데 《천금요방(千金要方)》 30권과 《천금익방(千金翼方)》 30권이다.

《대학연의》는 이치[理]를 위주로 했지만, 이 책은 사안[事]을 위주로 했습니다. 진씨(眞氏)의 저술은 비록 모두 이전의 말과 지나간 일이더라도 실은 오로지 당대의 임금을 계발하기를 위주로 하였으니, 또한 공자(孔子)와 맹자(孟子)가 노(魯)·위(衛)·제(齊)·양(梁)의 임금에게 고하였지만, 그를 통해 후세에 가르침을 준 것과 같습니다. 신이 지은 이 책을《대학연의》에 비교해 보면 문장은 비록 같지 않지만 의미는 관통하고 있습니다. 다만 이 책의 문장은 아속(雅俗: 고상함과 속됨)을 겸하였고 사안은 유학자와 관리가 섞여 있습니다. 이런 의도는 대개 뭇사람들이 쉽게 깨달아 오늘날에도 행할 수 있는 것을 위주로 하였기 때문이며, 인용한 사실이 비슷한 것이 많고 중복되며, 수정한 문장이 고상한지에 대해서는 생각할 겨를이 없었습니다.

신이 먼 지방의 신분이 낮은 학자로서 외람되이 궁궐의 시종하는 신하가 되어 선황제(先皇帝)께서 재위하실 때 열렸던 경연에서 반열의 말석에 참여하여 유신(儒臣)들이 진씨(眞氏)의 책을 진강하는 것을 직접 보았습니다. 폐하께서 청궁(靑宮: 東宮)에서 덕을 기르실 적에 또 경서를 든 궁신(宮臣)들이 날마다 이 책으로 진강하는 것을 보았습니다. 신이 그때 이미 여기에 뜻을 두었고 나중에 나아가《대학》을 가르치면서 한가로운 날이면 육경(六經)과 여러 역사서, 제자백가(諸子百家)의 견해를 채집하고 10년 동안 편집하여 가까스로 이 책을 완성하였고, 이를 통해 진씨의《대학연의》의 결함을 보완하고자 하였는데, 마침 선사[繕寫: 정서(正書)]를 완성하였을 때 폐하께서 즉위하셨으니, 마치 기다렸다가 말하는 것과 같이 되었습니다.

신의 학문은 적용하기에 부족하고 문장은 뜻을 통달하기에 부족하지만, 우연히 저의 소견이 있어서 망령되이 진언하오니, 구구하게 천 번 생각하여 하나를 얻는 어리석음을 진실로 채택하기 부족하더라도 정성스러운 일념의 충심을 혹시라도 성명(聖明)께서 버리지 않으신다면, 필시 즉위 초의 정치에 만의 하나 조금이나마 보탬이 없지는 않을 것입니다.

신 구준(丘濬)이 삼가 서(序)합니다.

臣惟《大學》一書, 儒者全體大用之學也. 原於一人之心, 該夫萬事之理, 而關係乎億兆人民之生, 其本在乎身也, 其則在乎家也, 其功用極於天下之大也. 聖人立之以爲教, 人君本之以爲治, 士子業之以爲學而用以輔君, 是蓋六經之總要, 萬世之大典, 二帝三王以來傳心經世之遺法也. 孔子承帝王之傳以開百世儒教之宗, 其所以立教垂世之道, 爲文二百有五言, 凡夫上下古今百千萬年所以爲學·爲教·爲治之道皆不外乎是. 曾子親受其教, 旣總述其言, 又分釋其義, 以爲《大學》一篇. 漢儒雜之《禮記》中, 至宋河南程顥兄弟始表章之, 新安朱熹爲之《章句》·《或問》, 建安眞德秀又剟取經傳子史之言以塡實之, 各因其言以推廣其義, 名曰《大學衍義》. 獻之時君以端出治之本, 以立爲治之則, 將以垂之後世以爲君天下者之律令格式也. 然其所衍者止於格物·致知·誠意·正心·修身·齊家, 蓋卽人君所切近者而言, 欲其擧此而措之於國天下耳. 臣竊以謂儒者之學有體有用, 體雖本乎一理, 用則散於萬事, 要必析之極其精而不亂, 然後合之盡其大而無餘. 是以《大學》之教旣擧其綱領之大, 復列其條目之詳, 而其條目之中又各有條理節目者焉. 其序不可亂, 其功不可闕, 闕其一功則少其一事, 欠其一節而不足以成其用之大, 而體之爲體亦有所不全矣. 然用之所以爲大者, 非合衆小, 又豈能以成之哉? 是知大也者小之積也. 譬則網焉, 網固不止乎一目, 然一目或解, 則網有不張; 譬則室焉, 室固不止乎一椽, 然一椽或虧, 則室有不具.

此臣所以不揆愚陋, 竊仿眞氏所衍之義, 而於齊家之下又補以"治國平天下之要"也. 其爲目凡十有二, 曰正朝廷【其目六】· 曰正百官【其目十有一】· 曰固邦本【其目十有一】· 曰制國用【其目十有一】· 曰明禮樂【其目六】· 曰秩祭祀【其目七】· 曰崇教化【其目十有一】· 曰備規制【其目十有六】· 曰愼刑憲【其目十有四】· 曰嚴武備【其目十有六】· 曰馭夷狄【其目九】· 曰成功化【其目一】. 先其本而後末, 繇乎內以及外, 而終歸於聖神功化之極, 所以兼本末 · 合內外以成夫全體大用之極功也. 眞氏前書本之身家以達之天下, 臣爲此編則又將以致夫治平之效, 以收夫格致 · 誠正 · 修齊之功, 因其所餘而推廣之, 補其略以成其全, 故題其書曰《大學衍義補》云, 非敢並駕先賢以犯不韙之罪也. 臣嘗讀眞氏之序有曰"爲人君者不可以不知《大學》, 爲人臣者不可以不知《大學》", 而繼之以"爲人君而不知《大學》, 無以淸出治之原, 爲人臣而不知《大學》, 無以盡正君之法".[9] 是蓋就其本體而言爾, 若卽其功用而究竟之, 君臣所當知者則固有在也. 粤自古昔聖賢爲學之道 · 帝王爲治之序, 皆必先知而後行, 知之必明其義, 行之必擧其要, 是以欲行其要者必先知其義, 苟不知其義之所在, 安能得其要而行之哉? 故臣之此編始而學之, 則爲格物致知之方; 終而行之, 則爲治國平天下之要. 宮闕高深, 不出殿廷, 而得以知夫邑裏邊鄙之情狀; 草澤幽遐, 不履城, 而得以知夫朝廷官府之政務. 非獨擧其要, 資出治者以禦世撫民之具; 亦所以明其義, 廣正君者以輔世澤民之術. 譬之醫書, 其前編則黃帝之《素問》· 越人之《難經》; 後編則張仲景《金匱》之論 · 孫思邈《千金》之方, 一方可以療一證, 隨其方以已其疾, 惟所用之何如也.

9 爲人君而不知《大學》, 無以淸出治之原, 爲人臣而不知《大學》, 無以盡正君之法: 문연각 사고전서《대학연의보(大學衍義補)》에는 "無以淸出治之原, 爲人臣而不知大學"이 빠져 있다.

前書主於理, 而此則主乎事, 眞氏所述者雖皆前言往事, 而實專主於啓發當代之君, 亦猶孔·孟告魯·衛·齊·梁之君, 而因以垂後世之訓. 臣之此編較之前書, 文雖不類, 意則貫通. 第文兼雅俗, 事雜儒吏, 其意蓋主於衆人易曉而今日可行, 所引之事類多重複, 所修之辭不能雅馴, 弗暇計也. 臣遠方下士, 叨官禁近. 當先皇帝在禦之日開經筵, 卽綴班行之末, 親睹儒臣以眞氏之書進講; 陛下毓德青宮, 又見宮臣之執經者日以是書進焉. 臣於是時蓋已有誌於是, 旣而出教《大學》, 暇日因採六經·諸史·百氏之言, 汇輯十年, 僅成此書, 用以補眞氏之缺也,[10] 繕寫適完, 而陛下嗣登大寶, 蓋若有待言者. 臣學不足以適用·文不足以達意, 偶因所見而妄有所陳, 區區一得之愚固無足取, 而惓惓一念之忠儻爲聖明所不棄焉, 未必無少補於初政之萬一.

臣丘濬謹書

10 暇日因採六經諸史, 百氏之言, 汇輯十年, 僅成此書, 用以補眞氏之缺也: 문연각 사고전서《대학연의보》에는 "暇日因採六經諸史, 百氏之闕"로 되어 있다.

대학연의보

(大學衍義補)

一

권수

성의정심의 요체[誠意正心之要]

기미를 살핌[審幾微] -보(補)-

신은 이렇게 생각합니다. 송나라 유학자 진덕수(眞德秀)는 《대학연의(大學衍義)》의 "성의정심의 요체[誠意正心之要]"에서 2조목을 세웠는데, '숭경외(崇敬畏)'와 '계일욕(戒逸欲)'으로 성의정심에 관한 사안에 대해서는 구비되었다고 할 수 있습니다. 그렇지만 신이 주희(朱熹)의 성의(誠意)장 해설을 읽어 보고 삼가 기미를 살핀다는 한 마디에서 깨달은 바가 있습니다.

천하의 이치는 두 가지로, 선과 악뿐입니다. 선은 천리(天理)의 본연(本然)이고 악은 인욕(人欲)의 사악한 찌꺼기입니다. 이른바 '숭경외'란 천리를 보존하는 것을 말하고, '계일욕'이란 인욕을 막는 것을 말합니다. 그렇지만 사위(事爲)가 드러날 때 공력을 쓰기로는 무엇보다 기미의 초기에 살피는 것이 더욱 쉽게 힘을 쓸 수 있습니다. 신은 어리석고 비루함을 고려하지 않고 삼가 주씨(朱氏)의 의도를 살펴 '기미를 살핌[審幾微]' 한 절을 두 조목 뒤에 보완하였는데, 참람하여 죄를 피할 수 없음을 지극히 알지만 천에 하나를 겨우 얻을 수 있는 어리석음에 혹

취할 만한 것이 있을 것이니, 삼가 기미에 관해 언급한 여러 저서의 말을 다음과 같이 모았습니다.

臣按: 宋儒眞德秀《大學衍義》於"誠意正心之要"立爲二目, 曰崇敬畏·曰戒逸欲, 其於誠意正心之事蓋云備矣. 然臣讀朱熹誠意章解, 竊有見於審幾之一言. 蓋天下之理二, 善與惡而已矣, 善者天理之本然, 惡者人欲之邪穢. 所謂崇敬畏者, 存天理之謂也; 戒逸欲者, 遏人欲之謂也. 然用功於事爲之著, 不若審察於幾微之初尤易爲力焉. 臣不揆愚陋, 竊原朱氏之意補"審幾微"一節於二目之後, 極知僭逾無所逃罪, 然一得之愚或有可取, 謹剟諸書之言有及於幾微者於左.

도리와 욕망이 처음 나뉠 때를 삼감[謹理欲之初分]

《대학(大學)》에서 말하였다.

이른바 "그 뜻을 성실히 한다."는 것은 자신을 속이지 않는 것이니, 악을 미워하기를 나쁜 냄새를 싫어하듯 하며, 선을 좋아하기를 아름다운 색을 좋아하듯 하는 것이다. 이를 일러 스스로 만족하는 자겸(自謙)이라고 한다【겸(謙)은 겸(慊)으로 읽는다.】. 그러므로 군자(君子)는 반드시 홀로 있을 때를 삼간다.

《大學》曰: 所謂誠其意者毋自欺也, 如惡惡臭, 如好好色, 此之謂自謙【謙讀爲慊】, 故君子必愼其獨也.

주희가 말하였다.

"자기 뜻을 성실히 한다는 것은 자기 수양의 첫 번째이다. 무(毋)는 금지하는 말이다. '자기를 속인다'는 말은 선을 하여 악을 제거해야 함을 알지만 마음의 발하는 바가 아직 실하지 못함이 있는 것이다. 겸은 쾌함이니, 만족이다. 독이란, 남은 알지 못하고 자신만이 홀로 아는 곳이다. 스스로 닦고자 하는 자가 선을 하고 악을 제거해야 함은 알았으면 마땅히 실제로 그 힘을 써서 스스로 속이는 것을 금하여, 가령 악을 미워함에는 나쁜 냄새를 미워하듯 하고, 선을 좋아함에는 색을 좋아하듯 하여, 모두 힘써 결단하여 버리고 구함에 반드시 얻어서 스스로 자신에게 만족하게 할 것이고, 한갓 구차히 외면을 따라 남에게 보이기 위해 해서는 안 된다. 그렇지만 실하고 실하지 못함은 남은 미처 알지 못하고 자기만이 홀로 아는 바이므로, 반드시 이것에 삼가 그 기미를 살펴야 함을 말한 것이다."

朱熹曰: "誠其意者, 自修之首也. 毋者, 禁止之辭. 自欺云者, 知爲善以去惡而心之所發有未實也. 謙, 快也, 足也. 獨者, 人所不知而己所獨知之地也. 言欲自修者知爲善以去其惡, 則當實用其力而禁止其自欺. 使其惡惡則如惡惡臭, 好善則如好好色, 皆務決去而求必得之以自快足於己, 不可徒苟且以徇外而爲人也. 然其實與不實, 蓋有他人所不及知而己獨知之者, 故必謹之於此以審其幾焉."

신은 이렇게 생각합니다. 성의(誠意) 한 장은 《대학》 한 책 중 자기 수양의 첫 번째이고, 신독(愼獨) 한 마디는 또한 성의 한 장의 공력의 시작입니다. 《대학장구》에서 "이것에 삼가 그 기미를 살핀다"고 했을 때 이른바 '이것'은 홀로 있음을 가리켜 말합니다. "독이란, 남은 알지 못하고 자신만이 홀로 아는 곳이다"라고 했습니다. 학자가 치지(致知)에 공력을 쓸 때면 진실로 자기가 그 마음의 발동에 선이 있고 악이 있는 것을 알고, 또한 진실로 자기가 선은 마땅히 해야 하며 악은 버려야 함도 알고 있습니다.

그렇지만 하나의 생각이 처음 마음에서 발동하고, 잠깐 사이와 단서의 처음에 실이 있고 부실이 있으니, 이는 다른 사람이 미처 알지 못하고 자기만이 홀로 아는 바이며, 이것이 이른바 독(獨)입니다. 이것이 바로 인심의 염려가 처음에 맹아가 움직이는 단서이며, 선악과 성위(誠僞)가 분리되는 처음으로, 매우 미세하고 은미합니다. 학자는 반드시 이를 살피어 실로 선을 하고 악을 버리어 마치 사람이 길을 갈 때처럼 분기점에서 걸음을 뗄 때 편차가 없으면 이로부터 행로가 반드시 정도(正道)로 갈 것이고, 그렇지 못하면 털끝만한 차이가 천리의 오류가 될 것입니다.

《대학》에서 성의(誠意)를 풀이하면서 신독(愼獨)이란 한 마디를 지목하여 꺼냈으니 만세 학자들에게 성의의 방도를 보여 준 것이며, 《대학장구》에서 신독을 논하며 기미 한 마디를 지목하여 꺼냈으니 만세 학자들에게 신독의 요체를 보여 준 것입니다. 사람이 이 기미의 처음에 살필 수 있는 힘을 발휘할 수 있어서 체인(體認)이 참되고 발단(發端)에 차이가 없으면 《대학》 한 책의 이른바 8조목이 모두 자기에게 있는 것입니다. 그렇지 못하고 두서가 없이 막막하여 마침내 어디서부터 손을 댈지 모르고 각각 이르는 바에 따라 공력을 쓰고, 이미 드러나기를 기다려 힘을 쓰니, 또한 범범하고 절실하지 않으며 수고를 해도 효과가 적습니다.

신이 삼가 '심기미(審幾微)' 한 절을 보충하여 구중궁궐에 바쳤습니다. 삼가 아뢰건대, 궁궐의 깊은 곳에서 심기(心氣)가 청명할 때, 명징한 정신과 안정된 사려로 자신을 돌아보고 고요히 바라보아 천리와 인용의 구분을 관찰하고 확충하거나 막아 버릴 힘을 발휘한다면, 경외(敬畏)는 여기서 높아지고, 일욕(逸欲)은 여기서 경계될 것입니다. 이를 통하여 사안을 제어하고 이를 통하여 사람을 등용하며, 이를 통하여 백성에게 임한다면, 요순(堯舜) 같은 임금을 오늘에 다시 볼 수 있고, 태화(泰和)의 정치는 옛날에만 있지 않을 것입니다. 신은 간곡함을 이기지 못하겠습니다.

臣按: 誠意一章乃《大學》一書自修之首, 而愼獨一言又誠意一章用功之始.《章句》謂"謹之於此以審其幾", 所謂此者指獨而言也, "獨者, 人所不知而己所獨知之地也". 蓋以學者用功於致知之際, 則固已知其心之所發有善有惡矣, 亦固已知其善之當爲而惡之當去矣. 然其一念始發於心, 須臾之頃·端緒之初, 有實焉有不實焉, 蓋有他人所不及知而己所獨知者, 是則所謂獨也. 是乃人心念慮初萌動之端, 善惡·誠僞所由分之始, 甚細微而幽隱也. 學者必審察於斯, 以實爲善而去惡, 譬如人之行路, 於其分岐之處擧足不差, 自此而行必由乎正道, 否則, 差毫厘而繆千裏矣.《大學》釋誠意指出愼獨一言, 示萬世學者以誠意之方;《章句》論愼獨指出幾之一言, 示萬世學者以愼獨之要. 人能於此幾微之初, 致審察之力, 體認眞的, 發端不差, 則《大學》一書所謂八條目者皆將爲己有矣. 不然, 頭緒茫茫竟無下手之處, 各隨所至而用功, 待其旣著而致力, 則亦泛而不切·勞而少效矣. 臣謹補入"審幾微"一節, 以爲九重獻. 伏惟宮闈深邃之中, 心氣淸明之際, 澄神定慮, 反己靜觀, 察天理人欲之分, 致擴充遏絶之力, 則敬畏於是乎崇·逸欲於是乎戒. 由是以制事, 由是以用人, 由是以臨民, 堯舜之君復見於今, 泰和之治不在於古矣. 臣不勝惓惓.

《중용》에서 말하였다.

숨겨진 것보다 더 잘 드러나는 것이 없으며, 작은 일보다 더 잘 나타나는 것이 없으니, 그러므로 군자는 홀로 있을 때를 삼간다.

《中庸》曰: 莫見乎隱, 莫顯乎微, 故君子愼其獨也.

주희가 말하였다.

"그윽하고 어두운 가운데 작고 미세한 일은, 자취가 비록 아직 나타나지 않았지만 기미는 이미 움직였고, 남들은 비록 알지 못하지만 자기는 홀로 알 수 있으니, 이는 천하의 일이 뚜렷하게 드러나고 밝게 나타나 이보다 더한 것이 있지 않다는 말이다. 그래서 군자는 항상 경계하고 두려워한 뒤에 여기에 더욱 삼감을 보탠다. 그러므로 인욕이 장차 싹트려는 것을 막아서 은밀하고 미세한 가운데 그 몰래 불어나고 암암리에 자라서 도를 멀리 떠나는 데 이르게 하지 않는다."

朱熹曰: "幽暗之中, 細微之事, 跡雖未形而幾則已動, 人雖不知而己獨知之, 則是天下之事無有著見明顯而過於此者. 是以君子旣常戒懼, 而於此尤加謹焉, 所以遏人欲於將萌, 而不使其潛滋暗長於隱微之中, 以至離道之遠也."

신은 이렇게 생각합니다. 《대학》과 《중용》 두 책은 모두 신독에 대해 말하였는데, 주씨(朱氏)의 《대학장구》는 《대학》의 신독에 대해 '기미를 살핀다'고 했고, 《중용》의 신독에 대해 '기미는 이미 움직였다'라고 하였으니, 선유(先儒)는 기 한 글자가 사람에게 중요한 지점이라고 생각했습니다. 이른바 '홀로'라는 것이 어찌 은미함의 밖에 있겠습니까. 은미함은 남이 보지도 듣지도 못하지만 나는 홀로 보고 홀로 듣는 지점입니다. 전에 자기가 보지 못하고 듣지 못하던 바를 경계하고 두려워했는데 이때는 오히려 기미가 아직 있지 않았고, 있다고 해도 그 기미가 아직 움직이지 않았던 것입니다. 지금은 남들이 비록 보지 못하고 듣지 못했지만, 자기는 본 바가 있고 들은 바가 있으니, 자기 홀로 보고 홀로 듣는 것이 어찌 기미가 아니겠습니까.

기미가 이미 움직였지만 남은 여전히 알지 못합니다. 남은 비록 알지 못하지만 나는 이미 알고 있으니, 진실로 이미 분명히 보고 드러난 것입니다. 이것이 바로 선악의 기미입니다. 기미가 움직이는 곳에서 삼가고, 처음 목격한 바에 경계하며 처음 들은 바에서 두려워하여, 바야흐로 그 욕망이 움직이고 움직이지 않는 사이와 이미 싹트거나 처음 싹트는 즈음에 살펴서 분별하고, 악을 제거하고 선을 보존하여 신중히 지킴으로써 반드시 나의 방촌(方寸) 사이와 염려 동안에 절대 터럭만큼도 인욕(人欲)의 싹이 없게 하고 의리(義理)의 발현을 순전히 한다면 도(道)는 잠시도 나에게서 떨어지지 않을 것입니다.

臣按: 《大學》·《中庸》二書皆以愼獨爲言, 朱氏《章句》於《大學》愼獨曰"審其幾", 《中庸》愼獨曰"幾則已動", 先儒謂一幾字是吃緊爲人處也. 夫所謂獨者, 豈出於隱微之外哉? 隱微是人之所不睹不聞, 而我所獨睹獨聞之處也. 向也戒懼乎己之所不睹不聞, 是時猶未有其幾也, 雖有其幾未動也. 今則人雖不睹不聞, 而己則有所睹有所聞矣, 己所獨睹獨聞者豈非其幾乎? 幾已動矣而人猶未之知, 人雖未知而我已知之, 則固已甚見而甚顯矣, 此正善惡之幾也. 於其幾動之處而致其謹焉, 戒愼乎其所初睹, 恐懼乎其所初聞, 方其欲動不動之間·已萌始萌之際, 審而別之, 去其惡而存其善, 愼而守之, 必使吾方寸之間·念慮之際, 絕無一毫人欲之萌, 而純乎義理之發, 則道不須臾離於我矣.

《주역》에서 말하였다.[1]

기미란 움직임이 미세하여 길함이 먼저 드러나는 것이다【《한서(漢書)》에 '길'과 '지' 사이에 흉(凶) 자가 있는데, 지금 그에 따른다.】.

《易》曰: 幾者動之微, 吉之先見者也【《漢書》"吉之"之間有"凶"字, 今從之】.

---

1 주역에서 말하였다: 《주역》 〈예괘(豫卦)〉에 나오지만, 본문이 아니라 육이(六二) 정전(程傳)에 나온다.

정이(程頤)가 말하였다.

"이른바 기미란 처음 움직임이 미세하여, 길흉의 단서가 먼저 드러났지만 아직 뚜렷하지 않은 것이다."

程頤曰: "所謂幾者始動之微也, 吉凶之端可先見而未著者也."

신은 이렇게 생각합니다. 《주역》의 "기미란 움직임이 미세한 것이다"라는 한 마디가 바로 만세토록 이어질 기(幾) 자 풀이의 시작입니다. 대개 인심에서 사물의 이치는 움직임과 고요함이 있는데, 고요함은 아직 형태가 없는 것이고 움직임은 이미 형태가 있는 것입니다. 기미란 움직임이지만 아직 형태가 없고, 유무(有無)의 사이에서 가장 미세하고 보기 어려운 까닭에 "움직임이 미세한 것이다"라고 하였으니, 비록 움직였지만 고요함에서 떠나지 않았고 미세하지만 뚜렷한 데는 이르지 않은 것입니다. 이는 인심의 리(理)와 욕(欲)이 처음 나뉘는 곳이며 길흉이 처음 드러나는 조짐이니, 선유가 이른바 만사(萬事)의 근원이며 일상생활에서 제일 절실한 공부라고 한[2] 것이 이것입니다.

대순(大舜)은 정밀하게 관찰하였고, 안자(顔子)는 선하지 않은 것이

2 선유가 … 한: 선유는 주자(朱子)이다. 주자가 유자징(劉子澄)에게 답한 편지에서 말하기를, "《통서(通書)》에 '기(幾)' 자를 자세히 설명한 것을 보았는데, 참으로 사람을 경계시키고 일깨워 주는 대목입니다. 가까이로는 공사(公私)와 사정(邪正), 멀리로는 흥폐(興廢)와 존망(存亡)을 이를 통해 간파한다면 인식의 전환이 이루어지게 될 것이니, 이것이 일상생활에서 제일 절실한 공부라 하겠습니다." 하였다. 《晦庵集》 卷35 〈答劉子澄書〉

있으면 알지 못한 적이 없었으니, 모두 여기에 힘을 기울인 것입니다. 바야흐로 한 마음이 처음 싹틀 초기에 곧 미리 선악의 기미를 알 수 있으며, 선함을 알면 선은 길한 조짐이니 단연코 실행할 수 있으면 한 만큼 반드시 성과가 있을 것이고, 악함을 알면 악은 흉한 조짐이니 단연코 실행하지 않으면 틀림없이 제거될 것입니다. 그렇다면 보존된 바와 실행한 바가 모두 선하고 악이 없을 것이며, 이를 천하와 국가에 미루어 나가면 사업을 이루고 치적을 세우는 데 실수가 없을 것입니다.

臣按: 《大易》"幾者動之微"一言, 乃萬世訓幾字之始. 蓋事理之在人心有動有靜, 靜則未形也, 動則已形也. 幾則是動而未形, 在乎有無之間, 最微細而難見, 故曰"動之微", 雖動而未離於靜, 微而未至於著者也. 此是人心理欲初分之處, 吉凶先見之兆, 先儒所謂萬事根源·日用第一親切工夫者此也. 大舜精以察之, 顔子有不善未嘗不知, 皆於此著力焉. 方其一念初萌之始, 卽豫有以知其善惡之幾. 知其爲善也, 善者吉之兆, 斷乎可爲則爲之必果; 知其爲惡也, 惡者凶之兆, 斷乎不可爲則去之不疑. 則其所存所行皆善而無惡, 而推之天下國家, 成事務而立治功, 罔有所失矣.

맹자가 말하였다.

"측은지심은 인(仁)의 단서이고, 수오지심은 의(義)의 단서이고, 사양지심은 예(禮)의 단서이며, 시비지심은 지(智)의 단서이다. 무릇 나에게 있는 사단을 모두 넓혀서 채워 나갈 줄 알면, 마치 불이 처음 타오르며 샘물이 처음 나오는 것과 같다. 진실로 이것을 확충(擴充)시킨다면 온 천하를 보전할 수 있을 것이다."

孟子曰: "惻隱之心, 仁之端也; 羞惡之心, 義之端也; 辭讓之心, 禮之端也; 是非之心, 智之端也. 凡有四端於我者, 知皆擴而充之矣, 若火之始然·泉之始達. 苟能充之, 足以保四海."

주희가 말하였다.

"측은, 수오, 사양, 시비는 정(情)이고, 인, 의, 예, 지는 성(性)이다. 단(端)은 실마리[緖]이다. 정의 발동을 통하여 성의 본연을 볼 수 있으니, 사물이 안에 있다가 밖으로 실마리가 드러나는 것과 같다. 사단이 나에게 있으면서 상황에 따라서 나타나는 것이니 이에 미루어 넓혀서 본연의 도량을 충만하게 하면 날로 새로워지고 또 새로워져서 장차 스스로 그만두려고 하여도 할 수 없게 된다."

朱熹曰: "惻隱·羞惡·辭讓·是非, 情也; 仁·義·禮·智, 性也. 端, 緖也. 因其情之發, 而性之本然可得而見, 猶有物在中, 而緖見於外也. 四端在我, 隨處發見, 卽此推廣而充滿其本然之量, 則其日新又新, 將有不能自已者矣."

또 말하였다.

"사단은 처음 발동하는 곳이다. 단을 처음[始]으로 풀이하는 것이 더욱 긴절하니, 발단(發端), 이단(履端),[3] 개단(開端) 같은 류가 모두 처음을 말한다. 모두 사단이 있으니 마치 불이 처음 타오르며 샘물이 처음 나오는 것과 같다. 처음 타오르는 것이 곧 불의 단서이고, 처음 나오는 것이 곧 물의 단서이다."

又曰: "四端是始發處. 端訓始字尤切, 如發端·履端·開端之類皆始也. 凡有四端, 若火始然·泉始達, 始然便是火之端, 始達便是水之端."

신은 이렇게 생각합니다. 인심이 처음 움직이는 곳에 선악의 구분이 있습니다. 그렇지만 인심은 본래 선하기에 끝내 선한 생각이 먼저 생기고, 얼마 있다가 정(情)과 섞인 뒤에 바야흐로 악한 생각이 있을 뿐입니다. 그러므로 어린아이가 우물에 빠지는 것을 보고 바로 두려운 마음이 들고, 더러운 것을 뒤집어쓴 사람을 보면 곧 싫다는 마음이 생기니, 두 가지는 모두 정입니다. 실로 그중 인의(仁義)의 성(性)에서 유래하기 때문에 그 시초의 단서가 밖으로 발현되는 것이 자연 이와 같습니다.

사람에게 있는 사단은 곳곳마다 발현되며, 사람은 그 생각이 발동될 처음을 통해서 기미가 비로소 드러나고 단서가 대략 드러나는데, 바로 더욱 철저히 연구하고 몸소 살펴보아 이 생각이 인이고 이 생각이 의이며 이 생각이 예나 혹은 지라는 것을 알아 여기서 확충해야 합

3 이단(履端): 천체(天體)의 운행을 관측하여 역(曆)의 시초를 정하는 것을 말한다. 《춘추좌씨전》 문공(文公) 원년. 군주의 즉위를 말하기도 한다.

니다. 측은의 단서를 말미암아 채워서 남에게 차마 하지 않는 인을 이루고, 수오의 단서를 말미암아 이루 다할 수 없는 의를 이룹니다. 사양, 시비에도 모두 그러하니 모든 하는 바는 두루 넓고 고요하고 깊어 수시로 나타나게 되는 것입니다.

맹자(孟子)가 말한 단서[端]과 《주역》에서 말한 기미[幾]는 모두 염려가 처음 생기는 곳입니다. 단, 《주역》에서 선악을 겸하여 말하고 맹자는 성의 선한 곳을 말하였을 뿐입니다. 이렇기 때문에 기미는 살피는 데 있고 단서는 아는 데 있습니다. 이미 알아서 또 확충할 수 있으니 알면서도 채우지 않으면 이것을 그저 아는 것일 뿐입니다. 그렇지만 앞서서 알지 못하면 또 어찌 그 선한 단서를 알고서 채우겠습니까. 이것이 군자가 궁리(窮理)를 귀하게 여긴 이유입니다.

臣按: 人心初動處便有善惡之分. 然人心本善, 終是善念先生, 少涉於情然後方有惡念耳, 是以見孺子入井者卽有怵惕之心, 見人蒙不潔者卽有憎惡之心, 二者皆是情也, 而實由乎其中有仁義之性, 故其始初端緒發見於外, 自然如此也. 四端在人者隨處發見, 人能因其發念之始, 幾微才見, 端緒略露, 卽加研審體察, 以知此念是仁·此念是義·此念是禮或是智, 於是擴而充之, 由惻隱之端而充之以爲不忍人之仁, 由羞惡之端而充之以爲不勝用之義, 與夫辭讓·是非皆然, 則凡所爲者溥博淵泉而時出之矣. 孟子所謂端與《大易》所謂幾, 皆是念慮初生之處, 但《易》兼言善惡, 孟子就性善處言爾. 是故幾在乎審, 端在乎知, 旣知矣, 又在乎能擴而充之, 知而不充則是徒知而已. 然非知之於先, 又曷以知其爲善端而充之哉? 此君子所以貴乎窮理也.

《통서(通書)》에서 말하였다.

기미에 선악이 있다.

曰: 幾善惡.

또 말하였다.

움직였는데 유무(有無)의 사이에서 형태가 아직 나타나지 않은 것이 기미이다.

又曰: 動而未形有無之間者, 幾也.

또 말하였다.

사유하지 않으면 미세한 데 통할 수 없고, 깊지 않으면 불통이 없을 수 없다. 이는 불통 없음은 미세함에 통하는 데서 생기며, 미세함에 통하는 것은 사유에서 생기기 때문이다. 사유란 성군(聖君)이 공적을 이루는 근본이자 길흉의 계기이다.

又曰: 不思則不能通微, 不睿則不能無不通. 是則無不通生於通微, 通微生於思故. 思者, 聖功之本而吉凶之機也.

주희가 말하였다. "기미란 움직임이 미세한 것이고, 선악이 그로부터 나뉜다. 대개 인심의 미세함에서 움직이니, 천리가 진실로 발현되는 것이지만 인욕 또한 이미 그 사이에서 싹튼다." 혹자가 "기미가 어째서 움직임과 고요함 사이에 있습니까?"라고 하니, "있는 듯하지만 있지 않는 때이니, 사람이 인식하기에 달려 있다."라고 대답하였다.

朱熹曰: "幾者動之微, 善惡之所由分也. 蓋動於人心之微, 則天理固當發見, 而人欲亦已萌乎其間矣." 或問 "幾如何是動靜之間?" 曰: "似有而未有之時, 在人識之爾."

또 말하였다.

"하나의 생각이 일어나는 곳에 만 가지 일의 근원이니, 더욱 긴절하다."

又曰: "一念起處, 萬事根源, 尤更緊切."

또 말하였다.

"기미에 선악의 구분이 있으니, 이러한 때에 늘 궁극까지 살펴서 시비를 인식해야 한다. 그 처음은 짧고 작은 미세함이지만 오래 궁극까지 살피게 되면 점차 거대한 차고 넘침을 볼 것이니, 천연의 도리가 그 속에서 나오니 이는 기미가 터지고 선악이 구분되는 것이다. 여기에 분명해지면 사물이 인식되어 지식이 이르며, 지식이 이르러 뜻이 성실해지며, 뜻이 성실해져 마음을 바르게 되며, 몸은 닦이고 집안은 고르게 되고 나라는 다스려지며 천하가 평안해지는 흐름은 저절로 멈출 수 없이 진행될 것이다."

又曰: "幾有善惡之分, 於此之時宜常窮察, 識得是非. 其初乃毫忽之微, 至其窮察之久, 漸見充越之大, 天然有個道理開裂在這裏, 此幾微之决·善惡之分也. 若於此分明, 則物格而知至, 知至而意誠, 意誠而心正, 身修·家齊·國治·天下平自己不得止不住."

또 말하였다.

"기미는 움직임이 미세한 것이고, 움직이려고 하면서도 아직 움직이지 않은 사이이니 곧 선악이 있고, 그런 곳을 알아야 하니 훨씬 더 발현되면 또한 사안을 구제할 수 없다. 그래서 성현(聖賢)께서 '보이지 않아도 경계하고 근신하는 것이고, 들리지 않아도 걱정하고 두려워한다'고 말하였고, 또 '홀로 있을 때를 삼간다'고 말하였다. 모두 저 기미를 알아야 한다는 뜻이니, 기미의 사이는 대단히 긴절하고 중요하다."

又曰: "幾是動之微, 是欲動未動之間, 便有善惡, 須就這處理會. 若至於發著之甚, 則亦不濟事矣. 所以聖賢說'戒愼乎其所不睹, 恐懼乎其所不聞', 又說'愼其獨', 都是要就這幾微處理會, 幾微之際大是切要."

또 말하였다.

"미세하게 움직이는 처음에, 시비와 선악을 여기서 볼 수 있다. 하나의 생각이 생겨나면 선이 아니면 악이다."

又曰: "微動之初, 是非善惡於此可見. 一念之生, 不是善便是惡."

또 말하였다.

"기미의 사이에서, 선은 곧 천리이고 악은 곧 인욕이니, 이와 같은 것을 이제 깨달았다면 선을 보존하고 악을 제거해야 할 것이다."

又曰: "幾微之間, 善者便是天理, 惡者便是人欲, 才覺如此, 存其善去其惡可也."

또 말하였다.

"주자(周子)께서 극력 기(幾) 자를 설명하여, 사람을 경계하고 발동시킨 곳을 다 설명하였다. 가깝게는 공사(公私)와 사정(邪正), 멀게는 흥폐(廢興)와 존망(存亡)은 단지 이 점을 간파하면 바로 바뀔 것이다. 이는 일상에서 가장 절실한 공부로, 정밀하고 거침, 숨거나 드러남이 한꺼번에 파고든다. 요(堯)와 순(舜)이 '오직 정밀하고 오직 일관되게 하라[惟精惟一]'라고 한 말, 공자(孔子)가 '자기를 극복하고 예로 복귀한다[克己複禮]'라고 한 말이 곧 이 일이다. 미나리를 먹고 맛이 있자 미나리를 우리 임금에게 몹시 바치고 싶어하였다.[4]"

4 미나리를 … 싶어하였다: 이 부분은 앞의 내용과 상응하지 않는 듯하며 착간이 있는 듯하

又曰: "周子極力說個幾字, 盡有警發人處. 近則公私·邪正, 遠則廢興·存亡, 只於此處看破便斡轉了. 此是日用第一親切工夫, 精粗·隱顯一時穿透, 堯·舜所謂'惟精惟一', 孔子所謂'克己復禮', 便是此事. 食芹而美, 甚欲獻之吾君."

또 말하였다.[5]

"천리와 인욕의 나뉨은 여기에서 판가름된다. 그러므로 주자(周子)는 다만 '기(幾)' 자를 말한 것이다. 그렇지만 분별하기를 일찍 하지 않으면 안 되기 때문에 횡거(橫渠)는 언제나 '예(豫)' 자를 말하였다."

又曰: "天理人欲之分, 只爭這些子, 故周子只管說幾字, 然辨之不可不早, 故橫渠每說豫字."

신은 이렇게 생각합니다. 송나라 유학자 주돈이(周惇頤)는 《주역》의 '기미란 움직임이 미세한 것이다'라고 했고, 《통서(通書)》에 저술한 것이 상세합니다. 주희는 주씨의 말을 통하여 발명한 것이 더욱 투철했습니다. 이 몇 가지 학설에 입각하여 보면 기미의 뜻은 미진함이 없

다. 미나리의 고사는 옛날 어느 농부가 미나리를 천하에 제일 맛있다고 하여 부호(富豪)에게 바쳤다는 고사에서 나왔다. 《列子 楊朱》

5 또 말하였다: 《주자어류(朱子語類)》 권13 〈학(學) 7 역행(力行)〉에 나온다.

습니다. 힘쓸 방법을 드러내어 밝힌 핵심은 주돈이가 말한 사려[思]이고, 장재(張載)가 말한 예(豫)이며, 주희는 《대학장구》에서 말한 심(審)이니, 더욱 힘쓸 곳입니다. 홀로 아는 데서 진실로 할 수 있어서 단서의 미세함을 살펴 분별할 수 있고 그 선을 확충하며 그 악을 끊을 수 있다면, 치국, 평천하의 근본은 여기서 확립하고 성인이 될 공업은 여기에 있을 것입니다.

臣按: 宋儒周惇頤因《易》"幾者動之微"一言而著之《通書》者爲詳. 朱熹因周氏之言而發明之者尤爲透徹, 卽此數說觀之, 則幾之義無餘蘊矣. 至其用功之要, 則惇頤所謂思, 張載所謂豫, 熹於《大學章句》所謂審者, 尤爲著力處也. 誠能於其獨知之地, 察其端緖之微而分別之, 擴充其善而遏絶其惡, 則治平之本於是乎立, 作聖之功於是乎在矣.

이상은 천리와 인욕이 처음 분리될 때 삼감이다.

以上謹理欲之初分

사태의 기미가 싹틀 때를 살핌[察事幾之萌動]

《주역》에서 말하였다.[6]

6 《주역》에서 말하였다: 《주역》 〈계사전 상(繫辭傳上)〉에 나온다.

역(易)이란, 성인(聖人)께서 극히 심오하여 기미를 살피는【연(研)은 살핌[審]이다.】 방도이다. 오직 깊기 때문에 천하의 뜻에 능통할 수 있고, 기미이기 때문에 천하의 임무를 이룰 수 있다.

《易》曰: 夫易, 聖人之所以極深而研【研猶審也】幾也, 惟深也故能通天下之志, 惟幾也故能成天下之務.

신은 이렇게 생각합니다. 《주역》의 이 말은 비록 역이라고 쓰고 말을 꺼냈지만, 군주가 치세를 도모하는 도리에 실로 절실한 요체입니다. 대개 사태의 기미는 천하에 없는 곳이 없지만, 군주에게는 하루, 이틀 사이에 많기로는 만 가지를 채우니 이것이 그 기미의 조짐을 살펴서 천하의 임무를 이루는 방도입니다. 어찌 다른 것이 비하겠습니까. 선유 주희(朱熹)는 깊다[深]는 것은 마음에 대해 말한 것이고, 기미[幾]란 사태에 대해 말한 것이라고 하였습니다. 깊음이 마음에 있으면 매우 가믈하고 그윽하며, 기미가 사태에 있으면 반은 은미하고 반은 드러납니다.

군주의 몸에 대해 말해 보겠습니다. 군주의 마음 하나는 연못처럼 그윽하며 고요하고 깊어 진실로 측정할 수 없는 데가 있지만 그중 사사건건 모두 갖추어져 있습니다. 사태가 구비되면 각각 그 이치가 있고, 사태가 발동하면 반드시 그 단서가 있습니다. 군주는 진실로 방금 움직여 형태가 없는 초기에 능숙하여 있고 없고의 사이에 관찰하고 숨고 드러난 즈음에 살펴 단서가 처음 드러날 때 미리 그 연구한 공력을 다하고, 맹아가 처음 생겼을 때 바로 살피는 능력을 더해야 합니다. 이를 통하여 천하의 임무를 다스리고 천하 사람들에게 임하며 천하의 변화에 대응하고, 그에 앞서 살피고 그 쉬울 때 도모하니, 천하의 임무가 어찌 이루기 어려운 데가 있겠습니까.

臣按: 《周易》此言雖爲易書而發, 然於人君圖治之道實切要焉. 蓋事幾之在天下無處無之, 而在人君者, 一日二日之間其多乃盈於萬, 是所以研審其幾微之兆以成天下之務者, 豈他可比哉? 先儒朱熹謂深就心上說, 幾就事上說, 深在心甚玄奧, 幾在事半微半顯. 請卽君身言之, 人君一心淵奧靜深, 誠有不可測者, 然其中事事皆備焉. 事之具也各有其理, 事之發也必有其端, 人君誠能於其方動未形之初, 察於有無之間, 審於隱顯之際, 端倪始露豫致其研究之功, 萌芽始生卽加夫審察之力, 由是以釐天下之務·禦天下之人·應天下之變, 審察於其先, 圖謀於其易, 天下之務豈有難成也哉?

기미를 아는 것은 신묘한 일이다. 군자는 위로 사귀되 아첨하지 않고 아래로 사귀되 함부로 하지 않으니, 기미를 아는 것이다.[7]

知幾其神乎! 君子上交不諂, 下交不瀆, 其知幾乎!

정이가 말하였다.

---

7 기미를 … 것이다: 《주역》〈계사전 하(繫辭傳下)〉에 나온다.

"사태의 기미를 보는 자는 신묘하도다. 군자는 위로 사귀되 아첨에 이르지 않고 아래로 사귀되 모욕에 이르지 않으니, 이는 기미를 알기 때문이다. 기미를 알지 못하면 과오에 이르고도 그치지 못한다. 위로 사귐에 공손하기 때문에 잘못은 아첨에 있고, 아래로 사귐에 편하기 때문에 잘못은 모욕에 있다. 군자는 기미를 보기 때문에 과오에 이르지 않는다. 이른바 기미란 처음 움직임이 미세한 것이며, 길흉의 단서를 먼저 볼 수 있지만 드러나지 않은 것이다."

程頤曰: "見事之幾微者, 其神妙矣乎! 君子上交不至於諂, 下交不至於瀆者, 蓋知幾也, 不知幾則至於過而不已. 交於上以恭巽, 故過則爲諂; 交於下以和易, 故過則爲瀆. 君子見於幾微, 故不至於過也. 所謂幾者, 始動之微也, 吉凶之端可先見而未著者也."

신은 이렇게 생각합니다. 선유 주희(朱熹)는 말하기를, "사태가 아직 이르지 않았어도 그 이치를 말로만 할 수 있는 것은 보기 쉽고, 사태가 이미 이르러 그 이치가 드러난 것 또한 보기 쉽다. 오직 사태가 바야흐로 싹터 움직임이 은미한 곳은 이것이 가장 보기 어렵다."라고 했습니다.[8] 아, 이것이 기미를 아는 것이 오직 헤아릴 수 없이 신묘하고 밝은 자가 할 수 있는 이유일 것입니다.

군자가 위로 사귀되 아첨에 빠지지 않으니, 아첨하지 않는 이유는 아첨의 유폐가 반드시 굴욕에 이른다는 것을 알기 때문입니다. 아래

8 주희(朱熹)는 … 했습니다 : 《주자어류(朱子語類)》 권76 〈주역(周易) 12 하계(下繫)〉에 나온다.

로 사귀되 모욕하지 않으니, 모욕하지 않는 이유는 모욕의 말류는 반드시 속임수와 수모에 이른다는 것을 알기 때문입니다. 그러므로 그 처음 움직여 형태가 없을 때에 살피면, 위로 사귀되 아첨에 빠져서는 안 되며 아래로 사귀되 모욕해서는 안 됨을 알 수 있습니다. 임금의 입장에서는 위로 사귐은 비록 없지만, 신하에게 아첨하는 태도가 있으면 그 처음 보았을 때 바로 억제하여 끊고 그것이 드러나기를 기대해서는 안 됩니다. 신하들을 만날 때는 더욱 엄중해야 하고, 조금이나마 터럭만큼 친압하거나 모욕하는 뜻이 있으면 의연히 경계하여 끊어야 하니, 이 또한 기미를 아는 것입니다.

臣按: 先儒朱熹謂 "事未至而空言其理也, 易見; 事已至而理之顯然者, 亦易見. 惟事之方萌而動之微處, 此最難見." 噫, 此知幾者所以惟神明不測者能之也歟? 君子交於上則不諂, 所以不諂者, 知諂之流弊必至於屈辱也; 交於下則不瀆, 所以不瀆者, 知瀆之末流必至於欺侮也. 故於其初動未形之時而審之, 則知上交者不可諂, 下交者不可瀆也. 在人君者雖無上交, 然人臣有諂諛之態, 則於其初見之始卽抑絕之, 不待其著見也. 至於交接臣下之際, 尤當嚴重, 稍有一毫狎瀆之意, 則已毅然戒絕之, 是亦知幾者矣.

군자는 기미를 보고 떠나면서 하루가 다하기를 기다리지 않는다. 《주역》 〈예괘(豫卦) 육이(六二)〉에 "돌처럼 견고해서 하루가 다하기를 기다리지 않으니, 정하고 길하다."라고 하였다. 절조가 돌과 같으니 어찌 하루가 다하기를 기다리겠는가. 결단하는 것을 알 수 있다. 군자는 은미함을 알고 드러남을 알고 부드러움을 알고 강건함을 아니 만 사람이 우러러본다.

君子見幾而作, 不俟終日. 《易》曰: "介於石, 不終日, 貞吉." 介如石焉, 寧用終日? 斷可識矣! 君子知微知彰, 知柔知剛, 萬夫之望.

정이가 말하였다.[9]

"군자는 명철하여 사안의 기미를 보기 때문에 돌보다 견고할 수 있다. 그 지킴이 이미 견고하니 미혹되지 않고 기미를 밝게 보아 움직이니 어찌 하루가 다하기를 기다리겠는가. 결단[斷]은 나누는 것[別]이니, 그 판별을 알 수 있다. 은미함과 드러남, 부드러움과 굳셈은 상대적인 것이다. 군자가 은미함을 보면 드러남을 알고, 부드러움을 보면 굳셈을 안다. 기미를 이와 같이 알아서 대중이 우러르기 때문에 '만 사람이 우러러본다'고 한 것이다."

程頤曰: "君子明哲, 見事之幾微, 故能其介如石. 其守旣堅則不惑, 而明見幾而動, 豈俟終日也? 斷, 別也. 其判別可見矣. 微與彰·柔與剛, 相對者也. 君子見微則知彰矣, 見柔則知剛矣, 知幾如是, 衆所仰也, 故曰'萬夫之望'."

9 정이가 말하였다: 《주역(周易)》 〈예괘(豫卦) 육이(六二)〉의 정전(程傳)에 나온다.

호인(胡寅)이 말하였다.

"음양의 운행, 천지의 변화, 물리와 인사의 시종은 모두 희미하고 작은 데부터 막을 수 없는 상태까지 존재하기 때문에 덕을 닦는 자는 자그마한 행동이라도 신중하며 치세를 도모하는 자는 아직 일어나지 않았을 때 걱정한다. 요 임금과 순 임금의 군신(君臣)들이 반복하여 경계하고 반성한 일도 기미를 경계로 삼지 않은 적이 없었다. 그러므로 작은 싹을 자르면 백 심(尋)의 나무를 이룰 수 없고, 개미 구멍을 소홀히 하면 천 길의 뚝도 튼튼할 수 없으니, 군자가 기미를 보고 떠나는 것을 중히 여기는 까닭이다."

胡寅曰: "陰陽之運·天地之化, 物理·人事之始終, 皆自茫忽毫釐至於不可禦, 故修德者矜細行, 圖治者憂未然, 堯舜君臣反覆警省, 未嘗不以幾爲戒. 故折句萌則百尋之木不能成矣, 忽蟻穴則千丈之堤不能固矣, 君子所以貴於見幾而作也."

신은 이렇게 생각합니다. 천하의 사안은 기미가 없는 적이 없습니다. 오직 미리 안 연후에 일찍 경계할 수 있고, 완전히 드러나기에 이르러 막을 수 없는 상황을 초래하지 않습니다. 만일 자기의 입장에서 도(道)를 보는 것이 밝지 못하고, 뜻[志]을 세움에 견고하지 못한 점이 있고, 사안에 임해서 충분히 생각할 겨를이 없으며, 비록 생각하더라도 깊은 곳을 헤아리지 못하기 때문에, 기미가 아직 오지 않았을 때는 판단력이 어두워 알지 못하고 기미가 이미 드러났을 때에는 지체하다가 결단하지 못합니다. 그러므로 군자는 명철하면서도 안정되고 고요함을 중히 여기는 것입니다.

명철하면 마음이 미혹되는 바가 없고 선악이 아직 분리되지 않은 초기에 보는 바가 환하며, 안정되고 고요하면 외물이 흔들 수 없고 시비가 처음 분리될 즈음에 지키는 바를 확고히 할 수 있습니다. 은미함을 보고 드러남을 아니 환히 나타나길 기다리지 않고, 부드러움을 보고 굳셈을 아니 견고히 응결되기를 기다리지 않습니다. 그렇게 되는 이유 또한 격물을 통하여 지식을 오게 하고, 머물 데를 안 뒤에 안정함이 있으며, 안정하여 고요하며, 고요하여 편안하고, 편안하여 사려 깊고, 사려 깊어 얻을 수 있는 데 달려 있습니다. 이와 같다면 모르는 기미가 없어 하루가 다하기를 기다리지 않고도 판단할 수 있습니다. 그렇지만 이는 만 사람의 우러름만 될 뿐이 아니니, 신묘한 성인(聖人)이 되기를 바랄 수도 있을 것입니다.

臣按: 天下之事莫不有幾, 惟其知之豫也, 然後能戒之於早, 而不至於暴著而不可遏. 苟在已者見道有未明, 立志有不堅, 臨事而不暇致思, 雖思而不能審處, 故幾未至也則暗昧而不知, 幾旣見也則遲疑而不決, 是以君子貴乎明哲而定靜. 明哲則中心無所惑, 而灼有所見於善惡未分之初; 定靜則外物不能動, 而確有所守於是非初分之際. 見微而知其彰, 不待其昭著也; 見柔而知其剛, 不待其堅凝也. 所以然者, 亦惟在乎格物以致其知, 知止而後有定, 定而靜, 靜而安, 安而慮, 慮而至於能得. 如此則無不知之幾, 不俟終日而判斷矣. 然此非特可爲萬夫之望, 則雖如神之聖殆亦可幾也乎!

《주역》〈송괘(訟卦) 상(象)〉에 말하였다.

하늘과 물이 어긋나게 운행함이 송이니, 군자가 보고서 일을 하되 처음을 잘 도모한다.

象曰: 天與水違行, 訟. 君子以作事謀始.

정이가 말하였다.

"하늘은 위에서 물은 아래에서 서로 어긋나게 운행하니, 두 물체가 어긋나는 것이 송의 이유이다. 상하가 서로 순조롭다면 송이 어디에서 생기겠는가. 군자가 상(象)을 보고 인정(人情)에 송사를 다투는 도(道)를 알기 때문에 모든 일을 꾸밀 때 반드시 그 처음을 도모한다."

程頤曰: "天上水下相違而行, 二體違戾, 訟之由也. 若上下相順, 訟何由興? 君子觀象, 知人情有爭訟之道, 故凡所作事必謀其始."

주희가 말하였다.

"일을 하되 처음을 잘 도모하니, 송사의 단서가 끊어진다."

朱熹曰: "作事謀始, 訟端絕矣."

항안세가 말하였다.

"건양(乾陽)은 감수(坎水)에서 생기고, 감수는 천일(天一)에서 생긴다. 건과 감은 본래 같은 기에서 생기는 것이다. 한번 움직인 뒤 서로 등지고 운행하면서 마침내 하늘과 연못의 간극을 이룬다. 이로 미루어 보면 천하의 일은 작고 은미하다고 해서 삼가지 않으면 안 되며, 친하고 아낀다고 해서 공경하지 않으면 안 되는 것이다. 화란의 단서가 어찌 큰 데 있겠는가. 조조(曹操)와 유비(劉備)는 같은 밥을 먹었지만 숟가락 놓는 사이에 땅이 나누어졌고,[10] 소봉길(蘇逢吉)과 사홍조(史弘肇)는 멸족되었는데 담소하는 사이에 원망이 생겼다.[11] 도모할 초기의 가르침이 어찌 깊고 간절하게 드러난 것이 아니겠는가."

項安世曰: "乾陽生於坎水, 坎水生於天一, 乾·坎本同氣而生者也, 一動之後相背而行, 遂有天淵之隔. 由是觀之, 天下之事不可以細微而不謹也, 不可以親昵而不敬也, 禍亂之端, 夫豈在大? 曹·劉共飯, 地分於匕箸之間; 蘇·史滅宗, 忿起於笑談之頃. 謀始之誨, 豈不深切著明乎?"

---

10 조조(曹操)와 … 나누어졌고: 유비가 조조와 술을 마시며 천하의 영웅을 논하다가 "지금 천하 영웅은 그대와 나뿐."이란 조조의 말에 놀라 손에 들었던 숟가락을 저도 모르게 떨어뜨렸다. 마침 우레가 요란하였으므로 "천둥소리에 혼이 났군." 하고 핑계를 댔는데, 서로 생각이 달랐던 것이다.《三國志演義》

11 소봉길(蘇逢吉) … 생겼다: 소봉길은 중국 오대(五代) 사람이다. 유지원(劉知遠)을 섬겨 하동절도판관(河東節度判官)이 되었다가, 유지원이 후한(後漢)을 건국한 뒤 중서시랑(中書侍郎) 등에 임명되고, 은제(隱帝) 때 사공(司空)에 임명되었다. 사홍조는 소봉길 등과 대립하였는데, 군졸들을 혹독하게 대하다가 무함을 받아 피살되었다.《新五代史 卷30 漢臣傳 史弘肇傳》 이것을 두고 "일을 처음 도모한다는 뜻에 부합하지도 않고, 이른바 '소(蘇)'와 '사(史)'가 어떤 사람을 가리키는지 모르겠다."라고 말한 조선 학자도 있다.《玉吾齋集 卷17 [南遷錄 下]》

도결(都潔)이 말하였다.[12]

"하늘은 삼재(三才)의 시작이고, 물은 오행(五行)의 시작이니, 군자가 그것을 본보기로 삼아 사업을 할 때 처음을 잘 도모한다."

都潔曰: "天爲三才之始, 水爲五行之始, 君子法之, 作事謀始."

신은 이렇게 생각합니다.

선유(先儒)가 말하기를 "하늘은 왼쪽으로 돌고 물이 동쪽으로 흐르는 것은 어긋난 운행이다. 사업을 할 때 운행이 어긋나기에 이른 뒤 도모하면 미칠 수 없다."라고 하였습니다.[13] 그러므로 군자는 《주역》 〈송괘〉의 상(象)을 본받아 무릇 사업을 일으킬 때는 반드시 그 처음을 잘 도모하였습니다. 왜 그렇겠습니까?

이치[理]는 천지 사이에 있어 대중지정(大中至正)하며, 치우치거나 왜곡된 바가 없어서, 따라서 행하면 상하가 서로 순조롭고 어긋나게 행하면 피차가 거스릅니다. 그러므로 군자가 한마디 말을 꺼낼 때, 하나의 행동을 움직일 때, 하나의 사업을 시행할 때면, 자기에게 돌아보고 남에게서 본받고 마음에서 헤아리고 이치에서 풀어 보아 순조로운지 거스르는지 따져 봅니다. 순조로우면 서서히 하고, 거스르면 서

12 도결(都潔)이 말하였다: 《문헌통고(文獻通考) 경적고(經籍考)》에 도결의 《주역변체(周易變體)》 16권이 있다고 나와 있다.

13 선유(先儒)가 … 하였습니다: 양시(楊時, 1053~1135)의 말이다. 《대역수언(大易粹言)》 권6에 나온다. 양시의 자는 중립(中立), 호는 구산(龜山), 시호는 문정(文靖)이다. 정호(程顥)의 제자이다.

둘러 그치며, 소리로 내보내고 얼굴에 나타내며 행위에 드러내어 잘못을 저지르거나 허물을 얻어 다툼을 시작하고 송사를 얽음으로써 훗날의 후회를 남기기를 기다리지 않습니다. 이것이 처음을 도모하는 것입니다.

도모하고 거듭 도모하여 반드시 사업이 이치에 어긋나지 않고 나와 남이 서로 방해되지 않으며 앞과 뒤가 상충하지 않고 위와 아래가 서로 엇갈리지 않은 뒤에 사업을 시작하니, 행하는 것이 위배되는 일이 없는 것입니다. 사업에 어긋나는 진행이 없으니, 모든 말과 조치가 모두 천리에 어울리고 인심에 순조로운데, 또 어찌 분분한 구설수나 으르렁대는 송사가 있겠습니까.

혹자는 말하기를 "송사를 일으키고 옥사를 꾸미는 것은 관청의 일이고, 조정은 백성들을 직접 몰고 다닐 뿐이지 저들이 장차 누가 송사를 한다는 말인가."라고 합니다. 아, 위는 아래에 대해 세력이 같지 않지만 이치는 같으며, 아래는 위에 대해 감히 말하지는 못하지만 화를 낼 수 있습니다. 백성이 마음에 송사를 일으키는 것은 입에 송사를 일으키는 것보다 심하며, 백성이 하늘에 송사를 일으키는 것은 관청에 송사를 하는 것보다 심합니다. 어질고 지혜로운 군주는 진실로 하늘의 견책을 두려워하고 백성의 분노를 두려워하니, 모든 사업을 일으킬 때 어찌 처음에 도모하지 않을 수 있겠습니까

臣按: 先儒謂天 "左旋而水東注, 違行也. 作事至於違行而後謀之, 則無及矣." 是故君子體《易》之象, 凡有興作必謀其始焉. 何則? 理在天地間, 大中至正, 無有偏枉, 從之而行則上下相順, 違之而行則彼此交逆. 是以君子一言之將發也, 一行之將動也, 一事功之將施行也, 則反之於己, 體之於人, 揆之於心, 繹之於理, 順乎逆乎? 順則徐爲之, 逆則亟止之, 不待發於聲·徵於色·見於施爲, 以作過取愆·啓爭構訟而貽異時之悔, 是則所謂謀始也. 謀之又謀, 必事於理不相悖, 人與我不相妨, 前與後不相衡決, 上與下不相齟齬, 然後作之, 則所行者無違背之事矣. 事無違行, 則凡所云爲擧錯者皆合於天理, 順於人心, 又安有紛紛之口語·狺狺之訟言乎? 或曰, 興訟構獄, 官府之事也, 朝廷之於民直驅之而已, 彼將誰訟乎? 吁! 上之於下, 勢不同而理同; 下之於上, 不敢言而敢怒. 民之訟於心也, 甚於其訟於口也; 民之訟於天也, 甚於其訟於官也. 仁智之君誠畏天譴·畏民怒, 凡有興作, 惡可不謀於始乎?

《서경》〈우서(虞書)〉에서 말하였다.

"삼가고 두려워하십시오. 하루 이틀 사이에도 기미가 만 가지나 됩니다."[14]

《虞書》: 兢兢業業, 一日二日萬幾.

채침이 말하였다.

---

14 삼가고 … 됩니다: 고요(皐陶)가 순(舜)에게 "안일과 욕심으로 제후(諸侯)들을 가르치지 마시어 삼가고 두려워하소서. 하루 이틀 사이에도 기미가 만 가지나 됩니다.[無教逸欲有邦, 兢兢業業, 一日二日萬幾.]"라고 하였는데, 채침(蔡沈)의 집전에서 "긍긍(兢兢)은 경계하고 삼감이요, 업업(業業)은 위태롭게 여기고 두려워함이다." 하였다.《書經 皐陶謨》

"기(幾)는 은미함[微]이다. 《주역》에 말하기를 '오직 기미인 까닭에 천하의 임무를 잘 이룬다'고 하였으니, 대개 화란의 기미는 미세한 데에 내장되어 있어 평범한 사람이 미리 볼 수 있는 바가 아니다. 드러나기에 이르면 아무리 지혜로운 사람이라도 그 뒤를 잘 처리할 수 없기 때문에 성인께서 기미에 삼가고 두려워하며 도모한 것이다. 이른바 쉬울 때 도모하기를 어렵게 하고 작을 때 크게 하라는 것이 이것이다. 하루 이틀이란, 날짜가 며칠 되지 않는다는 말이다. 만 가지 기미란 그 사안의 기미가 지극히 많다는 말이다. 하루 이틀 사이에도 사안의 기미가 장차 만 가지에 이르니, 이 하루인들 멋대로 할 수 있겠는가."

蔡沈曰: "幾, 微也. 《易》曰: '惟幾也故能成天下之務.' 蓋禍亂之幾藏於細微, 而非常人之所豫見, 及其著也則雖智者不能善其後. 故聖人於幾則兢業以圖之, 所謂圖難於其易 · 爲大於其細者, 此也. 一日二日者, 言其日之至淺. 萬幾者, 言其幾事之至多也. 蓋一日二日之間, 事幾之來且至萬焉, 是可一日而縱欲乎?"

신은 이렇게 생각합니다. 천하의 사안은 반드시 시작하는 바가 있고, 그 시작은 매우 미세하여 보기 어려우니, 이를 기미라고 합니다. 화란에만 기미가 있는 것이 아니라 모든 천하의 만사, 만물에 있지 않은 적이 없습니다. 군주가 기미에 대해서는 사안이 아직 오지 않았을 때 살피고 미리 장차 그럴 것이다 하고 알 수 있어야 하고, 사안이 장차 오게 되면 미리 필시 그럴 것이다 하고 알 수 있어야 합니다. 기미의 처음에 깊이 살피는 노력을 기울여, 과연 선이라면 미루어 확대하고, 과연 악이라면 막아 끊어 버리는 것이니, 선한 단서는 여기에서 확충되고, 악한 상념은 여기에서 소진됩니다. 이리하여 편안하려는 욕구는 자라날 데가 없고, 화란은 일어날 길이 없습니다.

무릇 이와 같다면 내 몸이 수양되지 않거나 나라가 다스려지지 않는 일은 이치상 있을 수 없습니다. 만일 미세함을 먼저 살피지 않고 다 나타나기를 기다린 뒤에 힘을 쓰게 되면 또한 미치지 못할 것입니다. 이것이 옛 제왕이 삼가고 두려워하면서 만 가지 사안의 기미가 생기는 처음을 살폈던 이유입니다.

臣按: 天下之事必有所始, 其始也則甚細微而難見焉, 是之謂幾. 非但禍亂有其幾也, 而凡天下萬事萬物莫不有焉. 人君於其幾而審之事之未來, 而豫有以知其所將然; 事之將來, 而豫有以知其所必然. 於其幾微之始致其審察之功, 果善歟則推而大之, 果惡歟則遏而絕之, 則善端於是而擴充, 惡念於是乎消殄, 逸欲無自而生, 禍亂無由而起. 夫如是, 吾身之不修·國家之不治, 理未之有也. 苟不先審其微, 待其暴著而後致力焉, 則亦無及矣. 此古之帝王所以兢兢業業, 致審於萬事幾微之初也歟!

우가 말하기를,[15] "훌륭합니다. 황제시여. 자리에 있을 때를 삼가소서." 라고 하니, 제순(帝舜)이 말하기를 "그 말이 옳다."라고 하였다. 우가 말하

15 우가 말하기를: 《서경》 〈익직(益稷)〉에 나온다.

기를 "당신의 마음이 그치는 바에 편안히 하여 기미를 생각하고 편안히 할 것을 생각하소서."라고 하였다.

禹曰: "都, 帝. 愼乃在位." 帝曰: "兪." 禹曰: "安汝止, 惟幾惟康."

채침(蔡沈)이 말하였다.

"천자의 지위는 어려운 것이니, 한 생각이라도 삼가지 않으면 혹 사해에 근심을 끼칠 수 있고, 하루라도 삼가지 않으면 혹 천백 년의 근심을 부를 수 있다. 제순이 깊이 옳다고 여겼고, 우가 재위를 삼가라고 했던 이유를 미루어 나가 '당신의 마음이 그치는 바에 편안히 하십시오'라고 했으니, 그치는 것은 마음이 그치는 곳이다. 편안히 하라고 말한 것은 올바른 도심(道心)에 적합하여 위태로운 인욕(人欲)에 빠지지 않는 것이다. 기미를 생각하는 것은 사안이 발동할 때 살피는 방도이고, 편안히 할 것을 생각하는 것은 사안이 편안할 바를 살피는 것이다."

蔡沈曰: "天位惟艱, 一念不謹, 或以貽四海之憂; 一日不謹, 或以致千百年之患. 帝深然之, 而禹又推其所以謹在位之意, 曰安汝止也. 止者, 心之所止也. 安之云者, 順適乎道心之正, 而不陷於人欲之危也. 惟幾所以審其事之發, 惟康所以省其事之安."

신은 이렇게 생각합니다. 기미란 움직임이 미세한 것이고, 움직임이란 기미가 나타난 것입니다. 바야흐로 고요하고 아직 움직이지 않을 때는 기미가 없고, 기미가 움직인 뒤에 사안이 비로소 싹틉니다. 이를 통해 점차 형상을 보게 되고 사안이 이루어집니다. 만일 기미의 초기에 살필 바를 알지 못하고 그 사안이 나타난 뒤 편안함을 얻으려고 하면 얻기 어렵습니다. 신은 어리석게도 생각하건대, 기미를 생각하라는 것이 또한 편안히 할 것을 생각하라는 말의 근본입니다. 군주가 재위 기간을 신중히 하고 반드시 모든 일이 편안하길 원한다면, 사안의 기미가 발동할 초기에 살피지 않고 어떻게 할 수 있겠습니까.

臣按: 幾者動之微, 動者幾之著. 方其靜而未動也, 未有幾也, 幾既動而後事始萌, 由是漸見於形象而事成焉. 苟於幾微之初不知所審, 而欲其事爲之著得其安妥, 難矣! 臣愚以爲, 惟幾者又惟康之本也, 人君愼其在位, 而必欲得其庶事之康, 非審於事幾發動之初, 曷由得哉?

제순이 노래를 지어 말하였다. "하늘의 명을 삼갈진댄 때마다 삼가고 기미마다 삼가야 한다."

帝庸作歌曰: "敕天之命, 惟時惟幾."

채침이 말하였다.

"칙(敕)은 삼가는 것이다. 기(幾)는 사안이 미세함이다. '유시'란 삼가지 않는 때가 없다는 말이다. '유기'란 삼가지 않는 사안이 없다는 말이다. 천명은 무상하여, 치란과 안위가 서로 기대고 숨어 있다.[16] 지금 비록 정치가 안정되고 공적을 이루었으며 예제가 정비되고 음악이 조화롭지만, 잠깐 사이에 삼가고 두려워함이 없다면 태만하고 방탕함이 거기서 일어나며, 터럭처럼 발동할 때 기미를 살피지 않으면 화란이 거기서 생겨나니, 경계하지 않으면 안 된다."

蔡沈曰: "敕, 戒敕也. 幾, 事之微也. 惟時者, 無時而不戒敕也. 惟幾者, 無事而不戒敕也. 蓋天命無常, 理亂·安危相爲倚伏, 今雖治定功成, 禮備樂和, 然頃刻謹畏之不存, 則怠荒之所自起, 毫發幾微之不察, 則禍患之所自生, 不可不戒也."

신은 이렇게 생각합니다. 이 장(章)은 제순이 장차 노래를 지으려고 먼저 노래하는 이유를 서술했습니다. 노래의 서문 뜻은 천명을 경계하고 때와 기미를 삼가는 데 있습니다. 때란 천시(天時)를 말하고 기미란 인사(人事)를 말합니다. 한시도 삼가지 않는 때가 없다는 말은 한시도 천명이 깃든 바가 아닌 적이 없는 것이고, 하나도 삼가지 않는 사안이 없다는 말은 하나도 천명이 보존된 바가 아닌 사안이 없다는 것입니다.

그렇지만 사(事)라고 해도 되는데, 기(幾)라고 하였으니, 왜 그렇겠

16 기대고 숨어 있다: 화가 변해 복이 되고 복이 변해 화가 되는 것을 뜻한다. 《노자(老子)》 58장에 "화는 복이 기대는 바이고, 복은 화가 엎드려 있는 바이다.[禍兮福之所倚, 福兮禍之所伏.]" 하였다.

습니까. 선유는 "기미란 사안이 미세한 것이다"라고 했으니, 바야흐로 그 사안이 비로소 싹터서 움직일 듯 말 듯 하는 즈음입니다. 이러한 때에는 선악의 형태가 아직 나뉘지 않지만 미리 그 조짐을 관찰할 수 있고, 시비의 정상이 아직 나타나지 않았지만 미리 그 기미를 살필 수 있습니다. 터럭 끝 정도가 막 일어나도 경계하고 삼가는 마음을 이미 보존하고, 맹아가 처음 싹터도 방지하려는 뜻을 이미 가져야 하니, 그것이 자라나서 현저히 드러나기를 기다린 뒤에 도모해서는 안 됩니다.

옛 제왕이 이토록 천명을 경계한 것이 아마도 화란이 일어나지 않고 천명을 영원히 보전하였던 지극한 이유일 것입니다. 후세의 군주는 천명을 경계할 줄 몰랐기 때문에 아무리 사안의 기미가 훤히 나타나도 여전히 뒤따라 반성할 줄 몰랐고, 화란의 기미가 격발해서야 비로소 도모할 방도를 생각하니 또한 어쩔 도리가 없습니다. 아, 기미라는 한 마디를 순 임금의 조정에서 군신(君臣)이 누누이 언급했거니와, 이는 진실로 만세의 군주가 천명을 삼가고 지치를 보전할 수 있는 중심 원칙이니, 밝은 군주는 유의해야 합니다.

臣按: 此章帝舜將欲作歌, 而先述其所以歌之意也. 歌之序意在乎戒天命而謹時幾. 時以天時言, 幾以人事言. 無一時而不戒敕, 以無一時而非天命之所寓也; 無一事而不戒敕, 以無一事而非天命之所存也. 然謂之事可也, 而謂之幾者何哉? 先儒謂 "幾者事之微也", 方其事之始萌欲動未動之際, 方是之時, 善惡之形未分也, 而豫察其關兆, 是非之情未著也, 而豫審其幾微, 毫末方起已存戒謹之心, 萌芽始茁已致防範之意, 不待其滋長顯露而後圖之也. 古之帝王所以戒敕天命也如此, 其至所以禍亂不興, 而永保天命也歟! 後世人主不知戒敕天命, 故雖事幾暴著猶不知省及, 至禍機激發始思所以圖之, 亦末如之何矣. 噫, 幾之一言, 虞廷君臣累累言之, 是誠萬世人君敕天命·保至治之樞要也, 惟明主留意.

〈주서(周書)〉에서 말하였다.

"'공덕이 있는 분이 왕위를 이어야 합니다.'라고 하니 '왕께서 처음 일을 시작하시니, 아, 마치 막 태어난 자식이 처음 태어날 때 스스로 밝은 명을 품부받지 않음이 없는 것과 같습니다. 지금 하늘이 어짊을 명할지, 길흉을 명할지, 오랜 국운을 명할지는 지금 내가 일을 처음 시작하는 데서 알 수 있습니다. 새로운 도읍을 정하고 오직 왕은 빨리 덕을 공경하는 일을 행해야 합니다.'[17]라고 하였다."

《周書》: 嗣若功, 王乃初服. 嗚呼, 若生子, 罔不在厥初生, 自貽哲命. 今天其命哲·命吉凶·命曆年, 知今我初服, 宅新邑, 肆惟王其疾敬德.

주희가 말하였다.

"왕이 처음 일을 시작할 때는 그 습관을 삼가지 않으면 안 되니, 마

17 지금 … 합니다: 《서경집전》에서는 "알 수 있는 것은 지금 우리가 처음의 정사를 어떻게 하느냐에 달려 있다는 것뿐이다.[所可知者, 今我初服如何爾.]"라고 풀어 여기에서 문장을 종결하였는데, 공안국(孔安國)은 '知今我初服'을 '宅新邑, 肆惟王其疾敬德'에 연결해서 해석하였다. 《서경》 〈소고(召誥)〉는 소공(召公)이 성왕(成王)에게 경계한 글이다.

치 막 태어난 자식이 처음에 배우는 바를 신중히 하지 않으면 안 되는 것과 같다. 고상하게 습관을 들이면 지혜롭고, 저열하게 습관을 들이면 어리석다. 그러므로 지금 천명이 바로 처음 일을 시작할 때에 있지만, 덕을 공경하면 밝고 길하며 오래 누리고, 공경하지 않으면 어리석고 흉하고 왕조가 짧게 끊어진다."

朱熹曰: "王之初服不可不謹其習, 猶子之初生不可不愼其初所教. 蓋習於上則智, 習於下則愚矣. 故今天命正在初服之時, 敬德則哲·則吉·則曆年, 不敬則愚·則凶·則短折也."

채침이 말하였다.

"공덕이 있는 자를 잇는다는 말은, 덕을 공경하여 오래 누린 자를 계승한다는 말이다. 하물며 왕은 지금 새로운 도읍에서 정치를 시작하고 교화를 수행하는 처음임에랴! 또 탄식한 것은, 왕이 처음 일을 시작한 것은 마치 태어난 자식과 같아, 모두 처음 태어나 습관을 선하게 들이면 선하여 저절로 밝은 천명을 품부받는 데 달려 있다는 말이다. 정치를 하는 도리는 또한 이와 같다."

蔡沈曰: "嗣其有功者, 謂繼其能敬德而曆年者也. 況王乃新邑初政, 服行教化之始乎. 又歎息言王之初服若生子, 無不在於初生習爲善則善矣, 自貽其哲命. 爲政之道, 亦猶是也."

진력(陳櫟)이 말하였다.[18]

"명철(明哲)한 성(性)은 태어나면서 같이 생기는데, 처음 태어날 때 선에 습관이 들면 명이 철이 될 수 있고, 악에 습관이 들면 명철한 사람도 어리석지 않음이 없다. 명철하면 하늘의 명하는 바 되고 어리석으면 하늘이 명하지 않는다. 이는 스스로 철명을 품부받는 것이니, 이른바 스스로 많은 복을 구하는 경우와 같다. 이것이 이른바 처음 태어날 때 스스로 밝은 명을 품부받지 않음이 없다는 것이고, 왕이 처음 일을 시작한 것 또한 이와 같다. 왕이 처음 일을 시작할 때 천명이 혹 길하고 혹 흉한 것이 여기서 갈리며, 왕의 덕이 혹 공경하느냐 혹 아니냐가 여기서 갈린다. 공경하면 하늘에 영원한 명을 기도할 수 있고, 공경하지 못하면 하늘에 영원한 명을 기도할 수 없다. 소공(召公)은 성왕(成王)이 이 한 번의 처음 기회를 타고 빨리 덕을 공경하기를 바란 것이다. 빨리 운운한 것은 이런 기회를 타고 서둘러 노력하게 한 것이니, 오늘만 기회가 있고 훗날에는 없음을 말한 것이다."

陳櫟曰: "明哲之性與生俱生, 初生之時習於善則明可作哲, 習於惡則靡哲不愚. 哲則爲天所命, 愚則天不命焉. 是自貽哲命, 如所謂自求多福. 此所謂無不在其初生時自貽哲命者, 王之初服亦猶是也. 王乃初服之時, 天命之, 或吉或凶判於此; 王德之, 或敬或否判於此. 敬則能祈天永命, 不敬則不能祈天永命. 召公欲王乘此一初之機而疾敬德, 疾之云者, 欲其乘此機而速勉之, 有今罔後之謂也."

---

18 진력(陳櫟)이 말하였다: 원(元)나라의 유학자 진력(陳櫟, 1252~1334)의 자는 수옹(壽翁)·정우(定宇), 호는 동부노인(東阜老人)이다. 《대학연의보》 권4 주) 2 참조.

신은 이렇게 생각합니다. 천하의 일에는 언제나 그 처음이 있습니다. 집안에서 가르침을 세울 때는 자식을 낳은 초기에 있으며, 나라에서 근본을 바르게 할 때는 임금이 즉위한 초기에 있습니다. 대개 사안을 반드시 유래하여 일어나는 곳이 있고, 유래하여 일어나는 곳에서 미리 구획하면 본원이 바르고 지류가 순조롭습니다. 유래하여 일어나는 곳이 바로 이른바 초기이니, 하나의 사안이 있으면 곧 하나의 초기가 있습니다. 그러므로 주공이 성왕에게 새로운 도읍을 정하고 교화를 시행할 초기에 고한 것입니다.

비록 그러하나, 어찌 단지 도읍을 정하는 한 가지 사안뿐이겠습니까. 주공이 우연히 마주친 바를 통해서 그 군주에게 고했을 뿐입니다. 그러므로 군주는 사안에 모두 반드시 그 초기가 있음을 알고, 그 일을 하는 처음에 발동하는 기미를 살펴야 하고, 그 단서가 처음 열리는 때에 미리 끝까지 지킬 근거로 삼아야 합니다. 그 처음에 나아가 그 끝을 점치고, 그 미세함에 나아가 그 나타남을 궁구하며, 그 가까움에 나아가 그 먼 데를 염려하고, 그 쉬운 데 나아가 그 어려울 때를 도모합니다. 전전긍긍하며 덕을 공경하고, 서둘러서 날이 부족하다 여겨야 합니다.

이것이 스스로 그 명을 품부받는 방도이니, 덕에는 명철해지고 사업에는 길하며 자신에게는 오래 사는 징험이 있고, 나라에는 유구한 경사가 있을 것입니다. 누가 군주의 정치가 한번의 초기에 근본을 두지 않는다고 하겠으며, 그 초기에 삼가는 이유가 또한 어찌 공경 하나 밖에 있겠습니까.

臣按: 天下之事莫不有其初, 家之立教在子生之初, 國之端本在君立之初. 蓋事必有所從起之處, 於所從起之處而豫爲之區處, 則本原正而支派順矣. 所從起之處卽所謂初也, 有一事卽有一初, 是以周公告成王以宅新邑爲服行敎化之初也. 雖然, 豈但宅邑一事哉? 周公偶因所遭以告其君耳. 是故人君知事之皆必有其初也, 於其所服行之始而審其所發動之幾, 當其端緖肇啓之時, 豫爲終竟據守之地, 卽其始以占其終, 卽其微而究其著, 卽其近以慮其遠, 卽其易以圖其難, 兢兢焉惟德之是敬, 汲汲焉惟日之不足. 是則所以自貽厥命者, 於德爲明哲, 於事爲吉祥, 在身有壽考之徵, 在國有過曆之祚. 孰謂人君爲治不本於一初, 而其所以謹於其初者, 又豈外於一敬哉?

《시경》〈학명(鶴鳴)〉 1장에서 말하였다.
"학이 구고에서 우니 그 소리가 들판까지 들리네."
또 말하였다.
"학이 구고에서 우니 그 소리가 하늘까지 들리네."

《詩·鶴鳴》首章曰: "鶴鳴於九皐, 聲聞於野."
又曰: "鶴鳴於九皐, 聲聞於天."

주희가 말하였다.

"학의 울음은 높고 분명하여 8, 9리에까지 들린다. 고(皐)는 연못 가운데 물이 넘쳐 나와 생긴 구덩이이다. 밖으로 수가 9에 이르렀으니 깊고 멀음을 비유한 것이다. 학이 구고에서 울고 소리가 들판까지 들린다는 말은 성(誠)은 덮을 수 없다는 뜻이다."

朱熹曰: "鶴之鳴高亮, 聞八九裏. 皋, 澤中水溢出所爲坎. 從外數至九, 喩深遠也. 鶴鳴於九皋而聲聞於野, 言誠之不可掩也."

신은 이렇게 생각합니다. 우리나라의 학사 주선(朱善)이 말하기를 "진실로 덮을 수 없음을 안다는 것은, 염려가 바야흐로 싹트는 것을 알고 귀신이 이미 형적을 알아, 덮으려 해도 폐간(肺肝)이 이미 드러나니, 몸을 성실히 한 공이 없을 수 없는 이유이다."라고 했습니다. 신은 이를 통해서 천하의 만사와 만물의 이치는 성(誠) 하나를 벗어나지 않음을 알았습니다.

성이란 무엇이겠습니까. 실리(實理)입니다. 실(實)이 이런 형태를 가지면 실은 이런 그림자를 가지고, 실이 이런 그릇을 가지면 실은 이런 소리를 가집니다. 이처럼 《시경》에서는 학의 울음이 아홉 번 꺾인 연못의 지극히 깊고 먼 곳에 있는데도, 그 소리가 이윽고 교외와 허공의 지극히 높고 큰 공간에서도 들린다고 하였습니다. 마치 사람이 아득하고 외진 땅에서 훌륭한 일을 하면 의당 남이 알지 못할 듯하지만, 밖으로 발양되어 밝게 나타나는 것은 결국 아무리 멀어도 이르는 것과 같습니다.

이는 왜 그렇겠습니까. 이 실사(實事)가 마음에 있으면 밖으로 실성(實聲)이 있어서 성(誠)은 덮을 수 없습니다. 세상의 군주는 매번 깊은 궁궐 안에서 시행하는 바가 있고 또한 스스로 그 이치가 그릇됨을 알면서도 사욕에 가려 결국 무릅쓰고 저지르며 숨겨 놓고 피합니다. 오직 사정이 드러나 알려질까 근심하면서 좌우에 누설하지 말라고 경계하고 간언하는 자의 풍간(諷諫)을 꺼립니다. 절실한 경계로 타이르고 엄한 형벌로 금지해도 마침내 훤히 드러나지 못하게 할 수 없으니, 이는 실리(實理)가 저절로 그러한 것으로, 마치 학이 울면 소리가 저절로 들리는 것과 같지 않을 수 없는 것입니다.

아, 천하의 일은 할 수 있는 일이 있고 할 수 없는 일이 있으니, 할 수 있는 것은 반드시 말할 수 있으며, 말할 수 없는 것은 반드시 할 수 없으며, 할 수 있는데 말할 수 없는 것은 할 수 있는 게 아닙니다. 군주는 이와 관련하여, 무릇 심려 하나가 일어나고 기미가 바야흐로 움직이면 반드시 마음에 돌이켜, "내가 이 일을 하여 남에게 말할 수 있을 것인가 아닌가" 생각해야 합니다. 남에게 말할 수 있으면 하고, 남에게 말할 수 없으면 하지 않는다면, 하는 바가 말할 수 있는 일이 아닌 것이 없을 것입니다. 만일 그렇게 한다면 내가 하는 바는 오직 남들이 멀리 전파하지 않을까 걱정할 뿐이지, 도리어 어찌 남의 입을 막고 남이 자기를 기롱한다고 벌주기를 일삼겠습니까.

臣按: 本朝學士朱善曰: "知誠之不可掩, 則知念慮方萌, 而鬼神已知形跡, 欲掩而肺肝已見, 所以不可無誠身之功也." 臣以是知天下萬事萬物之理不出乎一誠. 誠者何? 實理也. 實有是形, 則實有是影; 實有是器, 則實有是聲. 如此,《詩》言鶴之鳴也在乎九折之澤至深至遠之處, 而其聲也乃聞於郊野虛空至高至大之間, 如人之有爲也在乎幽深隱僻之地, 宜若人不知矣. 然其發揚昭著於外者, 乃無遠而不至焉. 是何也? 有是實事於中, 則有是實聲於外, 誠之不可掩也. 世之人主每於深宮之中有所施爲, 亦自知其理之非也, 不勝其私欲之蔽乃至冒昧爲之, 遮藏引避, 惟恐事情之彰聞, 戒左右之漏泄, 忌言者之諷諫, 申之以切戒, 禁之以嚴刑, 卒不能使之不昭灼者, 此蓋實理之自然, 不得不然如鶴鳴, 而聲自聞也. 嗟乎, 天下之事有可爲者·有不可爲者, 可爲者必可言也, 不可言者必不可爲也, 可爲而不可言, 則非可爲者矣. 人君於此, 凡其一念之興幾微方動, 則必反思於心, 曰吾之爲此事可以對人言否乎? 可以與人言則爲之, 不可與人言則不爲, 則所爲者無非可言之事. 若然, 則吾所爲者惟恐人傳播之不遠矣, 尙何事於箝人口, 而罪人之議己也哉?

《예기(禮記)》〈경해(經解)〉에서 말하였다.

예(禮)의 교화는 은미하여 아직 형태가 생기기 전에 삿됨을 그치고, 사람들이 날로 선으로 옮겨 가고 죄를 멀리하면서도 스스로 인식하지 못하였으므로 선왕이 예를 융성하게 했다. 《주역》에 이르기를 "군자는 처음을 삼가야 하니, 털끝만 한 차이로 인해 천 리가 어긋나는 것이다."라고 한 말이 이것이다.【《주역》 인용문은 지금 경문에는 없다.】

《禮記》曰: 禮之敎化也微, 其止邪也於未形, 使人日徙善遠罪而不自知也, 是以先王隆之也. 《易》曰: "君子愼始, 差若毫釐, 繆以千里." 此之謂也.【引《易》今經文無之.】

섭몽득(葉夢得)이 말하였다.[19]

"미(微)란 형태가 있지만 아직 크지 않은 것이다. 가르쳐서 남들이 본받게 하고, 교화하여 남들을 변하게 하기 때문에, 선을 따르면서도 스스로 알지 못한다. 아직 형태가 없는 것은 형태가 있을 조짐이다. 장차 조짐이 있을 때 삿됨을 그치니, 사람들이 삿됨을 버리고 조짐을 취하기 때문에 죄를 멀리하면서도 스스로 알지 못한다."

葉夢得曰: "微者形而未大也, 教以使人效, 化以使人遷, 故從善而不自知. 未形者有形之兆也, 止邪於將兆, 則人知舍彼以就此, 故遠罪而不自知."

오징(吳澂)이 말하였다.

"예(禮)가 사람이 선을 하게 인도하는 것은 언제나 선한 기미가 바야흐로 움직이는 초기에 달려 있고, 사람이 악을 못하게 금지하는 것 또한 악한 기미가 아직 드러나지 않았을 때이다. 이는 다른 법령과 형벌 등속이 드러나기를 기다린 뒤에 권장하고 징벌하는 것과 같지 않다. 또한 《주역》을 인용하여 증명하였으니, 처음은 그 초기에 아직 나타나지 않고 드러나지 않았을 때이고, 신중함은 이러한 때에는 의당 예로 그 선을 인도하고 악을 막아야 하며 이 기미를 잃어서는 안 된다는 것이다. 만일 혹시 그렇지 않다면, 처음에 가르쳐 그치지 않

19 섭몽득(葉夢得)이 말하였다: 송나라의 경학자 섭몽득(葉夢得, 1077~1148)의 자는 소온(少蘊), 호는 석림이다. 《춘추(春秋)》에 밝았다. 저서에 《춘추전(春秋傳)》, 《춘추고(春秋考)》, 《석림춘추(石林春秋)》, 《석림연어(石林燕語)》 등이 있다.《宋史 卷445 文苑列傳七 葉夢得》

으면 그 차이가 비록 터럭만큼 가깝더라도 이미 나타나 드러나기에 이른 뒤에 가르쳐 그치면 힘이 되기 어렵고, 그 오류도 천 리의 먼 거리가 생기니, 그 어긋남이 매우 크다는 말이다."

吳澂曰: "禮之導人爲善每在善幾方動之初, 其禁人爲惡亦在惡幾未見之時, 非若其他法令刑罰之屬, 待其顯見而後勸率懲遏之也. 又引《易》以證之, 始謂其初未顯·未見之時, 愼謂宜及此時以禮導其善·防其惡, 不可失此幾也. 儻或不然, 不於其始而敎之止之, 其差雖若毫釐之近, 至於旣顯旣見而後敎之止之, 則難爲力, 其繆乃有千里之遠, 言其繆甚大也."

신은 이렇게 생각합니다. 선왕이 정치를 할 때 반드시 예(禮)를 융성시키고 소중히 한 것은 예를 교화의 근본으로 삼고, 그 결과 백성들의 나쁜 생각을 막고 선한 단서를 열어서 인의(仁義)와 도덕(道德) 속에 묶고, 규제나 법도 밖으로 방탕하여 경계령을 범하거나 형법에 걸리기에 이르지 않게 하였습니다. 스스로 그렇게 되는 이유를 알지 못하고도 그렇게 되었으니, 그 교화가 또한 은미하지 않습니까.

미(微)란 기미가 처음 발동되어 아직 크지 않은 것입니다. 군자는 그 기미가 막 움직여 아직 형태가 생기지 않은 처음에 신중합니다. 어떻게 신중하겠습니까. 또한 예를 극진히 하는 것일 뿐입니다. 그러므로 남녀의 욕심이 있는 것을 알면 혼례(婚禮)를 제정하여 욕정이 아직 열리기에 앞서 음란하고 치우친 행동을 그치게 하고, 음식을 가지고 쉽게 다툴 수 있음을 아니 향음을 제정하여 턱이 움직이지 않은 처음에 다툼의 소송을 그치게 하며, 상제(喪祭)의 예법을 제정하여 곡을 하고 술잔을 바칠 때 죽은 자를 저버리고 산 자를 잊는 일을 그치게 하고, 빙근(聘覲)의 예법을 제정하여 옥백(玉帛)과 조두(俎豆) 사이에서 배반하고 침범하는 환란을 그치게 합니다.

이 모두 욕망이 움직이고 정의가 기승을 부릴 때를 기다리지 않으며, 절로 남모르게 없애고 속히 교화하는 묘리가 있으니, 만일 멀지 않은 차이가 있더라도 다시 어찌 차이나 오류가 있어 천 리의 간극이 벌어지겠습니까.

臣按: 先王爲治而必隆重於禮者, 蓋以禮爲敎化之本, 所以遏民惡念, 而啓其善端, 約之於仁義·道德之中, 而使其不蕩於規制法度之外, 以至於犯戒令罹刑憲焉, 自有不知其所以然而然者矣. 則其爲敎化也, 不亦微乎? 微者, 幾之初動未大者也. 君子於其幾微方動未形之始而愼之, 愼之何如? 亦隆禮而已矣. 是故知男女之有欲也, 則制婚禮以止其淫辟之行於情竇未開之先; 知飮食之易爭也, 則制鄕飮以止其爭鬥之獄於朶頤未動之始; 制喪祭之禮以止其倍死忘生之念於哭臨奠獻之際, 制聘覲之禮以止其倍畔侵陵之患於玉帛俎豆之間, 是皆不待欲動情勝之時, 而自有潛銷速化之妙, 縱有過差不遠, 而復尙何差繆, 而至於千裏之遼絶乎?

《논어(論語)》〈위령공(衛靈公)〉에서 공자가 말하였다.

"어떻게 할까 어떻게 할까 하지 않는 자는 나도 어찌할 수 없다."

子曰: "不曰如之何·如之何者, 吾末如之何也已矣."

주희가 말하였다.

"'어떻게 할까 어떻게 할까'란 깊숙이 생각하고 살펴 처리한다는 말이다. 이렇게 하지 않으면 망녕되이 행동하고, 비록 성인이라도 어쩔 수 없다."

朱熹曰: "如之何·如之何者, 熟思而審處之辭也. 不如是而妄行, 雖聖人亦無如之何矣."

신은 이렇게 생각합니다. 선유의 말에 "천하와 나라를 잘 다스리는 자는 은미할 때 삼갈 뿐이다."라고 했는데,[20] 은미할 때 삼가는 도리는 생각할 수 있는 데 달려 있습니다. 그러므로 하나의 사념을 일으키고, 하나의 사안을 시작하고, 하나의 사물을 취하고, 한 사람을 등용하는 것은 반드시 아직 행동하기 전에, 시작하려는 처음에 마음속에서 돌이켜 보고, 반복하여 두 번 세 번 새겨보면서 의외의 변화가 있을 것을 고려하고 반드시 초래될 근심을 걱정하여 어떻게 대처하면

20 선유의 … 했는데: 선유는 호인(胡寅, 1098~1156)을 말한다. 호인은 송나라 건녕(建寧) 숭안(崇安)의 문인으로, 호는 치당(致堂)이다. 호안국(胡安國)의 조카로 그의 양자가 되었다. 이 말은 《자치통감강목》 제1권 상, 주 열왕 23년~주 현왕 31년 사론에 보인다.

온전히 선할지, 어떻게 대처하면 폐단이 없을지, 어떻게 대처하면 선한 뒤에 오래 갈지, 모두 처음 싹틀 때 먼저 생각하고, 사안의 기미가 아직 나타나지 않았을 처음에 반드시 지극히 깊이 생각하고, 반드시 지극히 살펴 처리한 뒤에 행해야 합니다.

이렇게 하면 시행이 뒤집히기에 이르지 않고 만전의 공을 거둘 수 있습니다. 만일 그렇지 못하면 멋대로 행하게 되어 다만 한때의 상쾌함을 취하고 훗날을 도모하지 못할 것이니, 하루아침에 엎어져 화란에 빠져 어쩔 수 없는 지경에 쓸리게 되면 아무리 성인이라도 장차 어쩔 수 없을 것입니다. 그러므로 군자가 사업을 행할 때 은미할 때 막고 조짐이 있을 때 차단하며, 반드시 심사숙고하고 살펴 처리합니다.

臣按: 先儒有言, 善爲天下國家者, 謹於微而已矣. 謹微之道在於能思, 是以欲興一念·作一事·取一物·用一人, 必於未行之先·欲作之始, 反之於心, 反覆紬繹至再至三, 慮其有意外之變, 恐其有必至之憂, 如何而處之則可以盡善, 如何而處之則可以無弊, 如何而處之則可以善後而久遠, 皆於念慮初萌之先·事幾未著之始, 思之必極其熟·處之必極其審, 然後行之, 如此則不至於倒行逆施, 而收萬全之功矣. 苟爲不然, 率意妄行, 徒取一時之快, 而不爲異日之圖, 一旦馴致於覆敗禍亂無可奈何之地, 雖聖人亦將奈之何哉? 是故君子之行事也, 欲防微而杜漸, 必熟思而審處.

사마광(司馬光)이 말하였다.

"《서경》에서 '하루 이틀 사이에도 기미가 만 가지나 된다'라고 하였는데,[21] 만기(萬幾)란 무엇인가. 기(幾)라는 말뜻은 미(微)이니, 만사(萬事)의 은미함을 경계하고 두려워하라는 말이다. 조그만 물은 한 덩이의 흙으로도 막을 수 있으나 크게 불어나면 나무와 돌을 떠내려 보내고 산과 언덕까지 삼킨다. 작은 불은 한 바가지 물로 끌 수 있지만 크게 불어나면 도읍을 태우고 산림을 불사른다. 그러므로 미세할 때 다스리면 힘이 적게 들고 공적이 크며, 불어났을 때 다스리면 힘이 많이 들고 공적이 적다. 그러므로 성제(聖帝) 명왕(明王)은 모두 아직 싹이 트지 않았을 때 환란을 녹이고 아직 형태가 없을 때 화를 막으니, 천하가 모르는 사이에 그 덕을 입으면서도 그렇게 된 이유를 알지 못한다."

또 말하였다.

"아직 일어나지 않은 말은 항상 소홀히 버려지고, 이미 일어난 뒤에는 또 미칠 수 없다. 무릇 안락하고 태만함은 황음(荒淫)의 기틀을 열고, 기이하고 진기한 기술이나 놀이는 사치의 단서를 발동시키며, 달콤한 말이나 슬픈 척하는 말은 요행의 길을 열고, 귓속말과 몰래하는 말은 참소하는 도적의 문을 열며, 명기(名器: 관직)를 아끼지 않으면 참람된 자들이 가까이 오는 근원을 유도하고, 위복(威福)을 빌려주면 능멸하며 빼앗을 권한을 주는 것이다. 이 여섯 가지는 그 처음이 무척 미세하여 아침저녁으로 무람없이 굴어도 아직 그 폐해를 볼 수 없지만, 날로 불어나고 달로 더해져 마침내 깊게 고착되기에 이르니, 이때에 알고 혁신하면 백 배는 힘이 드는 법이다."

司馬光曰: "《書》曰'一日二日萬幾', 何謂萬幾? 幾之爲言微也, 言戒懼萬事

21 《서경》에서 … 하였는데: 《서경》 〈고요모(皐陶謨)〉에 고요(皐陶)가 우 임금에게 고한 말이다.

之微也. 夫水之微也捧土可塞, 及其盛也漂木石·沒丘陵; 火之微也勺水可滅, 及其盛也焦都邑·燔山林. 故治之於微, 則用力寡而功多, 治之於盛則用力多而功寡, 是故聖帝明王皆銷患於未萌·弭禍於未形, 天下陰被其德, 而莫知其所以然也."

又曰: "未然之言常見棄忽, 及其已然又無所及. 夫宴安怠惰肇荒淫之基, 奇巧珍玩發奢泰之端, 甘言悲詞啓僥幸之塗, 附耳屛語開讒賊之門, 不惜名器導僭逼之源, 假借威福授陵奪之柄. 凡此六者, 其初甚微, 朝夕狎玩未睹其害, 日滋月益, 遂至深固, 比知而革之, 則用力百倍矣."

신은 이렇게 생각합니다. 송 인종(宋仁宗) 때 사마광이 다섯 가지 규간(規諫)을 올렸는데, 그 네 번째가 '은미함을 중시하는 것[重微]'이었습니다. 그중 공자(孔子)가 노나라 임금에게 한 말을 인용하기를 "새벽에 일찍 일어나서는 의관을 바르게 갖추고 이른 아침에 조회를 볼 적에 위란을 염려해야 하며, 한 가지만 응하지 않아도 위란의 단서가 된다."라고 하였으니,[22] 이렇게 우환을 생각하면 우환을 알 수 있을 것입니다.

대개 군주는 우환을 알지 못하기 때문에 고려할 바를 알지 못합니다. 안일한 때를 맞아 난망의 화가 있을 것을 생각한다면 반드시 걱정할 것입니다. 걱정하면 고려하고, 무사할 때에 고려하면서 단서가 일어난 곳을 찾고 유폐가 반드시 올 것을 궁구해야 합니다. 사마광의

22 공자(孔子)가 … 하였으니: 《공자가어(孔子家語)》 1권 〈오의해(五儀解)〉에 나온다.

여섯 가지 말대로 같은 범주의 일에 확장하고 기틀에 따라 대응하여 아직 일어나지 않은 폐해를 거슬러 짐작하고 장차 올 우환을 멀리 탐구하면 천 리 밖이 목전에 있듯, 백 년의 먼 세월이 조석에 있듯 할 것입니다.

사안마다 생각하면서 오직 사물 하나가 이치를 잃을까 근심하고, 서둘러 그침으로써 오직 잠깐이라도 남아 있을까 근심하며, 무람히 여겨 그대로 따르지 말고 구차하게 우물쭈물하지 말며, 두렵게 마음에 항상 경계하고 의연히 결단을 반드시 내리며 늠연히 그 위기를 깊이 두려워해야 합니다. 이와 같다면 묘당(廟堂)에서 수양하여 덕이 사해(四海)에 넘칠 것이고, 오늘 다스림으로써 복이 만세(萬世)에 흐를 것입니다. 진실로 사마광이 자신의 군주에게 기약한 바와 같은 자세를 가졌다면 오히려 어찌 위기나 어려움이 있겠습니까.

臣按: 宋仁宗時司馬光上五規, 其四曰重微, 其中引孔子告魯君之語, 謂昧爽夙興正其衣冠, 平旦視朝慮其危難, 一物失理, 亂亡之端, 以此思憂則憂可知矣. 蓋人君惟不知憂也, 故不知所慮. 當夫安逸之時知有亂亡之禍, 則必憂之矣. 憂之則慮之, 慮之於無事之時, 而尋其端緒之所自起, 究其流弊之所必至, 如光所言之六事者, 觸類而長之, 隨機而應之, 逆料其未然之害, 遠探其將至之患, 千里之外如在目前, 百年之遠如在旦夕, 事事而思之, 惟恐一物之失理, 汲汲而已之, 惟恐須臾之尙在, 不玩狎而因循, 不苟且而姑息, 惕然而常警於心, 毅然而必致其決, 凜然而深懼其危. 如此則修之於廟堂, 而德冒四海, 治之於今日, 而福流萬世. 誠有如光之所以期其君者, 尙何危難之有哉?

이상은 사태의 기미가 싹틀 때를 살핌이다.

以上察事幾之萌動

간사한 싹이 점차 자라는 것을 방지함[防奸萌之漸長]

《주역》〈곤괘(坤卦)〉에서 말하였다.

"〈초육〉에 '서리를 밟고 나면 두꺼운 얼음이 얼게 된다.'고 했다. 〈상(象)〉에 '서리를 밟으면 두꺼운 얼음이 언다는 것은 음이 처음 응결되는 것이다. 그 도를 순조로이 점차로 익어 가서 단단한 얼음에 이르는 것이다.'라고 하였다. 〈문언(文言)〉에 '선을 쌓은 집안은 후손에게 반드시 남는 경사가 있고, 불선을 쌓은 집안은 후손에게 반드시 재앙이 있다. 신하가 군주를 시해하고 자식이 아비를 시해하는 것은 하루아침과 하루저녁에 생긴 변고가 아니고 그 유래한 것이 차츰 진행된 것이니, 이는 분변해야 할 것을 일찍 분변하지 않았기 때문이다. 《주역》에 서리를 밟고 나면 단단한 얼음이 언다고 하였는데, 이는 순차로【순(順)은 신(愼)으로 써야 한다.】 온다는 말이다."

《坤》: 初六, 履霜, 堅氷至. 象曰; "履霜堅氷, 陰始凝也; 馴致其道, 至堅氷也." 《文言》曰: "積善之家必有餘慶, 積不善之家必有餘殃. 臣弑其君·子弑其父, 非一朝一夕之故, 其所由來者漸矣, 由辨之不早辨也. 《易》曰'履霜, 堅氷至', 蓋言順也【順當作愼】."

정이(程頤)가 말하였다.

"음(陰)이 처음에 엉겨서 서리가 되고, 서리를 밟으면 음이 점차 성대해져 두꺼운 얼음이 언다. 마치 소인이 처음에 비록 매우 미미하지만 자라게 해서는 안 되니, 자라면 성대하기에 이른다."

程頤曰: "陰之始凝而爲霜, 履霜則當知陰漸盛, 而至堅氷矣. 猶小人始雖甚微, 不可使長, 長則至於盛也."

또 말하였다.

"천하의 일은 쌓여서 이루어지지 않는 적이 없으니, 집안에 쌓인 것이 선하면 복과 경사가 자손에게 미치며, 쌓인 것이 선하지 않으면 재앙이 후세에 흐른다. 크게는 시역(弑逆)의 화란에 이르니, 모두 누적되어 이르는 것이니 아침저녁에 이룰 수 있는 것이 아니다. 밝은 자는 조짐을 키워서는 안 되며, 작은 것이 쌓여 큰 것을 이루고, 일찍 변별하여 순조롭게 자라게 두지 않기 때문에 천하의 악이 나와 이루어질 데가 없음을 아니, 바로 두꺼운 얼음의 경계를 아는 것이다."

又曰: "天下之事未有不由積而成, 家之所積者善, 則福慶及於子孫, 所積不善, 則災殃流於後世, 其大至於弑逆之禍, 皆因積累而至, 非朝夕所能成也. 明者則知漸不可長, 小積成大, 辨之於早不使順長, 故天下之惡無由而成, 乃知堅氷之戒也."

신은 이렇게 생각합니다. 일찍 변별한다는 말은 곧 이른바 은미함을 살핀다는 뜻입니다. 〈곤괘〉의 이 효(爻)는 음이 처음 아래에서 생겨나 그 단서가 매우 미세하지만 그 형세가 반드시 성대해질 것이고, 그 형상이 마치 사람이 처음 서리를 밟는 것과 같으니 음기(陰氣)가 엉기리라는 것을 알 수 있습니다. 무릇 음기가 처음 엉길 때는 단지 미세하고 얇은 서리가 맺힐 뿐이지만, 계속되어 극성에 이르고 장차 두꺼운 얼음이 얼게 됩니다.

대체로 국가의 화란이나 시역이라는 변고는 그 원인이 모두 소인(小人)에게서 일어나니, 진실로 일찍 변별하고 미미할 때 신중하여, 맹아의 발생이나 단서의 발로를 미세하게 보고 즉시 억제하고 끊어서 불어나고 자라 점차 누적됨으로써 매우 단단하고 두꺼운 형세에 길들지 않게 하면, 힘은 적게 쓰고도 화란이 일어나지 않을 것입니다. 성인(聖人)께서 《주역》에서 이를 경계하여 사람들에게 양(陽)을 부지하고 음(陰)을 누르는 뜻을 보였습니다.

대개 양은 군자이고 음은 소인이니, 소인을 처음 등용할 때는 반드시 그 폐해가 보이지 않지만 바탕이 본래 음유(陰柔: 겉은 부드러우나 속은 음험함)하여 오래 기용하면 길들여지는 화를 면하지 못합니다. 군주가 소인이라는 것을 알면 처음 진출할 때 그 은미함을 살펴보고 바로 눌러 퇴출하여 날마다 만나고 친히 쓰지 않는다면 아직 싹트지 않은 화가 소멸될 것입니다. 그렇지 않으면 또 어찌 권간(權奸)이 권력을 훔치는 화란이나 아첨하는 측근이 마음을 좀먹는 폐해가 있겠습니까.

臣按: 辨之於早卽所謂審微也. 《坤》卦此爻陰始生於下, 其端甚微, 而其勢必至於盛, 其象如人之初履霜也, 則知其爲陰氣之凝. 夫陰氣之始凝也, 但結爲微薄之霜耳, 馴而至於極盛, 且將爲堅厚之氷焉. 大凡國家禍亂之變·弑逆之故, 其原皆起於小人, 誠能辨之於早·愼之於微, 微見其萌芽之生·端緖之露, 卽有以抑遏壅絶之, 不使其有滋長積累之漸, 以馴致夫深固堅牢之勢, 則用力少而禍亂不作矣. 聖人作《易》以此垂戒, 示人以扶陽抑陰之意. 蓋陽爲君子·陰爲小人, 小人之初用也, 未必見其有害, 然其質本陰柔, 用之之久, 馴致之禍有不能免者. 人君知其爲小人也, 則於初進之際窺見其微, 卽抑之黜之, 不使其日見親用, 則未萌之禍消矣. 夫然, 又安有權奸竊柄之禍·佞幸蠱心之害哉?

《주역》〈대축괘(大畜卦)〉에서 말하였다.

"〈육사(六四)〉에 '송아지를 외양간에 동여매면 크게 길하다'라고 했다.【동(童)은 뿔이 없다는 말이다. 곡(牿)은 소 뿔에 가로막대를 설치하여 접촉을 막는 것이다.】' 〈육오(六五)〉에 '멧돼지를 거세하여 이빨을 쓰지 못하게 하니, 길하다.【그 생식 기능을 공격하여 제거하는 것을 분(豶)이라고 하니, 거세하는 방법이다.】"

《大畜》: 六四, 童牛之牿, 元吉【童者未角之稱, 牿施橫木於牛角以防其觸者也】. 六五, 豶豖之牙, 吉【攻其特而去之曰豶, 所以去其勢也】.

정이(程頤)가 말하였다.

"초(初)는 가장 낮은 자리에 거하여 양(陽) 중의 미약한 것이다. 미약할 때 기르면 쉽게 제어하여 마치 송아지를 동여매는 것과 같아서 매우 선하고 길하다. 대개 사람의 악은 초기에 그치면 쉽고, 이미 성대한 뒤에 금지하면 단단하여 이기기 어려우니, 초기에 그치는 것보다 나은 것은 없다."

또 말하였다.

"멧돼지는 굳세고 조급한 동물이고 어금니가 사납고 날카로운데, 만일 그 어금니를 강제로 제어하면 힘은 수고로우면서도 조급하고 사나움을 멈출 수 없고, 그 생식 기능을 거세하면 어금니가 있지만 굳세고 조급함이 스스로 멈춘다. 그 쓰임이 이와 같으니 길한 이유이다. 군자는 멧돼지를 거세하는 뜻을 본받아 천하의 악은 힘으로 제어할 수 없음을 아는 것이니, 그 기미를 살피고 핵심을 견지하여 본원을 틀어막기 때문에 엄준한 형벌을 빌리지 않고도 악이 저절로 그치는 것이다."

程頤曰: "初居最下, 陽之微者. 微而畜之則易制, 猶童牛而加牿, 大善而吉也. 蓋人之惡止於初則易, 既盛而後禁, 則扞格而難勝, 莫若止之於初也."

又曰: "豕剛躁之物, 而牙爲猛利, 若强制其牙, 則用力勞而不能止其躁猛, 若豶去其勢, 則牙雖存而剛躁自止, 其用如此, 所以吉也. 君子法豶豕之義, 知天下之惡不可以力制也, 則察其機·持其要, 塞絕其本原, 故不假刑罰嚴峻而惡自止也."

신은 이렇게 생각합니다. 《주역》 〈대축괘〉의 이 두 효(爻)는 진실로 군주가 악을 제어하는 핵심 방법입니다. 군주가 소인을 대할 때 진실로 그 미미할 때 살피면 그가 등용할 수 없음을 알 수 있고, 일찍 제어하여 감히 멋대로 할 수 없게 하고 조절에 요령이 있어 그가 스스로 멈추게 하면 천하와 국가가 또한 어찌 왕망(王莽)이나 사마의(司馬懿)의 화(禍)나 람절(覽節)의 환(患)이 있겠습니까. 군자가 기미를 앞서 밝게 아는 것을 귀중하게 여기는 이유이니, 그렇지 않으면 그가 소인인지 알지 못하여, 장차 권력을 거둘 수 없고 형세를 막을 수 없는 지경으로 길들여질 것이니, 경계하지 않겠습니까.

臣按: 《易》之《大畜》此二爻誠人君制惡之要術也. 人君之於小人, 誠能察之於其微, 知其不可用, 制之於早使其不敢肆, 操之有要使彼自戢止, 則天下國家又安得有莽·懿之禍, 覽·節之患哉? 君子所以貴乎炳幾先也, 不然則無以知其爲小人, 將馴致於權不可收, 勢不可遏之地矣, 可不戒哉!

《주역》〈구괘(姤卦)〉에서 말하였다.

"〈초육(初六)〉에 '금니'【니(柅)는 차를 멈추는 물건이다. 멈출 때 견고하고 튼튼한 금니로 멈춘다.】에 매어 두니, 바르고 길하다【고요하고 바르면 길하다.】. 가는 바가 있으면 흉함을 보니【가되 나아가니 보면 흉하다.】, 약한 돼지가 조급함에 힘써 날뛰는 것이다【약한 돼지는 마음이 진실로 조급하고 날뛴다.】.

《姤》: 初六, 繫於金柅【柅, 止車之物. 止之以堅强之金柅.】, 貞吉【靜正則吉】. 有攸往, 見凶【往而進, 見之則凶.】, 羸豕孚蹢躅【羸弱之豕, 中心之誠在乎蹢躅跳躑也.】.

정이(程頤)가 말하였다.

"〈구괘〉는 음(陰)이 처음 생겨 장차 길어지는 괘이니, 음 하나가 생기면 자라서 점차 성대해지고, 음이 자라나면 양이 소멸하고 소인의 도가 자라난다. 그 미미하여 아직 성대하지 않을 때 제어해야 한다. 군자와 소인은 길이 달라, 소인이 비록 미약하더라도 군자를 해치려는 마음이 없지 않지만 미약할 때 막으면 할 수 없을 것이다."

또 말하였다.

"이덕유(李德裕)가 환관(宦官)을 처치할 때는 한갓 그들이 숨을 죽여 두려워하고 복종하는 것만 알고 그들의 뜻에 날뛰던 것을 잊지 않은 것에 소홀히 하였으니, 살펴보는 것이 조금만 지극하지 않으면 기미를 놓친다."

程頤曰: "《姤》陰始生而將長之卦, 一陰生則長而漸盛, 陰長則陽消. 小人道長也, 制之當於其微而未盛之時. 君子·小人異道, 小人雖微弱之時, 未嘗無害君子之心, 防於微則無能爲矣."
又曰: "如李德裕處置近幸, 徒知其帖息畏伏, 而忽於志不忘逞, 照察少不至則失其幾也."

신은 이렇게 생각합니다. 선유가 말하기를 "돼지가 바야흐로 약할 때는 움직일 힘이 아직 없지만 조급한 데는 지극정성이므로 날뛰려는 뜻을 펼 수 있으면 끝내 펼 것이다. 당 무종(唐武宗) 때 이덕유가 재상이 되어 군신(君臣)의 의기투합에 끼어들 수 없었으므로 환관들이 숨을 죽여 두려워하며 복종하여 진실로 무슨 일을 할 수 없는 자들과 같았다. 그리하여 저들의 뜻이 날뛰기를 구하는 데에 있음을 알지 못하였는데, 후사(後嗣)를 정하는 중대한 일이 마침내 환관의 손에서 결정되어 이덕유가 쫓겨났으니, 기미의 사이는 마땅히 깊이 살펴야 한다."라고 했습니다.[23]

그렇지만《주역》의 말은 또한 단지 군자, 소인을 위해서만 설정한 것은 아닙니다. 우리 마음의 천리와 인욕의 기미 또한 이와 같습니다. 인욕의 싹은 대개 약한 돼지가 두려워할 만한 점보다 심한 데가 있으니, 여기서 그치고 불어나 커지게 하지 않으면 좋은 것입니다. 신은 어리석게도 생각하건대, 내 마음의 사욕(私欲)에 몰래 잠복한 기미가 소인이 숨을 죽이고 날뛸 기회를 찾는 기미보다 심하니, 반드시 먼저 이미 그렇게 되기 전에 막을 수 있은 뒤에야 남을 막을 수 있습니다. 이 또한 괘와 효의 말 속에 숨겨진 뜻입니다.

臣按: 先儒有言 "豕方羸時力未能動, 然至誠在於蹢躅, 得伸則伸矣. 如唐武宗時李德裕爲相, 君臣契合莫能間之, 近幸帖息畏伏, 誠若無能爲者, 而不知其志在求逞也, 其後繼嗣重事卒定於其手, 而德裕逐矣, 幾微之間所當深察." 雖然,《易》之言又不特爲君子 · 小人設也, 吾心天理 · 人欲之幾亦若是焉. 人欲之萌, 蓋有甚於羸豕之可畏者, 能於此而止之, 而不使其滋長則善矣. 臣愚以爲吾心私欲竊伏之幾尤甚於小人帖息求逞之幾, 必先有以防乎已然, 後可以防乎人也. 此又卦爻言外之意.

---

23 선유가 … 했습니다: 정이(程頤)의 말이다.《근사록집해》권10〈정사(政事)〉

《시경》〈소변(小弁)〉에 말하였다.

"높은 것은 산이 아닌 것이 없고 깊은 것은 샘이 아닌 것이 없네. 군자는 쉽게 말하지 말아야 하니 담장에도 귀가 있도다."

《詩·小弁》: 莫高匪山, 莫浚匪泉. 君子無易由言, 耳屬於垣.

주희(朱熹)가 말하였다.

"산이 지극히 높아도 혹 그 정상을 넘고, 샘이 지극히 깊어도 혹 그 바닥에 들어간다. 그러므로 군자는 그 말을 쉽게 해서는 안 되고 담장에 귀가 있을까 두려워하는 것은 거기에 관망하는 바가 있어 좌우에서 참언이 생기기 때문이다."

朱熹曰: "山極高矣, 而或陟其巔; 泉極深矣, 而或入其底. 故君子不可易於其言, 恐耳屬於垣者, 有所觀望, 左右而生讒譖也."

여조겸(呂祖謙)이 말하였다.

"당 덕종(唐德宗)이 장차 태자를 폐위하고 서왕(舒王)을 세우고자 하니, 이필(李泌)이 간언하며 또 말하기를, '폐하께서 환궁한 뒤 이런 의도를 드러내지 마시기 바랍니다. 좌우가 듣고 장차 서왕에게 공을 세우려고 할 것이니, 태자가 위태롭습니다.'라고 하였으니, 이것이 바로 '군자는 함부로 말하지 말아야 하니 담장에도 귀가 있도다'라는 말이다."

呂祖謙曰: “唐德宗將廢太子而立舒王, 李泌諫之, 且曰: ‘願陛下還宮勿露此意, 左右聞之將樹功於舒王, 太子危矣!’ 此正‘君子無易由言, 耳屬於垣’之謂也.”

신은 이렇게 생각합니다. 이필이 당 덕종에게 간언하기를 “이런 의도를 드러내지 마십시오”라고 했는데, 이른바 이런 의도가 드러나는 것은 곧 기미가 처음 움직이는 곳입니다. 의도는 말 이전에 존재하고 또 《시경》에서 말한 ‘쉽게 말하지 말아야 한다’는 정도가 아닙니다. 소인은 내 말이 나오는 것을 듣고 있다가 관망할 바가 있으면 참언을 만들어 낼 뿐 아니라, 또한 내 의도가 향하는 데를 엿보고 있다가 주고 빼앗는 바가 있으면 권한을 훔칩니다.

그러므로 군주는 관원에 대한 명령이나 죄를 토벌하는 등의 뭇 행사와 거동에 모두 기미에 앞서 삼가야 하며, 가벼이 그 의도를 드러내어 소인으로 하여금 엿보고 가늠할 수 있게 해서는 안 됩니다. 만일 혹 그 기미를 한 번 드러내면 장차 임금의 공적을 자기의 것으로 삼으려고 탐하여 사사로이 주상의 권세를 가탁하여 자기의 위세를 확장하고 사람들에게 공을 심고 자기가 은혜를 거두어들일 것이니, 이필이 말했던 건저(建儲) 한 가지 사안만 일어나지 않을 것입니다.

臣按: 李泌諫德宗曰“勿露此意”, 所謂此意之露, 卽是幾微初動之處也. 意在言前, 又不但若《詩》所謂“無易由言”而已也. 小人非惟聽吾言之所發, 有所觀望而生讒譖, 亦且伺吾意之所向, 有所予奪而竊權柄. 是以人君於凡施爲擧動，如命官·討罪之類，皆當謹之於幾微之先，不可輕露其意，使小人得以窺測之．苟或一露其幾，則將有貪天功以爲己，私假上權以張己威，樹功於人收恩於己者矣，不獨如李泌所謂建儲一事也．

《자치통감》에서 말하였다.

"처음으로 진(晉)나라의 대부 위사(魏斯)·조적(趙籍)·한건(韓虔)에게 명하여 제후로 삼았다."

《通鑒》: 初命晉大夫魏斯·趙籍·韓虔爲諸侯.

사마광(司馬光)이 말하였다.

"사안치고 처음에는 미세하게 시작하고 드러나면서 이루어지지 않는 적이 없다. 성인(聖人)의 사려는 원대하기 때문에 미세함에 삼갈 수 있어 다스린다. 보통 사람의 식견은 천근하기 때문에 반드시 나타나기를 기다린 뒤에 구원하려고 한다. 미세함을 다스리니 힘을 적게 쓰고도 공적이 많고, 나타난 뒤 구원하면 힘을 다해도 미칠 수 없다."

司馬光曰: "事未有不始於微而成於著，聖人之慮遠，故能謹其微而治之; 衆人之識近，故必待其著而後救之．治其微，則用力寡而功多; 救其著，則竭力而不能及也．"

호인(胡寅)이 말하였다.

“천하와 국가를 잘 다스리는 자는 언제나 작은 일에 삼갈 뿐이다. 낮은 궁궐과 거친 의복은 사치를 염려하는 것이고, 한가히 식사할 겨를도 없이 바쁜 것은 편안함과 즐거움을 방지하는 것이며, 두려워서 떨며 위태롭게 여기는 것은 지나치게 교만함을 경계하는 것이고, 거동에 언제나 법도를 지키는 것은 화란을 염려하는 것이다. 기호(嗜好) 대로 욕심을 부리지 않으면 향락을 즐긴다는 말이 나올 데가 없고, 공리(功利)를 좋아하지 않으면 사업을 일으키는 계획이 생길 데가 없다.

한 번 웃고 한 번 찡그리는 것마저도 경솔하게 하지 않으면 누가 감히 꾸미고 거짓말을 하겠으며, 팔병(八柄)이 나에게 있으니 누가 감히 위복(威福)을 마음대로 하겠는가.[24] 진실로 이와 같다면 아무리 육경(六卿)이 함께 일어나고 삼가(三家)가 무리지어 나오며 조조(曹操)·사마의(司馬懿)·왕망(王莽)·환온(桓溫) 같은 부류가 조정에 꼬리를 물고 나오더라도, 바야흐로 이들이 충성을 바치고 힘을 펴기에 겨를이 없을 것인데 어찌 다른 뜻을 두겠는가. 이 때문에 한·조·위가 제후가 된 것은 공자(孔子)가 이른바 ‘내가 어찌 할 수가 없다’는 것이니,[25] 군주가 이를 거울삼고자 한다면 또한 은미한 데에서 삼갈 뿐

24 팔병(八柄)이 … 하겠는가: 팔병은 임금의 여덟 가지 권한인 직(職)·녹(祿)·폐(廢)·치(置)·살(殺)·생(生)·여(與)·탈(奪)을 말한다. 《주례(周禮)》 〈춘관(春官)〉. 위복은 위력으로 억압하기도 하고 은혜로 달래기도 하는 일이다. 《서경(書經)》 〈홍범(洪範)〉에 “오직 군주만이 복을 행하고 오직 군주만이 벌을 행한다.[惟辟作福, 惟辟作威.]” 하였다.

25 공자(孔子)가 … 것이니: 반복된 잘못과 무반성의 결과라는 말이다. 《논어》 〈자한(子罕)〉에 “바른 소리로 일러 주는 말을 따르지 않을 수 있겠는가. 그 뒤에 잘못을 고치는 것이 중요하다. 완곡하게 이끌어 주는 말을 좋아하지 않을 수 있겠는가. 그 뒤에 그 말을 곱씹어 보는 것이 중요하다. 좋아하기만 하고 곱씹어 보지 않거나 따르기만 하고 잘못을 고치지 않

이다."

胡寅曰: "善爲天下國家者, 謹於微而已矣. 卑宮惡服, 慮侈汰也; 不遑暇食, 防逸豫也; 栗栗危懼, 戒驕溢也; 動守憲度, 虞禍亂也. 不爲嗜欲則娛樂之言無自進, 不好功利, 則興作之計無自生. 顰笑不苟誰敢矯假, 八柄在己誰擅威福. 誠如是, 雖使六卿複起, 三家輩作, 操【曹操】·懿【司馬懿】·莽【王莽】·溫【朱溫】接踵於朝, 方且效忠宣力之不暇, 而何有於他志. 是故韓·趙·魏之爲諸侯, 孔子所謂吾末如之何者, 人君監此亦謹於微而已矣."

신은 이렇게 생각합니다. 삼진(三晉)이 종국(宗國)인 주(周)나라를 나누어 가지려고 한 지 하루이틀이 아니었습니다. 이들 위사(魏斯)·조적(趙籍)·한건(韓虔)이 스스로 처음 영토를 가르고 남면(南面)하였습니다. 주나라는 비록 명하지 않았지만 스스로 후(侯)가 되는 일을 금할 수 있었겠습니까. 이런 일이 발생한 이유를 살펴보면, 선유는 "처음 도공(悼公)부터 대부(大夫)에게 맹약을 맡기었고,[26] 평공(平公)이 최저(崔杼)에게 뇌물을 받았으며,[27] 순력(荀躒)은 회맹에 나갔고 세 신하가 안에서

는다면 나도 그런 사람은 어떻게 할 도리가 없다.[法語之言, 能無從乎? 改之爲貴; 巽與之言, 能無說乎? 繹之爲貴. 說而不繹, 從而不改, 吾末如之何也已矣.]" 하였다.

26 도공(悼公)부터 … 맡기었고: 진 도공은 즉위 초기에는 위강(魏絳)의 건의를 받아들여 융적(戎狄)과 화친하는 등 선정(善政)을 베풀어 패업(霸業)을 이루었다. 그러나 말년에 이르러 나라의 대사(大事)를 대부에게 맡겼다. 《춘추좌씨전》 성공(成公) 18년, 양공(襄公) 4년·11년·15년.

27 평공(平公)이 … 받았으며: 최저는 제나라 대부인데, 진 평공(晉平公)에게 뇌물을 바치고 강

반란을 일으켰으니,[28] 음기가 모이고 얼음이 두꺼워진 지 1백 년을 내려왔다."라고 했습니다.[29] 그러므로 군자는 사안에 임하여 기미를 보는 것을 중시하고, 사안을 일으킬 때 처음에 도모함을 중시하며, 미세할 때 크게 하고 쉬울 때 어려움을 도모합니다. 폐해가 없다고 생각하면 안 되니, 그 화가 장차 커질 것이고, 해침이 없다고 생각하면 안 되니, 그 화가 장차 자랄 것입니다.

臣按: 三晉欲剖分宗國非一日矣, 至是魏斯·趙籍·韓虔始自裂土而南面焉. 周雖不命, 其能禁其自侯哉? 原其所起之由, 先儒謂始自悼公委盟會於大夫, 平公受貨賂於崔杼, 荀躒出會三臣內叛, 陰凝氷堅, 垂及百年矣. 是以君子臨事貴於見幾, 作事貴於謀始, 爲大於其細, 圖難於其易. 勿謂無害, 其禍將大; 勿謂無傷, 其禍將長.

이상 '간사한 싹이 점차 자라는 것을 방지함'이다.

화를 요청하였다. 《춘추좌씨전》 양공(襄公) 25년.

28 순력(荀躒)은 … 일으켰으니: 진(晉)나라를 방문한 진백(秦伯)의 아우를 응대하는 일을 대부 숙향(叔向)이 당직자인 자주(子朱)가 아닌 다른 사람에게 명하자, 이에 반발한 자주와 숙향이 싸우는 일이 발생하였다. 이에 진 평공(晉平公)은 신하들이 나랏일을 가지고 다툰다며 긍정적으로 평가하였다. 이후 공실(公室)의 권위가 무너져 대부 순력이 회맹을 주도하였다. 《춘추좌씨전》 소공 22년. 세 신하는 순인(荀寅)·범길사(范吉射)·조앙(趙鞅)으로, 이들은 진(晉)나라의 화란이 되었다. 순인과 범길사가 조가(朝家)로 도망간 뒤, 12월에 조앙(趙鞅)이 진나라 도읍인 강(絳)으로 들어갔다. 《국역 역대사선》 제3권 주나라 경왕(敬王) 23년.

29 선유는 … 했습니다: 《자치통감》 권1 〈주(周) 위 열왕(威烈王)〉 23년에 실린 사마광의 사론이다.

以上防奸萌之漸長

치란의 기미를 밝힘[炳治亂之幾先]

《서경》〈오자지가(五子之歌)〉에서 말하였다.

"원망이 어찌 밝은 데 있겠는가, 드러나지 않았을 때 도모해야 하노라."

《五子之歌》曰: 怨豈在明, 不見是圖.

신은 이렇게 생각합니다. 채침(蔡沈)이 말하기를 "민심이 원망하고 등지는 데 어찌 그것이 뚜렷하게 드러난 뒤를 기다려 알겠는가. 사안의 기미가 아직 형태를 띠기 전에 도모해야 한다."라고 했습니다. 아, 세상의 남의 위에 있는 자가 형태가 없는 원한을 알 수 있다면 천하에 어찌 난망의 화란이 있겠습니까. 생각건대, 대처할 수 없는 이유는 눈과 귀가 좌우에 가리고, 심지는 위 아래에 막혀서, 보는 것도 오히려 도모할 수 없는데 하물며 보이지 않는 것이겠습니까. 밝은 자도 오히려 알 수 없는데 하물며 밝지 않는 데 있겠습니까.

도모하는 도리는 어떤 것이겠습니까. 백성이 좋아하는 것은 안일한 즐거움인데, 내가 요역을 시켜서 수고롭히면 백성이 비록 원망하지는 않아도 나는 생각하기를 "힘이 다하면 원망하는 것이 백성들의 인정이다"라고 하고, 사역을 일으킬 초기에 미리 그 완급을 헤아려 확장하고 늦추니 말로 형언되기를 기다리지 않습니다. 백성이 급한 것은 의식(衣食)인데 내가 세금을 매겨 수취하고 백성들이 비록 원망하지 않더라도, 내가 생각하기를 "재물이 궁핍하면 원망하는 것이 백성의 마음이다"라고 하고, 백성들에게 세금을 거둘 처음에 미리 있고 없음을 헤아려 취사하니 얼굴에 징조가 나타나길 기다리지 않습니다. 무릇 사역을 일으키는 경우 모두 그렇지 않은 적이 없으니, 백성들이 원망하고 등지는 마음이 없고 그 윗사람을 사랑하고 부모처럼 받듭니다.

아! 아직 가물가물한 상황에서 백성의 원망을 관찰하고, 졸졸 흐르는 처음에 백성의 원망을 막아 주었으니, 옛 제왕이 민심을 얻고 천하는 보전한 것이 이와 같습니다. 후세의 군주는 그렇지 않았으니, 백성을 어둠 속에서 보듯하고, 보이지 않는 듯 하였으니, 이것이 상하가 서로 해치고 화란이 잇달아 일어난 이유일 것입니다.

臣按: 蔡沈謂, 民心怨背豈待其彰著而後知之? 當於事幾未形之時而圖之也. 嗟乎, 使世之居人上者皆能圖無形之怨, 則天下豈有亂亡之禍哉! 惟其不能圖也, 耳目蔽於左右, 心志隔於上下, 見者尙不能圖, 況不見乎? 明者尙不能知, 況未明乎? 圖之之道奈何? 曰民之所好者逸樂也, 吾役而勞之, 民雖未懟也, 吾則思曰力窮則懟民之情也, 豫於事役將興之初, 度其緩急而張弛焉, 不待其形於言也. 民之所急者衣食也, 吾征而取之, 民雖未怨也, 吾則思曰財窮則怨民之心也, 豫於稅斂於民之始, 量其有無而取舍焉, 不待其徵於色也. 凡有興作莫不皆然, 則民無怨背之心, 而愛戴其上如父母矣. 噫, 察民怨也於冥冥之中, 弭民怨也於涓涓之始, 古之帝王所以得民心, 而保天下者如此. 後世人君則不然, 視民如暗見如不見, 此其所以上下相戕而禍亂相仍也歟.

《서경》〈주관(周官)〉에서 말하였다.

"왕이 말하기를 '옛날 대도(大道)가 행해지던 세상에는 혼란하지 않을 때 잘 다스리고 위태하지 않을 때 나라를 보전했다.'라고 하였다."

《周官》: 王曰: "若昔大猷, 制治於未亂, 保邦於未危."

신은 이렇게 생각합니다. 대유는 대도(大道)의 세상입니다. 옛날 대도의 세상은 아직 어지럽고 아직 위태롭기 전에 다스리고 나라를 보전했으므로, 항상 다스려지고 편안하였습니다. 만일 이미 어지럽고 위태해지기를 기다린 뒤에 제어하고 보전하면 이미 미칠 수 없습니다. 그렇다면 그 도는 어디에서 말미암겠습니까. 또한 기미를 살필 뿐입니다. 천하와 국가는 치세가 있으면 난세가 있고 편안함이 있으면 위기가 있습니다. 그렇지만 어지러움은 어지러움에서 생기지 않고 항상 치세 때 생기며, 위기는 위기에서 생기지 않고 항상 편안한 날에 생깁니다.

오직 군주는 오래 편안함만 믿고 평상시의 치세에 익숙하여 제어하고 보전할 방도를 생각하지 않아서 이에 어지러움이 생기고 위기가 찾아옵니다. 군주가 진실로 국가가 무사할 때 그 기미를 먼저 살펴 경계하고 조심하여 항상 치란과 안위를 염두에 두고 반드시 주도면밀하게 계획을 세우고 멀리 고려합니다. 아직 어지럽지 않을 때 미리 난리를 제어할 방법을 도모하고 아직 위태롭지 않을 때 미리 위기를 부지할 사람을 구한다면 나라는 항상 다스려지고 어지럽지 않을 것이며, 군주의 지위는 항상 편안하고 위태롭지 않을 것입니다.

채침이 이를 풀이하면서 치세를 제어하고 나라를 보전하는 방도는 바로 아래 문장의 '밝은 왕이 정치를 세운다'는 것이라고 했는데, 신은 기미를 살핌을 말한 것이라고 보았습니다. 저는 군주가 아직 어지럽지 않고 아직 위태롭기 전에 그 사안의 기미가 시작하는 바를 살펴서 말류의 끝을 방지할 수 있다면 영원히 위태롭고 어지러운 화가 없을 것이라고 생각합니다. 이는 치세를 제어하고 나라를 보전할 도에 절실한 요체가 될 듯하니, 오직 성명께서 유의하십시오.

臣按: 大猷謂大道之世也. 若昔大道之世, 制治·保邦於未亂·未危之前, 所以常治而常安也. 若待其旣亂·旣危而後制之·保之, 則已無及矣. 然則其道何由? 亦曰審幾而已矣. 蓋天下國家有治則有亂, 有安則有危, 然亂不生於亂, 而常生於治之時, 危不起於危, 而常起於安之日, 惟人君恃其久安, 而狃於常治也, 不思所以制之·保之, 於是亂生而危至矣. 人君誠能於國家無事之時審其幾先, 兢兢然·業業然, 恒以治亂·安危爲念, 謀之必周, 慮之必遠, 未亂也而豫圖制亂之術, 未危也而豫求扶危之人, 則國家常治而不亂, 君位常安而不危矣. 蔡沈解此, 謂所以制治·保邦者卽下文"明王立政"是也, 而臣以審幾爲言者, 竊以謂人君能於未亂·未危之前, 審其事幾之所始以防其末流之所終, 則永無危亂之禍矣. 其於制治·保邦之道似爲切要, 惟聖明留意.

《주역》〈기제괘(旣濟卦)〉에서 말하였다.

"〈상(象)〉에 '물이 불 위에 있는 것이 기제이다. 군자는 이것을 보고 우환을 생각하고【뒤에 생각하는 것이다.】, 미리【앞서 조치하는 것이다.】 방지한다."

《易》象曰: 水在火上, 旣濟. 君子以思【思之於後】患而豫【爲之於前】防之.

《당서(唐書)》에서 말하였다.

"현종(玄宗) 천보(天寶) 말, 안록산이 반란을 일으켜 입관(入關)했다. 황제가 귀비(貴妃) 자매, 황자(皇子), 비(妃), 주(主), 황손(皇孫) 및 가까운 환관, 궁인들과 연추문을 나왔고, 궁궐 밖에 있는 비, 주, 황손은 모두 내버려 두고 떠났다. 함양(咸陽) 망현궁(望賢宮)에 이르러 해가 정오에 이르렀는데, 황제가 아직 식사를 못했다. 백성들이 현미밥을 바쳤는데 보리와 콩이 섞여 있었다. 황손들이 다투어 손으로 떠서 먹었는데 잠깐 사이에 다 떨어졌다. 노부 곽종근(郭從謹)이 진언하기를 '조정에 있는 신하들이 말하는 것을 꺼리기 때문에 대궐 문밖의 일을 폐하께서 전혀 알지 못하셨으니 초야(草野)의 신은 반드시 오늘날의 난리가 있을 줄 안 지가 오래입니다. 다만 구중궁궐이 엄하고 깊어서 구구한 마음을 상달할 길이 없었으니, 일이 이 지경에 이르지 않았다면 신이 어떻게 폐하의 얼굴을 뵙고 하소연할 수 있겠습니까?' 하였다. 황제가 말하기를 '짐이 밝지 못해서이니, 후회해도 미칠 수 없다.'라고 하고는 위로하여 타일러서 보내었다. 군사들에게 명하여 흩어져 촌락으로 가서 먹을 것을 구하라고 하였다. 밤이 반이 지나서 이윽고 금성현(金城縣)에 이르렀는데, 현의 백성들이 모두 달아나 역에 등불이 없었다. 사람들이 서로 베고 잠들어 귀천을 분변할 수 없었다. 송나라 유학자 범조우(范祖禹)가 말하기를 '위아래의 등급은 형세에 따라 서로 부지할 뿐이고 천자가 몸 하나로 천하의 위에 기탁하고 있으니, 합쳐서 따르면 군주가 되고 흩어져 떠나면 필부이다. 명황(明皇)이 나라를 누린 지 거의 50년이었으나 하루아침에 나라를 잃고 도망쳤으나 40리도 못가서 이미 먹을 것이 없어졌으니, 천자의 귀함과 사해의 부유함을 어찌 믿을 수 있겠는가.'라고 하였다."

《唐書》: 玄宗天寶末, 安祿山反入關, 帝獨與貴妃姊妹·皇子·妃·主·皇孫及親近宦官·宮人出延秋門, 妃·主·皇孫之在外者皆委之而去. 至咸陽望賢宮, 日向中, 帝猶未食, 民獻糲飯, 雜以麥豆, 皇孫輩爭以手掬食之, 須臾而盡. 有老父郭從謹進言曰: "在廷之臣以言爲諱, 闕門之外陛下皆不得知, 草野之臣必知有今日久矣, 但九重嚴邃, 區區之心無路上達. 事不至此, 臣何由得睹陛下之麵而訴之乎?" 帝曰: "朕之不明, 悔無所及." 慰諭而遣之, 命軍士散詣村落求食. 夜將半, 乃至金城縣, 縣民皆走, 驛中無燈火, 人相枕藉而寢, 貴賤無以復辨. 宋儒范祖禹曰: "上下之等, 以勢相扶而已矣, 天子以一身而寄天下之上, 合而從之則爲君, 離而去之則爲匹夫. 明皇享國幾五十年, 一旦失國出奔, 不四十里而已無食, 天子之貴·四海之富, 其可恃乎?"

당 덕종(唐德宗) 건중(建中) 4년, 경원병(涇原兵)이 장안(長安)에 들어와 난리를 일으켰다. 황제가 금병(禁兵)을 불러 적을 막으려 했으나 한 사람도 온 자가 없었다. 그래서 태자(太子), 제왕(諸王), 공주(公主)와 함께

상림원(上林苑) 북문으로 탈출하였다. 환관과 좌우에 따르는 자가 겨우 1백 명이었고, 후궁, 제왕, 공주 가운데 미처 따르지 못한 자가 10 중 7, 8이었다. 마침내 봉천(奉天)에 행차하니, 역적이 함원전(含元殿)에 들어와 다투어 창고에 들어서 금과 비단을 운반했다. 이때 주자(朱泚)가 하는 일 없이 지내고 있었는데 역적이 맞이하여 궁중에 들어와 대진황제(大秦皇帝)라고 참칭했다. 황제가 당시 봉천에서 달을 넘겼고 성안에는 식량이 모두 떨어졌다. 일찍이 잘 걷는 사람을 보내 성을 나가 역적을 엿보게 했는데, 그 사람이 매서운 추위 때문에 간절히 누빈 옷을 달라고 했으나 황제가 구하지 못하고 결국 안타까워 말도 못하고 보냈다. 당시 바치는 공물(供物)이 겨우 현미 2곡(斛)이었고, 매번 역적의 틈을 엿보다가 밤에 사람을 매달아 성 밖으로 내보내 순무 뿌리를 캐서 황제에게 바쳤다.

德宗建中四年, 涇原兵過京師作亂, 帝召禁兵禦賊, 無一人至者, 乃與太子·諸王·公主自苑北門出, 宦官左右從者僅百人, 後宮諸王·公主不及從者什七八, 遂幸奉天. 賊登含元殿, 爭入府庫, 運金帛. 時朱泚閑居, 賊迎入宮, 僭號稱大秦皇帝. 帝時在奉天經月, 城中資糧俱盡, 嘗遣健步出城覘賊, 其人懇以苦寒乞一襦袴, 帝爲求之不獲, 竟憫默而遣之. 時供御才有糲米二斛, 每伺賊間, 夜縋人於城外采蕪菁根而進之.

《송사(宋史)》에서 말하였다.

"휘종(徽宗) 말년에, 금나라 사람들이 길을 나누어[30] 남침하여 장차 경사[京師: 개봉(開封)]를 핍박하자 흠종(欽宗)에게 전위하였다. 정강(靖康)

원년, 금나라 우두머리가 진정(眞定)에서 변(汴)으로 달려와 성 아래 주둔하였고, 경사가 마침내 함락되었다. 금나라 사람들이 휘종을 맞이하려 교외로 나갔으나 흠종이 휘종 대신 갔다가 마침내 청성(靑城)으로 갔다. 금나라 사람들이 금(金) 1천만 정(錠), 은(銀) 2천만 정, 비단 1천만 필을 요구했고, 이에 금과 은을 대규모로 가져갔다. 금나라 사람들이 흠종에게 옷을 바꾸어 입으라고 핍박하였고, 나중에 또 휘종에게 청성에 와서 대면하여 화의하려고 하였다. 또한 내시가 가지고 있는 제왕, 황손, 비, 주의 이름을 모두 가져갔다. 휘종이 즉시 그 황후와 함께 청성으로 갔다. 운왕(鄆王) 해(楷) 및 제비(諸妃), 공주, 부마, 위호가 있는 6궁(宮)이 모두 따랐다. 법가(法駕), 노부(鹵簿), 황후 이하의 차로(車輅), 관복, 예기(禮器), 법물(法物), 팔보(八寶), 구정(九鼎) 등의 물건 및 관리, 나인(內人), 내시, 기예 공장(工匠), 배우[倡優], 창고에 쌓아 놓았던 것 등이 이 때문에 모두 비었다."

《宋史》: 徽宗末年, 金人分道南侵, 將逼京師, 乃傳位欽宗. 靖康元年, 金酋自眞定趨汴, 屯於城下, 京師遂陷. 金人欲邀徽宗出郊, 欽宗乃代其往, 遂如靑城. 金人索金一千萬錠·銀二千萬錠·帛一千萬匹, 於是大括金銀. 金人逼欽宗易服, 旣而又欲徽宗至靑城面議, 且以內侍所具諸王·皇孫·妃·主名盡取之. 徽宗卽與其后同如靑城, 鄆王楷及諸妃·公主·駙馬及六宮有位號者皆從. 凡法駕·鹵簿, 皇后以下車輅·冠服, 禮器·法物·八寶·九鼎等物, 及官吏·內人·內侍·技藝工匠·倡優, 府庫

30 길을 나누어: 금나라 종망(宗望)이 이끄는 동로군과, 종한(宗翰)이 이끄는 서로군으로 나누어 송나라를 공격하였다.

蓄積爲之一空.

신은 이렇게 생각합니다. 정이(程頤)가 말하기를 "시대가 기제(旣濟)에 해당하니, 오직 우환과 폐해가 발생할 것을 염려하기 때문에 생각하여 예방하고, 우환에 이르지 않게 해야 한다. 예부터 천하가 기제하여 화란을 초래한 것은 대개 우환을 생각하여 예방하지 못했기 때문이다. 왜 그렇겠는가? 사물은 극에 달하면 돌아오고 형세는 지극해지면 위태로워지며 이치는 지극해지면 변화하니, 필연의 이치가 있는 것이다. 군주가 여기서 아직 싹트지 않은 우환을 생각하고 그 말류의 화를 염려하여, 가슴속에 노심초사하며 염려하는 사이에 도모하여, 미연에 살피고 장차 자라날 때 막아서, 그 막아 낼 방법을 곡진히 하고 소멸시킬 방안을 널리 구함으로써 하루아침에 약을 구할 수 없거나 어쩔 수 없는 지경에 이르지 않도록 한다면 화란이 일어나지 않고 항상 편안함과 번영을 보전할 것이다."라고 했습니다. 선유가 말한 성탕(成湯)의 위구(危懼),[31] 성왕(成王)의 소비(小毖)[32]는 모두 우환을 생각하여 미리 예방한다는 말입니다.

당나라 현종·덕종, 송나라 휘종 같은 후세 군주는 모두 성대한 부

---

31 성탕(成湯)의 위구(危懼): 《서경》 〈탕고(湯誥)〉에 "나 한 사람으로 하여금 너희 국가를 화하고 편안하게 하시니, 이에 짐(朕)은 상하에 죄를 얻을까 알지 못하여 벌벌 떨며 위태롭게 여기고 두려워하여 장차 깊은 못에 빠질 것처럼 여기노라." 하였다.

32 성왕(成王)의 소비(小毖): 《시경》 〈주송(周頌) 소비(小毖)〉를 말한다. 이 시는 주나라 성왕(成王)이 지난 일을 경계로 삼겠다는 뜻으로 지은 시이다.

를 믿고 기미에 삼가지 않아 마침내 습관이 되어 화란으로 지탱할 수 없는 지경에 이르렀으니, 삼가 편차에 포함하여 대대로 경계로 삼았습니다. 숙계(叔季: 말세)의 군주로 기제의 시대에 이르지 않았는데 화란을 당한 경우는 수록하지 않았습니다. 신이 일찍이 이를 계기로 통론하였는데, 예부터 화란의 발생은 미세한 데서 나타나지 않는 경우가 없습니다. 군주가 미세한 초기에 삼가지 않아서 큰 혼란과 극도의 폐단에 빠졌으니, 저 폐단이 쌓인 뒤 쇠퇴한 세상이 되는 것은 진실로 마땅합니다.

승평과 번영이 연장된 시대에, 풍형예대(豐亨豫大)[33]의 봉사를 누리며, 마음을 방자히 하여 잘못된 사람을 신임하고 사치와 욕심을 있는 대로 부리지 않음이 없어 하루아침에 부귀와 존영의 형세를 잃고 떠돌며 곤액을 겪는 데로 귀결되었으니, 이 어찌 이유 없이 그러했겠습니까. 그 유래는 필시 조짐이 있었으니, 진실로 처음에 신중하고 미세함에서 살펴 반드시 이를 우환을 생각하고 앞서 예방하지 못한 데서 비롯되었습니다. 이 세 군주는 모두 남보다 뛰어난 재능이 있었지만, 기제의 시대를 맞아 기미를 막고 처음에 삼가며 우환을 생각하여 예방하지 못하여, 저 고되고 떠도는 극한 상황에 이르렀으니, 차마 말하기 어려운 점이 있습니다. 아, 경계하지 않을 수 있겠습니까, 경계하지 않을 수 있겠습니까!

신은 그러므로 《주역》에서 우환을 생각하고 예방하는 상(象)을 계

33 풍형예대(豐亨豫大): 풍성하고 안락하다는 뜻이다. 풍형(豐亨)은 《주역》 〈풍괘(豐卦)〉의 괘사(卦辭)로 재물이 풍부하여 모든 일이 형통하다는 뜻이고, 예대(豫大)는 〈예괘(豫卦) 단사(彖辭)〉의 '예의 시의(時義)가 크도다'라는 말에서 나왔다.

기로 세 군주의 사실을 인용하여 실증하여, '기미를 살핌[審幾微]'의 끝에 기록하여 만세토록 경계를 내리는 바입니다. 후세의 인주가 이를 역사적 거울로 삼아 조심하고 경계함으로써 미세함에 삼가 하루아침에 불행에 빠져 수레가 엎어진 전례를 밟지 않게 한다면 어찌 저 한 시대 한 사람의 다행이겠습니까. 실로 천만세, 억조창생의 다행일 것입니다.

臣按: 程頤有言: "時當旣濟, 惟慮患害之生, 故思而豫防, 使不至於患也. 自古天下旣濟而致禍亂者, 蓋不能思患而豫防也, 何也? 蓋物極則反, 勢至則危, 理極則變, 有必然之理也. 人君於此思其未萌之患, 慮其末流之禍, 展轉於心胸之間, 圖謀於思慮之際, 審之於未然, 遏之於將長, 曲盡其防閑之術, 旁求夫消弭之方, 毋使一旦底於不可救藥無可奈何之地, 則禍患不作, 而常保安榮矣." 先儒有言成湯之危懼·成王之小毖, 皆思患豫防之謂也. 後世人主若唐玄宗·德宗·宋之徽宗皆恃其富盛, 而不謹於幾微, 遂馴致於禍亂, 而不可支持之地, 謹剟於篇以垂世戒. 若夫叔季之君, 未致於旣濟之時而罹禍亂者, 則不載云. 臣嘗因是而通論之, 自古禍亂之興未有不由微, 而至著者也. 人君惟不謹於細微之初, 所以馴致於大亂極弊之地, 彼其積弊之後, 衰季之世固其宜也. 若夫當承平熙洽之餘, 享豐亨豫大之奉, 肆其胸臆信任匪人, 窮奢極欲無所不至, 一旦失其富貴尊榮之勢, 而爲流離困厄之歸, 是豈無故而然哉? 其所由來必有其漸, 良由不能愼之於始, 審之於微, 思其所必至之患, 而豫先有以防之也. 此三君者皆有過人之才, 當旣濟之時不能防微謹始, 思患而豫防之, 以馴致夫困苦流離之極, 有不忍言者. 吁, 可不戒哉, 可不戒哉! 臣故因《大易》思患豫防之象, 而引三君之事以實之, 而著於審幾微之末, 以垂萬世之戒, 後世人主尙鑒於玆, 兢兢業業, 謹之於微, 毋使一旦不幸, 而蹈其覆轍焉, 豈彼一時一人之幸? 其實千萬世·億兆之人之幸也.

이상 '치란의 기미를 밝힘'이다.

以上炳治亂之幾先

대학연의보
(大學衍義補)

—

권1

치국평천하의 요체[治國平天下之要]

조정을 바르게 함[正朝廷]

조정의 정사를 총론함[總論朝廷之政]

신은 이렇게 생각합니다. 송나라 유학자 진덕수(眞德秀)[1]의 《대학연의(大學衍義)》에, '격물치지(格物致知)의 요체'는 이미 이른바 '정치의 본체를 살핌[審治體]'에 들어 있습니다만, 이 책 《대학연의보(大學衍義補)》에 '치국평천하의 요체'에는 또한 '조정을 바르게 함[正朝廷]' 편이 있고, '조정의 정사를 총론함[總論朝廷之政]'이 있습니다. 무슨 까닭이겠습니까? 이는 《대학연의》에서 살핀 것은 치평(治平)의 본체로, 그 이치를 말한 것

---

1 진덕수(眞德秀, 1170~1235): 남송의 유학자로, 호는 서산(西山)이다. 그의 대표적인 저서로는 《대학연의(大學衍義)》, 《심경(心經)》 등이 있다. 남송 때 주희(朱熹, 1130~1200)·장식(張栻, 1133~1180)에 의해 집대성된 주자학(程朱學)은 경원(慶元, 1195~1200) 연간에 진량(陳亮, 1143~1194) 등 사공(事功) 학파의 비판을 받았을 뿐만 아니라, 정치적으로도 한탁주(韓侂胄) 일파가 득세함에 따라 '위학(僞學)'으로 간주되었다. 정주학의 강학과 보급을 위해 노력한 그의 노력으로 정주학은 위학의 굴레를 벗어나 후세에 정학(正學)으로 자리 잡았다.

이고, 《대학연의보》에서 논의한 것은 치평의 정치로, 그 사실을 말한 것입니다. 《대학연의》가 지(知)에 중심을 두고 있다면, 《대학연의보》는 행(行)에 그 중심을 두고 있습니다. 따라서 반드시 앞의 책 《대학연의》에서 지(知)에 대해 알고 난 연후에야 비로소 뒤의 책 《대학연의보》에서 실행할 수 있으며, 뒤의 책에서 실행하는 것은 바로 《대학연의》의 지(知)를 실현하는 것입니다. 이치와 사실, 지(知)와 행(行)은 실제로 서로 바탕이 됩니다.

臣按: 宋儒眞德秀《大學衍義》"格物致知之要"既有所謂"審治體"者矣, 而此"治國平天下之要"又有"正朝廷"而"總論朝廷之政", 何也? 蓋前之所審者治平之體, 言其理也; 此之所論者治平之政, 言其事也. 一主於知, 一主於行, 蓋必知於前而後能行於後, 後之行者卽所以實其前之知者也. 理與事·知與行, 其實互相資焉.

《주역》 〈계사전 하(繫辭傳下)〉에서 말하였다.

천지의 큰 덕을 생(生)이라고 하고 성인의 큰 보배를 위(位)라고 한다. 무엇으로 지위를 지키는가? 사람이다. 무엇으로 사람을 모으는가? 재물이다. 재물을 다스리고 말을 바르게 하며 백성들의 그릇됨을 금하는 것을 의(義)라고 한다.

《易》曰: 天地之大德曰生, 聖人之大寶曰位. 何以守位曰仁, 何以聚人曰財, 理財正辭·禁民爲非曰義.

주희(朱熹)[2]가 말하였다.

"천지는 사물을 낳는 것을 마음으로 삼는다. 천지 사이에 있는 만물은 각기 다양한 모습을 띠고 각각 맡은 바의 일이 있다. 오직 하늘은 위로부터 분명한 모습을 보이며, 땅은 아래에서 넉넉한 모습을 하고. 하나도 무엇을 하는 바가 없고, 짝하여 사물을 낳는 것을 일로 삼는다. 그런 까닭에 《주역》에서 천지의 큰 덕을 생(生)이라고 하였다."

朱熹曰: "天地以生物爲心. 蓋天地之間品物萬形, 各有所事, 唯天則確然於上, 地則然於下, 一無所爲, 隻以生物爲事, 故《易》曰'天地之大德曰生'."

곽옹(郭雍)[3]이 말하였다.

---

2 주희(朱熹, 1130~1200): 남송 강남동로(江南東路) 휘주(徽州) 무원(婺源: 지금의 강서 무원) 출신으로, 자는 원회(元晦) 또는 중회(仲晦)고, 호는 회암(晦庵)·고정(考亭)·회옹(晦翁)·자양선생(紫陽先生)·운곡산인(雲谷山人) 등을 썼다. 그는 정이(程頤)·정호(程顥)의 문하로 이들의 학풍을 계승하고 주돈이(周敦頤)와 장재(張載) 등의 학설을 빌려 북송 이래 이학을 집대성했다. 백록동서원(白鹿洞書院)과 악록서원(岳麓書院)에서 50여 년 동안 강학(講學)했는데, 그 학파를 일러 민학(閩學) 또는 정주학파(程朱學派)라 부른다. 저서로는 《사서장구집주(四書章句集注)》, 《태극도설해(太極圖說解)》, 《통서해설(通書解說)》, 《주역독본(周易讀本)》, 《초사집주(楚辭集注)》, 《이락연원록(伊洛淵源錄)》, 《명신언행록(名臣言行錄)》, 《자치통감강목(資治通鑑綱目)》, 《시집전(詩集傳)》, 《초사집주(楚辭集注)》 등이 있다. 후세 학자들이 편찬한 《주자대전(朱子大全)》, 《주자어류(朱子語類)》, 《주문공문집(朱文公文集)》이 있다.

3 곽옹(郭雍, 1091~1187): 남송의 학자로 하남(河南) 낙양(洛陽) 사람이며, 자(字)는 자화(子和), 호는 백운선생(白雲先生)이다. 그는 부친 곽충효(郭忠孝)로부터 의리(義理) 분석에 초점으로 두는 《주역》 이론을 계승하여 《전가역설(傳家易說)》을 저술하였다. 또 의학 저서인 《상한보망론(傷寒補亡論)》을 저술하여 이 시기 '상한학파(傷寒學派)'로도 잘 알려져 있다. 저술로는

"천지는 사물을 낳는 것을 덕(德)으로 삼기 때문에 사람은 큰 덕에 귀의하게 된다. 성인(聖人)이 숭고한 지위를 얻은 뒤에야 중(中)에서 지위를 이루고 만물이 교화되고 자라나도록 도우므로 지위를 큰 보배라고 하는 것이다. 큰 보배는 또한 성인 스스로 보배라고 하는 것이 아니다. 천하가 낳고 다행히 성인이 지위를 얻어 그 은택을 입기 때문에 천하가 보배라고 여기는 것이다."

郭雍曰: "天地以生物爲德, 故人以大德歸之. 聖人得崇高之位, 然後成位乎中而贊化育, 故以位爲大寶也. 大寶者, 亦非聖人自以爲寶也. 天下有生幸聖人之得位以蒙其澤, 故天下以爲寶也."

소철(蘇轍)[4]이 말하였다.

"사람들이 모두가 똑같이 좋아하는 것은 생(生)이고, 모두가 귀하게 여기는 것이 지위이며, 모두가 바라는 것이 재물이니, 천하의 중대한 인정은 여기에 다 있다. 이 세 가지는 늘 서로 쓰임이 있게 마련이니, 낳는 것은 인간의 근본이며, 재물이 없으면 살아갈 수 없으며, 지위가 없으면 삶을 기르고 재물을 관리할 수 없다. 《주역》을 지은 사람은 이를 알고 있었기에 이미 이 세 가지를 언급한 뒤에 인의(仁義)를 포함

《괘사지요(卦辭旨要)》, 《시괘변의(蓍卦辨疑)》 등이 있다.

4 소철(蘇轍, 1039~1112): 북송 문인으로 난성(欒城) 출신이다. 자는 자유(子由), 영빈유로(潁濱遺老)이며, 당송 팔대가의 한 사람이며 고문에 밝았다. 그는 정치사상이나 문학에서 모두 형인 소식(蘇軾), 아버지 소순(蘇洵)의 영향을 많이 받았다. 저서로는 《시전(詩傳)》, 《난성집(欒城集)》, 《춘추전(春秋傳)》, 《노자해(老子解)》 등이 있다.

시켰으니, 그 취지가 있었던 것이다."

蘇轍曰: "人之所同好者生也, 所同貴者位也, 所同欲者財也, 天下之大情盡於此矣. 此三者常相爲用, 生者人之本也, 無財則無以生, 無位則無以養生而理財. 作《易》者蓋知此矣, 旣言三者, 而參之以仁義, 其旨蓋有在矣."

오징(吳澂)[5]이 말하였다.

"사물을 낳고 또 낳기를 그치지 않는 것이 천지의 큰 덕이라고 하였다. 그렇지만 천지는 만물을 낳고 사람을 낳고, 또 천지와 더불어 덕을 합치한 성인을 낳아, 명하여 임금과 스승의 지위에 거하며 사람과 만물의 주인으로 삼은 뒤에 천지가 낳은 것들이 각기 그 삶을 완수할 수 있었다. 혹시 단지 덕은 있지만 그 지위가 없으면, 또한 천지를 도와 사람과 만물의 삶을 완수할 수 없기 때문에 지위는 성인(聖人)의 큰 보배인 것이다. 대보란 대단히 귀하게 여겨 귀중히 간수해야 한다는 말이며, 보유해야 한다는 의미이다."

吳澂曰: "生生不已者天地之大德, 然天地生物·生人, 又生與天地合德之聖人, 命之居君師之位, 爲人物之主, 而後能使天地之所生得以各遂

5 오징(吳澂, 1249~1333): 원나라의 유학자로, 강서(江西) 숭인(崇仁) 출신이다. 자(字)는 유청(幼清), 호(號)는 초려(草廬)이다. 그는 주자(朱子)와 육구연(陸九淵)의 학문을 조화하는 '주육절충론(朱陸折衷論)'을 주장하였다. 저서로는 《오경찬언(五經纂言)》, 《초려정어(草廬精語)》, 《도덕경주(道德經注)》, 《서찬언(書纂言)》, 《역찬언(易纂言)》 등이 있다.

其生也. 苟或但有其德而無其位, 則亦不能相天地, 而遂人物之生, 故位爲聖人之大寶. 大寶謂大可貴重守, 謂保有之."

신은 이렇게 생각합니다. 군주가 거하는 자리는 지극히 숭고하고 귀중하여 천하의 신하와 백성들이 존중하여 받들지 않음이 없으니, 비유하면 지대한 보배입니다. 군주가 성인(聖人)의 큰 보배인 자리에 거하게 되면, 천지가 만물을 끊임없이 낳는 큰 덕을 몸받아 천지가 낳은 백성을 길러서 백성들에게 적절한 장소를 얻어 모여 살게 한 뒤에 그 막대한 지위를 지킬 수 있습니다. 그렇지만 백성들이 살아가는 방도는 반드시 기를 방도가 있은 뒤에 모이게 할 수 있습니다. 또 천하의 재물을 생산할 때 온갖 물건이 그 용도에 대기 충분하여 모여 살면서 먹고 입는 데 바탕이 될 수 있고, 흩어져 살 곳을 잃을 근심이 없으면, 나의 큰 보배의 지위는 길이 보전하고 차지할 수 있을 것입니다. 그렇지만 재물이 있어도 관리하지 못하면 백성 또한 가지지 못할 것입니다.

이른바 재물을 관리한다는 것은 경지를 통제하고 심고 기르기를 가르쳐 각기 가질 것을 가지고 서로 침탈하지 않으며 각기 쓸 것을 쓰면서 부족함이 없으면 재물은 잘 관리되고 사람이 모인다는 말입니다. 이른바 말을 바르게 한다는 것은 명분과 실질을 판별하여 그 등급을 밝히고 시시비비를 가려 분별이 있으며 윗사람을 높이고 아랫사람을 낮춰 섞이는 일이 없게 하면, 말이 순조로움을 얻고 바르게 된다는 말입니다.

재물의 관리와 바른 말이 이미 이루어졌다 하더라도 백성 중에는 여전히 이익을 좇고 의로움을 등지는 자가 있게 마련이니, 또한 반드시 법령을 깨우치고 형벌을 주어 금지해야 합니다. 그리하여 재물에 대해 피차 있고 없고 간에 의롭지 않게 서로 침탈할 수 없게 하고, 말에 대해 이름과 칭호를 부를 때 의롭지 않게 서로 문란하게 해서는 안 됩니다. 이렇게 하면 모든 귀천, 나이의 많고 적음, 재물의 다과, 주고받는 등에서 각각 모두 의당함을 얻을 것이니, 이것이 이른바 의로움입니다.

오호! 성인에 천지의 만물을 끊임없이 낳게 하는 인(仁)을 몸받고 이 백성들을 가르치고 기르는 의(義)를 다하였으니, 누가 여기에 덧붙일 수 있겠습니까. 선유(先儒)는 《주역》의 사업이란 이 세 가지 말에서 다하였다고 여겼습니다. 신은 어리석게도 생각건대, 군주는 천지의 명을 받아 군사(君師)의 자리에 거하니, 천지를 몸받아 인(仁)을 베풀고 의(義)를 세워 그 지위를 지키는 방도는 진실로 이 세 가지밖에 있지 않습니다. 삼가 《주역》의 이 말을 '조정의 정사를 총론함' 맨 앞에 실어 큰 보배로 바칩니다.

臣按: 人君所居之位極崇高而至貴重, 天下臣民莫不尊戴, 譬則至大之寶也. 人君居聖人大寶之位, 當體天地生生之大德, 以育天地所生之人民, 使之得所生聚, 然後有以保守其莫大之位焉. 然人之所以生, 必有所以養而後可以聚之, 又在乎生天下之財, 使百物足以給其用, 有以爲聚居衣食之資, 而無離散失所之患, 則吾大寶之位可以長保而有之矣. 然有財而不能理, 則民亦不得而有之. 所謂理財者, 制其田里, 教之樹畜, 各有其有而不相侵奪, 各用其用而無有虧欠, 則財得其理而聚矣. 所謂正辭者, 辨其名實, 明其等級, 是是非非而有所分別, 上上下下而無有混淆, 則辭得其順而正矣. 旣理財正辭, 而民有趨於利而背於義者, 又必憲法令致刑罰以禁之, 使其於財也, 彼此有無之間不得以非義相侵奪, 其於辭也, 名號稱謂之際不得以非義相紊亂, 與凡貴賤·長幼·多寡·取予之類莫不各得其宜焉, 是則所謂義也. 吁, 聖人體天地生生之仁, 盡教養斯民之義, 孰有加於此哉? 先儒謂《易》之事業盡於此三言者, 臣愚以爲人君受天地之命, 居君師之位, 所以體天地而施仁立義以守其位者, 誠不外乎此三者而已. 謹載《大易》此言於總論朝廷之政之首, 以爲大寶之獻.

《서경》〈순전〉에서 말하였다.

요 임금은 사악(四嶽)【사악(四嶽)은 관직명으로, 한 사람이 사방에 있는 제후의 일을 관장한다.】과 더불어 나라 안의 사정을 의논하고【순(詢)은 의논하다[謀]이다.】, 사방의 문을 열어 놓고【벽(辟)은 열다[開]이다.】 사방의 눈을 밝게 하며, 사방의 귀를 통하게 하였다.

《書·舜典》: 詢【謀也】於四嶽【四嶽, 官名, 一人而總四方諸侯之事】, 辟【開也】四門, 明四目, 達四聰.

주희가 말하였다.【《서경》의 전(傳)은 비록 채침이 저술하였지만, 이전[二典: 요전(堯典)과 순전(舜典)], 《대우모(大禹謨)》는 모두 그의 스승 주희가 바로잡은 것이다. 지

금 진씨의 《독서기(讀書記)》를 따라 그 스승의 이름으로 표기한다.】

순 임금은 종묘에 즉위 사실을 고하자마자, 이어 사악(四嶽)의 관리들과 정치를 계획하면서 사방의 문을 열어 놓고 천하의 현자들과 뛰어난 사람들을 불러들였고, 사방에서 보고 들은 것을 널리 수용하여 천하에서 막힌 것을 텄다.

朱熹曰【《書傳》雖蔡沈作, 然二《典》, 《禹謨》皆其師朱熹是正, 今仿眞氏《讀書記》標其師名】: "舜旣告廟卽位, 乃謀治於四嶽之官, 開四方之門以來天下之賢俊, 廣四方之視聽以決天下之壅蔽."

신은 이렇게 생각합니다. 군주는 한 사람의 몸으로 사방(四方)의 가운데 거하게 되는데, 동서남북의 방향은 모두 여기에서 바른 방향을 취한 것입니다. 한 몸의 정신은 한도가 있고 귀와 눈으로 두루 다 보고 들을 수 없으니, 사람을 다 알 수가 없고 일마다 다 알 수도 없습니다. 그러므로 반드시 대신(大臣)을 택하여 믿고 맡겨 인재를 두루 찾아 모으고 막힌 곳을 소통하게 하며, 때때로 이들을 불러 자문하면서 정치를 찾아야 합니다.

무릇 조정의 정치에서 가장 큰 폐단은 소통이 막히는 것보다 중대한 일이 없습니다. 이른바 막힌다는 것은 현명한 인재가 자신의 의견을 상달할 수 있는 길이 없고, 아래의 사정이 위로 전달될 수 없는 바로 그것입니다. 현명한 인재가 자신의 의견을 상달할 길이 없으면, 국가의 정사(政事)는 이들과 더불어 이끌 수 없고, 천하의 백성은 이들과 함께 다스릴 수 없어, 아래의 사정이 위로 소통되지 못하니, 민간의 이로움과 해로움을 알 길이 없고 관리의 잘잘못을 들을 길이 없게 되어, 천하는 날로 어지러워질 것입니다.

옛날 당 현종은 이임보(李林甫)[6]를 재상으로 기용하였습니다. 천하의 거인(擧人: 과거응시자)들이 경사[京師: 수도 장안(長安)]에 왔을 때, 이임보는 그들이 자신의 잘못을 공격할까 두려워 이들을 시험하자고 청한 뒤 한 사람도 채용하지 않았으며, 이윽고 초야에 현자(賢者)를 버려두지 않았다고 축하를 했습니다. 양국충(楊國忠)이 재상이 되어 군사를 일으켜 남조(南詔)를 침략했다가 패하여 전사한 자가 수만 명이었는데, 다시 승전했다고 보고하였습니다.[7] 이는 후세의 군주가 적합한 인물이 아닌 인물을 기용하여, 사방의 문을 열어 놓고 사방의 눈을 밝게 하며 사방의 귀를 통하게 하지 못한 명백한 결과입니다. 마침내 천보(天寶)의 난[8]이 일어나 당나라는 이때부터 중흥하지 못하였고 멸

---

6 이임보(李林甫, ?~752): 산서(山西) 출신으로, 당 고조(唐高祖)의 사촌동생인 장평왕(長平王) 이숙량(李叔良)의 증손이다. 그는 19년 동안 재상으로 있으면서 전횡을 일삼았고, 그는 국경지대의 절도사(節度使)에 무관 출신을 중용할 것을 주장하여 안녹산(安祿山) 등이 절도사에 임명되면서 후일 안사(安史)의 난이 일어난 원인이 되었다. 《신당서(新唐書)》 권223상 간신열전 〈이임보(李林甫)〉.

7 양국충(楊國忠)이 … 보고하였습니다: 양국충(?~756)은 포주(浦州) 사람으로, 양귀비(楊貴妃)의 6촌 오빠이다. 당 현종이 양귀비를 총애함에 따라, 그는 감찰어사(監察御史)·시어사(侍御史) 등의 관직을 얻었으며, 재상 이임보(李林甫)가 죽자 뒤를 이어 재상에 기용되었다. 그는 수십 개의 직책을 겸하는 등 전횡하였고, 두 차례에 걸쳐 남조(南詔)를 침략하여 20만의 군사를 잃었다. 남조는 729년, 6개의 타이족이 통합하여 이루어진 왕국으로, 지금의 운남성(雲南省) 일대에 자리하고 있었다. 이들은 높은 문화수준에 암염(巖鹽)과 금 등 지하자원이 풍부하였다. 통킹 만에서 미얀마를 거쳐 인도로 이어지는 동서 무역로를 지배하면서 당나라의 침공을 물리쳤다.

8 천보(天寶)의 난: 당 현종 천보(天寶) 13년(755)에 일어난 안녹산(安祿山)과 뒤이어 일어난 사사명(史思明)의 난을 말한다.

망하기에 이르렀습니다.

신은 어리석게도 이렇게 생각합니다. 치란(治亂)의 근원은 진실로 소통이 막히는 데 있으며, 막히게 된 이유는 더욱 적합한 인재가 아닌 사람에게 위임하였기 때문입니다. 속담에 이르기를 "손가락 하나 앞에 있으니, 태산도 보지 못한다."라고 했습니다. 간신 하나만 있으면 천자의 가까이에서 늘어서 보고 듣을 수 있는 자들조차 스스로 소통할 수 없는데, 하물며 천자와 소원한 측근이나, 멀리 내쳐져 은거하고 있는 사람들이 구중궁궐(九重宮闕)의 천자와 스스로 소통한다는 것은 어려울 것입니다. 아, 순임금의 이 네 마디 말은 진실로 만세의 제왕들이 천하를 다스리는 데 필요한 약석(藥石)입니다. 이를 따르면 다스려질 것이고 어기면 세상이 어지러워질 것이니, 밝으신 군주께서 유념하시어 성찰하시기를 바랍니다.

臣按: 人君以一人之身居四方之中, 東西南北咸於此焉取正者也. 一身之精神有限, 耳目之見聞不周, 人不能盡識也, 事不能盡知也, 故必擇大臣而信任之, 俾其搜訪人才, 疏通壅蔽, 時加詢謀以求治焉. 夫朝廷之政, 其弊端之最大者莫大乎壅蔽. 所謂壅蔽者, 賢才無路以自達, 下情不能以上通是也. 賢才無路以自達, 則國家政事無與共理·天下人民無與共治; 下情不能以上通, 則民間利病無由而知·官吏臧否無由而聞, 天下日趨於亂矣. 昔唐玄宗用李林甫爲相, 天下擧人至京師者, 林甫恐其攻己短, 請試之一無所取, 乃以野無遺賢爲賀. 楊國忠爲相, 南詔用兵, 敗死者數萬人, 更以捷聞. 此後世人主用非其人, 不能辟四門·明四目·達四聰之明效也, 遂致天寶之亂, 唐室自此不振, 以至於亡. 臣愚竊以謂, 治亂之原固在乎壅蔽, 而所以致壅蔽者尤以委任之非其人也. 諺有之曰: "一指在前, 泰山不見." 奸臣在天子之左右, 其所以蒙蔽之者, 豈但一指若哉? 有一於此, 則凡布列之在近見聞之可及者, 且不能以自通矣, 況夫疏遠之側微·遐僻之幽隱, 而欲自通於九重之上, 難矣. 噫, 帝舜此四言眞萬世帝王治天下之藥石也, 循之則治, 違之則亂, 惟明主留神省察.

순(舜)이 말하였다.

"아, 사악아. 공을 일으켜【분(奮)은 일으킴이다.】 요 임금의 일【용(庸)은 사업의 성과이다.】을 넓힐【희(熙)는 넓힘이다.】 자【제(帝)는 요 임금이다.】가 있으면【재(載)는 일이다.】 백규에 거하게【택(宅)은 자리에 거함이다.】【백규(百揆)는 재상 같은 직책이다.】 하여 여러 일을 밝혀【량(亮)은 밝힘이다.】【채(采)는 여러 가지 일[庶事]이다.】 무리들을 순히 다스리게 하겠다【혜(惠)는 순조롭게 이루어지는 것이다.】【주(疇)는 일반 백성[庶類]이다.】." 이에 다 같이【첨(僉)은 무리[衆]이다.】 말하기를, "백우(伯禹)를 사공(司空)의 관직에 세워야 합니다【다 같이 백우를 사공(司空)으로 세워 백규의 자리에 거할 수 있도록 해야 한다고 하였다.】"라고 하였다. 순(舜) 임금은 "그렇게 하자【유(兪)는 그렇다[然]는 말이다.】. 우(禹)여! 그대가 물과 토지를 다스리도록【평수토(平水土)는 사공의 일을 하는 것이다.】 늘 힘쓰라.【무(懋)는 힘쓰는 것이다.】【백규의 자리에서 하는 일에 힘쓰는 것이다.】"라고 하셨다.

舜曰: "諮, 四嶽. 有能奮【起也】庸【事功也】熙【廣也】帝【堯也】之載【事也】, 使宅【居也】百揆【如宰相之職】, 亮【明也】采【庶事】惠【順成】疇【庶類】" 僉【衆也】曰: "伯禹作司空【僉言伯禹作司空可宅百揆】." 帝曰: "兪【然也】, 諮禹, 汝平水土【行司空之事】, 惟時懋【勉也】哉【勉以宅百揆之事】."

순 임금이 말하였다.

"기(棄)【기(棄)는 성이 희씨(姬氏)이다.】야! 백성들이 굶주림의 재앙【조(阻)는 재앙(厄)이다.】에 처해 있으니, 그대가 직(稷)【직(稷)은 경작지를 바르게 하는 관직이다.】의 선배(어른)이니 때에 맞추어 곡식을 뿌려라【파(播)는 뿌림이다.】."

帝曰: "棄【姓姬氏】, 黎民阻【厄也】饑, 汝后稷【田正官】播【布也】時百穀."

순 임금이 말하였다.

"설(契)【설(契)은 성이 자씨(子氏)이다.】이여! 백성이 서로 화목하지 않고【불친(不親)은 서로 화목하지 않는 것이다.】 오품【오품(五品)은 부자, 군신, 부부, 장유, 붕우 등 다섯 가지 명칭과 지위, 등급이다.】이 잘 따르지【손(遜)은 순종이다.】 않아서 그대를 사도(司徒)로 세우니, 오륜의 가르침을 잘 받들어【경(敬)은 그 일을 공경하는 것이다.】【오교(五敎)는 부자유친(父子有親), 군신유의(君臣有義), 부부유별(夫婦有別), 장유유서(長幼有序), 붕우유신(朋友有信)으로, 이 다섯 가지 당연한 도리로 가르치는 명령으로 삼았다.】 시행하되, 너그럽게 하라【관(寬)은 너그럽게 대하는 것을 말한다.】."

帝曰: "契【姓子氏】, 百姓不親【不相親睦】, 五品【父子·君臣·夫婦·長幼·朋友五者之名位等級】不遜【順也】, 汝作司徒, 敬【敬其事也】敷五敎【謂父子有親·君臣有義·夫婦有別·長幼有序·朋友有信, 以五者當然之理而爲敎令也】, 在寬【謂寬裕以待之】."

순 임금이 말하였다.

"고요(皐陶)【고요(皐陶)도 신하의 이름이다.】여! 남쪽과 동쪽의 오랑캐인 만이(蠻夷)가 중국을 어지럽히고【활(滑)은 어지럽힘이다.】【하(夏)는 화하(華夏)이다.】 백성을 약탈하며【사람을 약탈하는 것을 구(寇)라고 한다.】 사람을 죽이고【사람을 죽이는 것을 적(賊)이라고 한다.】 도적질을 하니【바깥에서 하는 것을 간(奸)이라고 한다.】【안에서 하는 것을 귀(宄)라고 한다.】, 그대를 사(士)【사(士)는 관리를 다스리는 것이다.】로 삼는다."

帝曰: "皋陶【亦臣名】, 蠻夷猾【亂也】夏【華夏】, 寇【劫人曰寇】賊【殺人曰賊】奸【在外曰奸】宄【在內曰宄】, 汝作士【理官也】."

순 임금이 말하기를, "누가【주(疇)는 누구[誰]이다.】 나의 일을 따르고【약(若)은 순종함이다.】 이행할 수 있을까?"라고 하자, 모두 말하기를, "수(垂)【수(垂)는 신하의 이름으로 재주가 있었다.】입니다."라고 하였다. 순 임금이 "그렇다. 수여, 그대가 공공(共工)을 맡으라."라고 하였다.

帝曰: "疇【誰也】若【順也】予工? 僉曰: "垂【臣名有巧思】哉." 帝曰: "兪, 諮垂, 汝共工."

순 임금이 말하였다.

"누가 나의 산림과 늪지【상하(上下)는 산림과 늪지이다.】에 초목과 새와 짐승을 순하게 할까?"라고 하시자, 여러 사람들이 익(益)【익(益) 역시 신하의 이름이다.】이라고 하자, 요 임금은 "그렇다, 익(益)이여! 그대가 나의 우(虞: 관직명)【우(虞)는 산택을 관장하는 관직이다.】가 되라."라고 하셨다.

帝曰: "疇若予上下【上下, 山林澤藪也】草木鳥獸?" 僉曰: "益【亦臣名】哉." 帝曰: "俞, 諮益, 汝作朕虞【虞, 掌山澤之官】."

순 임금이 말하기를 "사악(四嶽)이여! 누가 나의 삼례【삼례(三禮)는 천신에 제사하고, 인귀(人鬼)에 향사하며, 땅에 제사 지내는 것이다.】를 맡을 수 있을까?"라고 하니, 모두 "백이(伯夷)【백이(伯夷)는 성이 강(薑)이다.】입니다."라고 하자, 임금은 "그렇다. 백(伯)이여, 그대를 질종【질종(秩宗)은 백신에 차례를 주관하는 관직이다.】으로 세운다."라고 하였다.

帝曰: "諮, 四嶽. 有能典朕三禮【祀天神·享人鬼·祭地祇】?" 僉曰: "伯夷【薑姓】." 帝曰: "俞, 諮伯, 汝作秩宗【主敘次百神之官】."

순 임금이 말하기를 "기(夔)【기(夔)는 신하의 이름이다.】여, 그대에게 명하여 음악을 맡게 하노니, 맏아들【주(胄)는 장자이다.】을 가르치라."라고 하였다."

帝曰: "夔【臣名】, 命汝典樂教胄【長子】子."

순 임금이 말하기를 "용(龍)【용(龍)은 신하의 이름이다.】이여, 그대를 납언(納

言)으로 명하니, 밤낮으로 나의 명을 전하고 수납하는 일을 미덥게 하라." 라고 하셨다.

帝曰: "龍【臣名】, 命汝作納言, 夙夜出納朕命, 惟允."

순 임금이 말하기를 "그대들 22인이여【사악, 9관, 12목 등 모두 22인[9]】, 그대들은 늘 공경하여 하늘의 공덕을 밝게 하라."라고 하셨다.

帝曰: "諮, 汝二十有二人【四嶽·九官·十二牧共二十二人】, 欽哉. 惟時亮天功."

증공(曾鞏)[10]이 말하였다.

"순 임금이 9관을 임명하였는데, 새로 임명한 사람은 6명이다. 백우(伯禹)와 백이(伯夷)에게 명한 것은 사악(四岳)에게 물어보고 임명한 경우이다. 수(垂)와 익(益)에게 명한 것은 널리 의견을 물어서 임명한 경우이다. 기(夔)와 용(龍)에게 명한 것은 사람들이 사양했기 때문에 자문받지 않고 임명한 사람들이다. 무릇 도(道)를 알고 난 후에야 백

9 사악 … 22인: 《사기집해(史記集解)》에 기(棄), 설(契), 고요(皐陶) 등은 원래 관직에 있었던 사람들로서 이들을 제외하고 새로 임명된 우(禹)·수(垂)를 비롯한 6인과 12목(牧), 사악(四嶽)을 합쳐 22인이다. 한편 《서경》 집전(集傳)에 따르면, 22인은 사악(四嶽), 구관(九官), 12목(牧)을 합친 22인을 의미한다.

10 증공(曾鞏, 1019~1083): 북송(北宋) 유학자로, 건창(建昌) 남풍(南豊) 출신이다. 자는 자고(子固)이다. 당송8대가 중 한 명이다. 저서로는 《융평집(隆平集)》, 《원풍류고(元豊類稿)》 등이 있다.

규를 맡길 수 있고, 예(禮)를 알고 난 후에야 삼례(三禮)를 정할 수 있는 것이다. 도를 알고 예를 아는 것은 사람마다 다 할 수 있는 것이 아니기 때문에 반드시 사악에게 물어보았다. 나의 일을 따르게 하고, 상하의 초목과 조수의 경우는 이에 비할 바가 아니기 때문에 범범하게 자문을 받은 것이다. 예악은 그 본체를 명령하는 것으로, 비록 백규(百揆)만큼 중대하지 않지만, 그 사리(事理)의 정밀함은 또한 백공(百工)이나 뭇 사물이 비할 바가 아니지만, 백이는 이미 사악의 천거로 질종(秩宗)의 직임을 맡았으니, 사양한 사람은 반드시 전악(典樂)이나 납언(納言)에 적절했음을 알 수 있기 때문에 물어보지도 않고 임명했던 것이다. 직(稷)과 설(契), 고요(皐陶)와 같은 사람을 물어보지 않은 경우는, 이들의 옛 직임에 거듭 임명한 것이기 때문이다."

曾鞏曰: "舜命九官, 新命者六人, 命伯禹·命伯夷諮四岳而命者也, 命垂·命益泛諮而命者也, 命夔·命龍因人之讓不諮而命者也. 夫知道而後可宅百揆, 知禮而後可典三禮, 知道·知禮非人人所能也, 故必諮於四岳. 若予工·若上下草木鳥獸, 則非此之比, 故泛諮而已. 禮樂命令其體雖不若百揆之大, 若其事理精微亦非百工庶物之可比, 伯夷旣以四岳之擧而當秩宗之任, 則其所讓之人必其中於典樂·納言之選可知, 故不諮而命之也. 若稷·契·皐陶之不諮者, 申命其舊職而已."

진(陳)나라 아언(雅言)에서 말하였다.

"22인의 직책은 모두 하늘의 관직이다. 전(典)은 하늘의 순서이고, 예(禮)는 하늘이 준 직질이며, 복(服)은 하늘의 명령이고, 형(刑)은 하늘의 징토이니, 어느 한 가지 일도 하늘에 근본을 두지 않은 것이 없다. 하늘에 이런 일이 있으면 사람도 이런 관원이 있어 하늘이 스스로 하지 않고 사람이 대신하는 것이다. 순 임금이 이런 말을 할 때 '공경하여 하늘의 공덕을 밝게 하라'고 한 것은 공경할 바를 알게 하고자 한 것이다."

陳雅言曰: "二十有二人之職皆天之職也, 典天敘·禮天秩·服天命·刑天討, 無一事之不本於天, 天有是事則人有是官, 天不自爲而人代之. 帝舜於此語以欽哉·亮天功者, 欲使知所敬也."

신은 이렇게 생각합니다. 조정에는 백규(百揆)를 두어 조정 안에 있는 여러 관직을 통솔하고, 사악(四岳)을 두어 조정 밖의 주(州)와 목(牧)을 통솔하게 하였습니다. 나누어 임명하기도 했고 통합하여 임명하기도 했는데, 명을 받은 사람은 반드시 관직에 걸맞았고, 관직은 반드시 그 직임을 다하였습니다. 이는 순 임금 때의 정치였고, 후세에 미치지 못하는 점입니다. 진실로 순 임금 때의 인물 등용은 혹 임금의 마음으로 선택하기도 하였고, 혹 조정에서 다 같이 천거하기도 하였으며, 혹 대신들에게 자문을 받거나, 혹 추천과 양보로 얻기도 하였으니, 후세에 옳지 않은 경로, 은밀한 후원, 사사로운 아부를 통해서 요행히 관직에 나오는 것과 같지 않았습니다. 그 사람이 능력이 있는지 여부를 묻지 않고, 그 직책이 합당한지를 여부를 논하지도 않았으므로, 임용이 필요한 재능과 어긋나고, 인물이 해당 관직에 어울리지 않았습니다. 관직이 이미 어울리지 않으니, 조정의 정사(政事)가 어떻게 거행

될 수 있겠으며, 정사가 이미 거행되지 않으니 천하의 백성이 무슨 수로 안정될 수 있겠습니까? 이것이 후세가 옛날과 같지 못한 까닭입니다.

신은 일찍이 이런 이유로 논하였습니다. 순 임금이 처음에 사악(四岳)에게 자문받아 백규(百揆)를 맡을 사람을 찾으면서 '순 임금의 사업을 넓힌다'고 하지 않고 '요 임금의 사업을 넓힌다'고 말한 것은 대개 내가 오늘날 다스리는 사업은 나의 사업이 아니라, 요 임금의 사업이기 때문입니다. 22인에게 모두 자문받아 각각 그 직책을 공경히 수행하게 할 때 '순 임금의 공을 밝혀라'고 하지 않고 '하늘의 공을 밝혀라'고 한 것은 대개 내가 오늘날 다스리는 공은 나의 공이 아니라 하늘의 공이기 때문입니다.

남의 임금이 된 자는 진실로 신하가 넓혀야 할 사업이 모두 조종조의 사업이고 밝혀야 할 공이 모두 상천(上天)의 공임을 알아야 하니, 결코 사사로운 뜻에 따라 사람을 등용하거나 적절하지 않은 사람을 등용해서 사업을 망치려고 하지 않으면 조정의 정치는 인재를 얻어 질서 있게 거행될 것이고 천하의 백성들은 이를 통해 편안히 살 것입니다.

아, 저렇게 조종조의 관작(官爵)을 자기의 사사로운 물건으로 삼고, 상천의 사공(事功)으로 인간의 사사로운 뜻을 행하니, 어찌 조종조에서 대업을 맡긴 뜻과 상천이 군주를 세운 뜻을 저버리는 것이 아니겠습니까. 정치의 본체를 아는 자라면 이를 거울로 삼아야 합니다.

臣按: 朝廷之上有百揆以統內之庶官, 有四嶽以統外之州牧, 旣分命之又總命之, 人必稱其官, 官必盡其職, 此帝世之治, 所以後世不能及也.

誠以帝世之用人也, 或帝心之簡在, 或公庭之僉擧, 或詢之大臣, 或得之推讓, 非若後世有由旁蹊奧援阿私而幸進者也. 不問其人之能與否, 不論其職之稱與否, 是以用各違其才, 人不稱其官. 官旣不稱, 則朝廷之政何由而擧; 政旣不擧, 則天下之民何由得安? 此後世所以不古若也. 臣嘗因是而論之, 帝舜初諮四嶽以求宅百揆也, 不曰熙舜之載而曰熙堯之載, 蓋以我今日所治之事非我之事, 堯之事也; 總諮二十二人以各敬其職也, 不曰亮舜之功而曰亮天之功, 蓋以我今日所治之功非我之功, 天之功也. 爲人君者誠知人臣所熙之事皆祖宗之事, 所亮之功皆上天之功, 則決不肯徇私意以用人, 用匪人以廢事, 則朝廷之政得人修擧, 天下之民由是乂安矣. 噫, 彼其以祖宗之官爵爲己之私物, 以上天之事功行人之私意, 豈不有以負祖宗之付托·上天之建立哉? 識治體者尙鑒於玆.

《서경》〈대우모(大禹謨)〉【우서(虞書)이다.】에서 말하였다.

선한【가(嘉)는 선함이다.】 말은 감춰지는 것【유(攸)는 장소이다.】이 없으며, 초야에는 버려지는 현자가 없으니 만방이 다 편안하다.

《大禹謨》【虞書】: 嘉【善也】言罔攸【所也】伏, 野無遺賢, 萬邦咸寧.

주희(朱熹)가 말하였다.

"순(舜) 임금은 우(禹)의 말에 동의하고 이렇게 믿을 만하다고 생각하였으니, 중론을 널리 펴서 현자들을 모두 오게 하여 천하의 백성들이 모두 그 혜택을 입고 자신의 살 곳을 얻지 못한 자가 없는 것이다."

朱熹曰: "舜然禹之言, 以爲信能如此, 則必有以廣延衆論·悉致群賢, 而天下之民咸被其澤, 無不得其所矣."

신은 이렇게 생각합니다. 조정이 다스리는 도(道)는 본디 하나의 단서만 있지는 않지만, 그 요체는 사람을 잘 선택하고 사람을 잘 쓰는 데 있습니다. 사람은 모두 각자 아는 바가 있고 또한 각자 능력이 다르지 않을 수 없으며, 마음에 아는 바가 있으면 표현되어 말이 되고, 자기에게 능력이 있는 것을 이용하여 재주가 됩니다. 말에는 선한지 않은지가 있으니, 군주라면 오직 선한 말만 취하여 아래에서 올바른 말이 묻혀 감춰져 버리지 않도록 하여야 합니다. 재능에는 크고 작은 것이 있으니, 군주는 그 재능에 따라 등용하여 인재가 밖에서 버려지거나 누락되지 않도록 하여야 합니다. 그러면 조정에서 시행되는 것은 아름답고 선한 말이 아님이 없고, 백관의 자리에 늘어선 사람은 뛰어난 준걸이 아님이 없을 것이니, 천하가 어떻게 편안하지 않겠습니까.

만일 혹 그렇지 못하면 듣는 말이 모두 천박하고 용렬하며 임금의 뜻을 따르는 말 뿐이어서, 선한 말을 선하지 않다고 여기고, 선하지 않는 것을 도리어 선하다고 여깁니다. 등용한 사람들이 모두 용렬하고 아첨하는 사람들이어서, 현명한 사람을 현명하지 못하다고 여기고 현명하지 못한 사람을 현명한 사람으로 여기게 됩니다. 이렇게 되면 선한 말이 위로 들리지 않고 현명한 인재는 멀리 숨어 버리게 될 것이니, 사업의 관리, 백성의 안정을 이루려고 해도 어렵게 됩니다. 그러므로 옛날의 성제(聖帝), 명왕(明王)은 반드시 언로(言路)를 넓게 열고 포용하여 받아들이고, 현명한 인재가 들어올 문을 크게 개방하여 많은 방면에서 조정에 오게 했습니다. 순 임금 같은 임금이나 대우(大禹) 같은 신하로서도 오히려 반드시 이를 군신(君臣)이 어렵게 여긴 효과라고 생각했으니, 후세의 군신이 이를 본보기로 삼지 않을 수 있겠습니까.

臣按: 朝廷爲治之道固非一端, 而其要在取人之善, 用人之能而已. 夫人莫不各有所知, 亦莫不各有所能, 心有所知也發以爲言, 己有所能也用以爲才. 言有善否, 人君則惟其善而取之, 不使有所伏藏於下; 才有大小, 人君則隨其才而用之, 不使有所遺漏於外. 則凡朝廷之上見於施行者無非嘉善之言, 列於庶位者無非賢俊之士, 天下其有不安也哉? 苟或不然, 所聞者皆卑冗順旨之言, 言之善者以爲不善, 不善者反以爲善; 所用者皆庸下諂諛之人, 人之賢者以爲不賢, 不賢者反以爲賢. 如是則善言不聞, 賢才遠遁, 欲事之理·民之安, 難矣. 是以古之聖帝明王必廣開言路, 包容以納之, 大辟賢門多方以來之, 雖以帝舜之爲君·大禹之爲臣, 猶必以此爲君臣克艱之效, 後世君臣可不以之爲法則乎!

《서경》〈대우모(大禹謨)【우서(虞書)이다.】〉에서 임금이 말하였다.

덕(德)은 오직 정치를 잘하는 것이고, 정치는 백성을 보살피는 것입니다.

德惟善政, 政在養民.

주희가 말하였다.

"덕(德)은 단지 선이 아니라 그 정치를 잘하는 것이며, 정치는 단지 법이 아니라 그 백성을 보살피는 데 있다. 아래의 글에 나오는 6부(六府)【육부(六府)는 수(水)·화(火)·금(金)·목(木)·토(土)·곡(穀) 등이다.】와 삼사(三事)【삼사(三事)는 정덕(正德)·이용(利用)·후생(厚生)이다.】이니, 즉 양민(養民)의 정치이다."

朱熹曰: "德非徒善而已, 惟當有以善其政. 政非徒法而已, 在乎有以養其民. 下文六府【水·火·金·木·土·穀】·三事【正德·利用·厚生】, 卽養民之政也."

신은 이렇게 생각합니다. 조정에서 군주는 덕을 닦아 정치를 잘하는 것은 양민(養民)에 불과합니다. 진실로 백성이 백성답게 되기 위해서는 반드시 혈기가 있는 신체를 돌보는 바가 없어서는 안 되며, 마음과 지혜가 있는 본성을 돌보는 바가 없어서는 안 되며, 혈육인 가족을 돌보지 않을 수 없고, 입고 먹는 밑천을 돌보는 바가 없어서는 안 되며, 용도의 비용을 돌보는 바가 없어서는 안 됩니다. 한번 돌봄을 잃으면 살 수 없습니다. 그러므로 옛날부터 성제(聖帝), 명왕(明王)은 하늘이 백성을 위해 군주를 세웠음을 알고 반드시 하늘을 받들어 백성을 돌보

왔습니다. 무릇 덕을 닦아 정치를 하고 정치를 세워 치세를 이루는 방도는 부지런히 한결같이 양민을 임무로 삼는 것입니다.

진실로 하나의 사물이라도 정비되지 않으면 백성은 그 사물의 용도를 잃고, 하나의 사물이라도 그 용도를 잃으면 백성은 삶을 영위하는 데 필요한 수단 중 그 하나가 모자라게 됩니다. 그런 까닭에 물을 다스리는 정사는 물길을 트고 뚫는 것이고, 불을 다스리는 정사는 불을 피우고 달구는 것이며, 쇠와 나무를 다스리는 정사는 쇳물을 단련하고 새기고 깎는 것이고, 흙과 곡식을 다스리는 정사는 경작하고 개간하고 파종하는 것입니다. 이렇게 하여 백성들이 날마다 이를 쓰는 동안 생계를 영위하는 수단으로 삼는 것입니다.

이것도 아직 부족하여 또한 반드시 학교를 세우고 윤리를 밝혀 그 덕을 바르게 하고 집기를 만들고 재화를 유통으로써 쓰임에 이롭게 하고, 의식을 충분하게 하고 비축분을 준비하여 삶을 풍족하게 만들었으니, 어느 것인들 백성을 돌보는 정치가 아니겠습니까. 아, 옛날부터 제왕들은 양민을 급선무로 삼지 않은 적이 없었지만, 진한(秦漢) 이래 대대로 군주들은 백성에게 가혹하게 거두어 자기를 돌볼 줄만 알았고, 정사를 바로 세워 양민(養民)하는 것을 알지 못하였으니, 이것이 바로 다스림이 옛날과 같지 못한 까닭입니다.

臣按: 朝廷之上, 人君修德以善其政, 不過爲養民而已. 誠以民之爲民也, 有血氣之軀不可以無所養, 有心知之性不可以無所養, 有血屬之親不可以無所養, 有衣食之資不可以無所養, 有用度之費不可以無所養, 一失其養則無以爲生矣. 是以自古聖帝明王知天爲民以立君也, 必奉天以養民, 凡其所以修德以爲政, 立政以爲治, 孜孜焉一以養民爲務. 誠以一物不修則民失一物之用, 一物失其用則民所以養生之具缺其一矣. 是故修水之政以疏鑿, 修火之政以鑽灼, 修金木之政以鍛鑄·刻削, 修土穀之政以耕墾·播種, 使民於日用之間得以爲生養之具. 然猶未也, 又必設學校·明倫理以正其德, 作什器·通貨財以利其用, 足衣食·備蓋藏以厚其生, 何者而非養民之政乎? 吁, 自古帝王莫不以養民爲先務, 秦漢以來世主但知厲民以養己, 而不知立政以養民, 此其所以治不古若也歟.

〈홍범(洪範)〉【기자(箕子)가 설명하여 주나라 무왕에게 바친 것이다.】에서 말하였다.

그 차례가 세 번째【이는 〈홍범〉 구주의 순서 중에서 세 번째의 주(疇)이다.】는 농사로, 팔정(八政)으로 한다.

《洪範》【箕子所陳以告武王者】: 次三【此《洪範》九疇之次三疇】曰農, 用八政.

삼, 팔정(八政)에서, 첫째, 먹는 것【농사에 힘쓰고 곡식을 중시하는 정무】, 둘째, 재화【재화를 널리 유통하는 정무】, 셋째, 제사【근본에 보답하고 처음으로 돌아가는 정무】, 넷째, 사공【토지를 재고 백성을 거처하게 하는 정무】, 다섯째, 사도【다섯 가르침을 공경히 시행하는 정무】, 여섯째, 사구【법을 세워 간사한 자를 징계하는 정무】, 일곱째, 손님 접대【손님을 편안히 맞이하는 정무】, 여덟째, 군사【잔인하고 난폭한 자를 제거하고 금지하는 정무】이다.

三, 八政: 一日食【務農重穀之政】, 二日貨【阜通貨財之政】, 三日祀【報本反始之政】, 四日司空【掌度土居民之政】, 五日司徒【掌敬敷五教之政】, 六日司寇【掌立法懲奸之政】, 七日賓【懷柔賓客之政】, 八日師【除殘禁暴之政】.

채침(蔡沈)[11]이 말하였다.

"팔정(八政)은 농사로, 생계를 넉넉하게 하는 것이다."

蔡沈曰: "八政曰農, 所以厚生也."

사점(史漸)이 말하였다.

"정무에 이보다 중대한 것은 없다. 따라서 순(舜) 임금은 구관(九官)을 두어 이를 총괄하게 하였고, 주나라에서는 이를 육경(六卿)으로 나누었으며, 기자(箕子)는 이를 다시 분할하여 8명으로 나누었으니, 그 명칭은 비록 달라도 실제로는 다른 것이 없다."

---

11 채침(蔡沈, 1167~1230): 남송 건주(建州) 건양(建陽) 사람으로 채원정(蔡元定)의 차남이다. 자는 중묵(仲默), 구봉선생(九峰先生)으로 불렸으며, 시호는 문정(文正)이다. 주희(朱熹)의 생질이자 제자로서, 일찍이 주희를 사사하였다. 경원당금(慶元黨禁) 때 부친을 따라 도주(道州)로 유배를 갔다. 그의 부친인 채원정이 사망한 후에는 가학을 이어받아 평생 구봉(九峰)에 은거하면서 주희의 명에 따라 《상서(尙書)》에 주를 달았는데, 10여 년 만인 영종(寧宗) 가정(嘉定) 2년(1206)에 《서집전(書集傳)》을 완성하였다. 이 책은 여러 설을 아우르고 주석이 명석하여 원나라 이후 과거 시험 준비의 필독서가 되었다. 그 밖의 저서에 《홍범황극(洪範皇極)》과 《채구봉서법(蔡九峰筮法)》 등이 있다.

史漸曰: “政莫大於是. 舜總之九官, 周分之六卿, 箕子裂而爲八, 名雖異實無殊也.”

신은 이렇게 생각합니다. 홍범 구주(洪範九疇)의 순서에서 셋째가 농사로, 팔정을 적용하였습니다. 조목은 모두 8가지이니, 먹는 것과 재화가 농사라고 할 수 있습니다만, 제사로 예를 행하고, 빈으로 손님을 대접하며, 사(師)로 군대를 사용하는데 이 세 가지 관직이 맡은 일 모두 농사라고 말하니, 무엇 때문이겠습니까. 이는 하늘이 군주를 세운 것은 오직 백성을 위해서인데, 백성 가운데 농사를 업으로 삼아 농작물을 심고 수확하는 것은 바로 사람들의 생명을 살리는 근본이 되어 더욱 소중하기 때문입니다.

그러므로 무릇 조정에서 정무의 시행은 관직을 세워 사안을 다스리고, 예를 행하여 근본에 보답하며, 손님을 편안히 맞이하여 먼 곳 사람과 소통하고, 군대를 일으켜 폭력적 혼란을 금지하니, 어떤 일인들 백성을 위해 그들이 살 곳을 편안히 살 수 있게 하고, 힘을 다하며 먹을 것을 풍족하게 하고 생계를 넉넉하게 하는 것이 아니겠습니까.

이는 하늘이 군주를 세워 그에게 정치를 세우게 한 근본 취지이고 다스리는 자는 이를 알지 않으면 안 됩니다. 후세 조정이 시행하는 바는, 궁궐이 사안이 있고, 국도의 사안이 있고, 관청의 사안이 있고, 지방의 사안이 있지만, 세밀하게 농민에게까지 미치는 사안은 적습니다. 간혹 있다고 하더라도 근본 취지가 농민을 위하는 데 있음을 알지 못한 채 대수롭지 않게 시행하고 만연히 처리하여 왕왕 도리어

이 때문에 민생을 해치고 농업을 폐기하니, 이 모두 〈홍범〉의 농사에 팔정을 적용한다는 근본 취지에 어둡기 때문입니다.

臣按:《洪範》九疇, 次三曰農用八政. 其目凡八, 所謂食·所謂貨謂之農可也, 而祀以行禮·賓以待客·師以用兵, 與夫三官所掌之事皆謂之農何哉? 蓋天之立君凡以爲民而已, 而民之中農以業稼穡, 乃人所以生生之本尤爲重焉. 故凡朝廷之上政之所行, 建官以莅事, 行禮以報本, 懷柔以通遠人, 興師以禁暴亂, 何者而非爲民使之得以安其居·盡其力·足其食, 而厚其所以生哉? 是則上天所以立君而俾之立政之本意, 而爲治者不可不知者也. 後世朝廷之所施行, 宮闈之事則有之, 國都之事則有之, 官府之事則有之, 邊鄙之事則有之, 而顓顓及於農民之事者蓋鮮矣. 間雖有之, 而不知其本意之出於爲農, 泛然而施之, 漫然而處之, 往往反因之以戕民生·廢農業, 是皆昧於《洪範》農用八政之本旨也.

《주례》〈천관 총재(天官冢宰)〉에서 말하였다.

군주가 나라를 세우고【주왕이 국도(國都)를 세운 것이다.】 방향을 구별하여【사방을 구별하다.】 방위를 바로 정하는【종묘와 사직, 조정과 시장의 위치를 정하다.】 한편, 나라를 경영하고【나라를 경영하는 것이 마치 신체에 몸이 있는 것과 같다.】 토지와 들판의 경계를 구획하며【성내와 들판을 구획하기는 마치 직조에 날줄이 있는 것과 같다.】, 관직을【총재와 사도 같은 부류이다.】 세워 그 직분【다스림을 관장하는 것과 가르침을 관장하는 것 등이다.】을 나눔으로써, 이를 백성의 지극한 표준으로 삼았다【백성이 지극하게 하는 표준으로 삼다.】.

《周禮》: 惟王建國【周王建立國都】, 辨方【辨別四方】正位【正祖社 · 朝市之位】, 體國【營國家如身有體】經野【畫郊野如織有緯】, 設官【如塚宰 · 司徒之類】分職【如掌治掌敎之類】, 以爲民極【以爲斯民至極之標準】.

섭시(葉時)[12]가 말하였다.

"성인(聖人)은 중용의 도(中道)로 천하에 표준을 세우고, 천하의 사람들에게 중용을 취하게 하였다. 무왕(武王)은 기자(箕子)에게 홍범을 물어 사람의 도리를 서술하였고, 다섯 가지 중에서 황극(皇極)을 가운데 자리하게 하였다. 고금을 막론하고 황극을 버리고 나라를 세울 수 있던 사람은 없었다. 이제 《주례》를 고찰하니, 토규[土圭: 토지 측량 옥기(玉器)]로 토지를 측량하여 대지의 가운데를 찾아 나라를 세웠고, 정면에 조정을 두고 뒤에는 시장을 두며 왼쪽에는 종묘를 오른쪽에는 사직을 배치하여 방향을 변별하였다. 조정은 안과 밖을 나누고, 지위는 동서로 구별하여 위치를 바로 정하였다. 공(公)의 5백 리에서 남(男)의 백 리까지, 나라의 체통을 세웠다. 그리고 9부(九夫)를 정(井)의 단위로 삼고 4개의 현을 도(都)로 삼아, 들판을 경영하였다.

첫째 천관(天官)부터 여섯째 동관(冬官)까지 관직을 세웠고, 첫째 다스리는 직책[治職]부터 여섯째인 사직(事職)까지 직무를 나누었는데, 주

12 섭시(葉時): 남송 사람으로, 임안(臨安) 전당(錢塘) 출신이다. 자는 수발(秀發), 호는 죽야우수(竹野愚叟)이다. 효종 순희(淳熙) 11년(1184) 진사가 되고, 이후 봉국절도추관(奉國節度推官), 이부상서 등을 역임했다. 그의 저서로는 《예경회원(禮經會元)》, 《죽야시집(竹野詩集)》 등이 있다.

공(周公)은 이를 총괄하니 백성의 지극한 표준으로 삼았다. 지극하다는 말은, '부지불식 간에 임금의 규칙을 따르네[不識不知, 順帝之則.][13]'이라 하였으니, 요 임금이 백성을 세운 것이 그것이며, '이것이 바로 떳떳한 도리이고 교훈이니, 이는 바로 상제의 가르침이다.[是彝是訓, 于帝其訓.][14]'라고 하였으니, 주공(周公)이 부연한 말이 그것이다.

지금 주공이 백성을 위해 표준을 세우고자 한 까닭은 오직 왕기[王畿: 수도(首都)], 방위, 나라의 들판, 관직에 있었으니, 왕기를 세우고 난 뒤에 근본이 정해지고, 방위가 설정된 뒤에 등급이 분명해지며, 나라의 벌판이 구분된 뒤에 강역이 바르게 되고, 관직을 임명한 뒤에 강목(綱目)이 펼쳐진다. 백성이 이를 표준으로 삼아 자립할 수 있으니, 무엇이 이보다 크겠는가. 그러므로 주공은 비단 천관(天官)에 대해서만 언급하지 않고, 5관(五官)에 대해서도 각각 인용하여 각 편의 첫머리로 삼고, 간절하게 이처럼 반복하여 가르쳤다. 이 360여 개의 관직에 모든 사안과 물건에 표준이 있었으니, 어느 것인들 백성의 표준이 아니겠는가.

표준이 있어서 백성을 존비의 등급의 중도에 익숙하게 하고, 백성을 예악과 교화의 속으로 인도할 수 있으며, 등급을 무시하고 위에 있는 사람을 넘보는 마음이 사라지게 하고, 분수를 지켜 만족할 줄 아는

---

13 부지불식 … 따르네: 요(堯) 임금이 천하를 다스린 지 50년에 천하가 잘 다스려지는가, 백성들이 자기를 위하고 있는가를 알기 위하여 미복(微服)으로 강구((康衢)에 나갔더니, 아이들이 "우리 백성들 세웠으니 모두 임의 표준이네, 부지불식 간에 임금의 규칙을 따르네.[立我蒸民, 莫非爾極. 不識不知, 順帝之則.]" 하였다. 《列子 仲尼》

14 이것이 … 가르침이다: 《서경》 〈홍범〉 제15장에, "황극의 부연한 말, 이것이 바로 떳떳한 이치이고 가르침이니, 이것이 상제의 가르침이다.[皇極之敷言, 是彝是訓, 于帝其訓.]" 하였다.

마음을 가지게 하는 것이다. 이러한 백성은 들어오면 표준을 만날 수 있고, 나가면 그 표준에 돌아갈 것이니, 제도의 경영이 어딘들 안정되지 않겠으며, 풍속이 어딘들 순후하지 않겠는가."

葉時曰: "聖人以中道立標準於天下, 而使天下之人取中焉. 武王訪洪範於箕子, 以敘彝倫而五以皇極居中, 古今未有舍皇極而能立國者. 今以《周禮》考之, 土圭測景以求地中, 建國也; 面朝後市, 左祖·右社, 辨方也; 朝分內外, 位別東西, 正位也; 公五百里至男百里, 體國也; 九夫爲井至四縣爲都, 經野也; 一曰天官至六曰冬官, 設官也; 一曰治職至六曰事職, 分職也, 而周公則總之以爲民極焉. 極也者, '不識不知, 順帝之則', 如堯之立民是也; '是彝是訓, 於帝其訓', 如周之敷言是也. 今周公所以爲民立極者, 惟在王畿·方位·國野·官職之中, 蓋王畿立而後根本定, 方位設而後等級明, 國野分而後疆理正, 官職擧而後綱目張. 民極之立, 孰有大於此者? 故周公不惟於天官言之, 而五官各引之以冠其篇首, 丁寧訓告若是諄複, 則是三百六十餘官事事物物皆有極, 何往而非斯民之標準歟? 蓋極之所在, 所以習民於尊卑等級之中, 而導民於禮樂敎化之內, 銷其亡等冒上之念, 而斂其安分知足之心, 斯民入則會其有極, 出則歸其有極, 經制烏乎而不定, 風俗烏乎而不淳?"

태재(大宰)의 직임은 나라를 세울 육전(六典)을 관장하여 군주가 나라를 다스리는 것을 보좌한다. 첫째, 치전(治典)으로, 나라를 경영하고 관청을 다스리며 만민의 벼리가 된다. 둘째, 교전(敎典)으로, 나라를 안정시키고 관청을 가르치며 만민을 순화시킨다. 셋째, 전례(典禮)로, 나라를 조화롭게 하고 백관을 통합하며 만민을 화합한다. 넷째, 정전(政典)으로, 나라를 평화롭게 하고 백관을 바르게 하며 만민을 균등하게 한다. 다섯째, 형전(刑典)으로, 나라에 범법을 막고 백관을 벌하며 만민을 규찰하는 것이다. 여섯째, 사전(事典)으로, 나라를 부강하게 하고 백관에게 맡기며 만민이 살게 한다.[15]

太宰之職, 掌建邦之六典以佐王治邦國: 一曰治典, 以經邦國, 以治官府, 以紀萬民; 二曰敎典, 以安邦國, 以敎官府, 以擾萬民; 三曰禮典, 以和邦國, 以統百官, 以諧萬民; 四曰政典, 以平邦國, 以正百官, 以均萬民; 五曰刑典, 以詰邦國, 以刑百官, 以糾萬民; 六曰事典, 以富邦國, 以任百官, 以生萬民.

오징(吳徵)이 말하였다.

"치전(治典)은 다스려 그 원칙을 바꾸지 않도록 하는데, 다스림은 반드시 관청을 먼저 하고 이를 미루어 만민의 벼리가 되니, 경(經)에 착종이 남지 않고 상세하다. 교전(敎典)은 인도하여 그 원칙을 어기지 않도록 하는데, 가르침을 반드시 관청에서 먼저 하고 미루어 만민을 순화시키니, 잘 따라 편안함에 어긋나지 않고 상세하다. 예전(禮典)은 우호 교류에 항상 서로 친애하며, 백관을 통솔하고 미루어 만민을 조화롭게 하니, 서로 신뢰하여 틈이 벌어지지 않고 화합한다.

정전(政典)은 지키는 바를 나누어 항상 서로 제어하며, 백관을 바르

15 태재(大宰)의 … 한다: 《주례》 〈천관(天官)〉에 나온다.

게 하고 미루어 만민을 고르게 하니, 지극히 공평하고 사사로운 것이 없으며 평등하게 된다. 형전(刑典)은 명령을 내리며 서로 경계하며, 백관을 두렵게 하고 만민을 규찰하니, 조그마한 것이라도 차별하지 않고 범법을 막는다. 사전(事典)은 재물의 이익에 대해 항상 서로 도움이 되며, 백관에 맡기고 미루어 만민을 살게 하니, 혜택과 보살핌이 무궁하고 백성이 부유해진다."

吳澂曰: "治典者, 理之使不易其常, 然治必先官府, 而推以紀萬民, 則錯綜不遺於經爲詳. 教典者, 導之使不拂其常, 然教必先官府, 而推以擾萬民, 則馴習不違於安爲詳. 禮典者, 交好常有以相親, 統百官而推以諧萬民, 則相信不乖而和. 政典者, 分守常有以相制, 正百官而推以均萬民, 則至公無私而平. 刑典者, 辭命常有以相戒, 儆百官而推以糾萬民, 則纖悉不差而詰矣. 事典者, 財利常有以相資, 任百官而推以生萬民, 則惠養不窮而富矣."

신은 이렇게 생각합니다. 하늘이 군주를 세워 나라를 통치하고 관청을 두어 백성을 평안하게 하였으니, 벼리가 위에 있으면서 아래로 반포한 것이 육전(六典)인 치, 교, 예, 정, 형, 사입니다. 나누면 비록 여섯 명칭이 있지만, 합치면 곧 하나의 다스림으로 귀결되므로, "태재(大宰)의 직임은 나라를 세울 육전(六典)을 관장하여 군주가 나라를 다스리는 것을 보좌한다."라고 하였습니다. 아, 흩어 놓았지만 계통이 있고, 조정하여도 요체가 있으니, 조정의 다스림이 거행되지 않는 것이 없었습니다.

臣按: 上天立君, 使之統邦國·建官府以安民庶, 所以綱維於上而頒布於下者有六典焉, 治也·教也·禮也·政也·刑也·事也. 分之雖有六名, 合之則歸一治, 故曰 "太宰掌建六典以佐王治邦國". 吁, 散之有統, 操之有要, 朝廷之政無不擧矣.

천관(天官) 총재(冢宰)를 세워 그 소속 관원을 통솔하고 나라의 다스림을 관장하여, 군주를 보좌하여 나라를 고르게 하였다.

乃立天官塚宰, 使帥其屬而掌邦治, 以佐王均邦國.

지관(地官) 사도(司徒)를 세워 그 소속 관원을 통솔하고 나라의 교육을 관장하여, 군주를 보좌하여 나라를 순화하였다.

乃立地官司徒, 使帥其屬而掌邦教以佐王擾邦國.

춘관(春官) 종백(宗伯)을 세워 그 소속 관원을 통솔하고 나라의 예를 관장하여, 군주를 보좌하여 나라를 조화롭게 하였다.

乃立春官宗伯, 使帥其屬而掌邦禮以佐王和邦國.

하관(夏官) 사마(司馬)를 세워 그 소속 관원을 통솔하고 나라의 정사를 관장하여, 군주를 보좌하여 나라를 평등하게 하였다.

乃立夏官司馬, 使帥其屬而掌邦政以佐王平邦國.

추관(秋官) 사구(司寇)를 세워 그 소속 관원을 통솔하고 나라의 금령을 관장하여, 군주를 보좌하여 나라의 형정을 맡았다.

乃立秋官司寇, 使帥其屬而掌邦禁以佐王刑邦國.

동관(冬官) 사공(司空)을 세워 그 소속 관원을 통솔하고 나라의 사업을 관장하여, 군주를 보좌하여 나라를 부유하게 하였다.【동관은 없지만 원나라 오징의 설로 보충하였다.】

乃立冬官司空, 使帥其屬而掌邦事以佐王富邦國【冬官亡, 以元吳澂說補之】.

정현(鄭玄)[16]이《주례주소(周禮註疏)》에서 말하였다.

16 정현(鄭玄, 127~200): 후한 말 유학자로, 산동(山東) 북해(北海) 사람이다. 자는 강성(康成)이다. 그는 마융(馬融)에게《시경》,《서경》,《춘추》등을 사사하였다. 마융 등이 당고(黨錮)의 화(禍)를 당하자 40세 이후에는 재야에 묻혀 경전 주해에 전념하였다.

"6관(六官)은 사도(司徒)·사마(司馬)·사공(司空)의 경우는 모두 '맡는다[司]'라고 말했는데, 각각 하나의 관직을 잘할 수 있어서 여러 직무를 겸하지 못했다. 태재(大宰)는 사(司)라고 말하지 않은 것은 뭇 관직을 총괄하고 한 관직의 일만 주관하지 않기 때문이다. 종백(宗伯) 역시 사(司)라고 하지 않으니, 이는 귀신에 대한 제사를 담당하고 귀신은 결코 사람이 주관하는 바가 아니기 때문이다."

鄭玄曰: "六官司徒·司馬·司空皆云司, 以其各能一官, 不兼群職. 太宰不言司者, 以其總御衆官, 不主一官之事; 宗伯亦不言司者, 以其祭祀鬼神, 鬼神非人所主故也."

신은 이렇게 생각합니다. 이는 바로 주나라 관직인 6경(六卿)이 나누어 맡은 직임입니다. 당우(唐虞) 시대에는 9관(九官)이 있었고, 주나라에 이르러 처음 6경으로 직임을 나누었습니다. 주공(周公)이 《주례》를 지을 때 이를 태재(太宰)가 나라를 세우는 육전(六典)으로 삼았고, 성왕(成王)에 이르러 백관을 가르치고 이끌며 한층 다시 상세하게 밝혔습니다. 이는 천하의 모든 일이 조정에게 통솔되며, 조정의 정무는 6전, 즉 치(治), 교(教), 예(禮), 정(政), 형(刑)과 사(事)에 통솔되니, 천하의 사업이 여기에 다 포함됩니다.

위대하신 우리 태조 고황제께서 이전 시대의 중서성을 혁파하여 6부를 조정하고, 승상을 혁파하여 상서와 시랑을 설치하여, 조정의 정무를 나누어 관장하게 하였습니다. 천 년 세월에 주공(周公)의 마음을 얻어 밝은 군주들의 법전을 삼대 앞에 제시하였으니, 여러 군주 중에서 으뜸으로 만세에 모범이 되었다고 할 수 있습니다. 따라서 신은 이를 거론하여 조종의 정무에 대한 총론으로 삼았습니다. 이는 태조의 제도를 준수하여 오늘날 조정의 정무의 큰 요체를 드러내고자 한 것이니, 그 강령이 여기에 있습니다.

엎드려 바라옵건대, 황상께서 6부의 직책을 중하게 여기시고 경으로 보좌하는 직임을 선별하여 조정의 정무를 펴는 근본으로 삼으십시오. 아직 등용하지 않을 때는 선택을 신중히 하시고, 직책을 감당할 수 없을 때는 곧바로 파직하십시오. 이미 등용하였을 때에는 맡긴 직책에 전념하게 하고, 직임을 수행할 수 있으면 오랫동안 이 일을 맡겨야 합니다. 이렇게 하면 옛날의 다스리던 방식의 다스림을 어렵지 않게 부흥할 수 있습니다. 신이 삼가 간절히 올립니다.

臣按: 此卽周官六卿所分之職也. 唐虞之世有九官, 至周始分職爲六卿. 周公作《周禮》, 以此爲太宰建邦之六典, 至成王訓迪百官, 又復申明焉. 蓋天下之事統於朝廷, 朝廷之政統於六典, 所謂治·所謂教與夫禮·政·刑·工, 天下事盡於此矣. 洪惟我太祖高皇帝革前代中書省而設六部, 罷丞相而設尙書·侍郎以分掌朝廷之政, 蓋得周公之心於千載之上, 擧明王之典於三代之前, 可謂卓冠百王, 而足以垂法於萬世矣. 臣故擧此以爲總論朝廷之政, 蓋以遵聖祖之制, 以見今日朝廷爲政之大要, 其綱領在此也. 伏願皇上重六部之職, 簡卿佐之任, 以爲朝廷出政之本. 其未用也愼於選擇, 不勝任也亟罷之, 其旣任也專於委注, 能擧職也久任之, 則治古之治不難復矣. 臣不勝惓惓.

《예기》〈악기(樂記)〉에서 말하였다.

이 때문에 선왕은 그 백성들의 마음을 감동시키는 수단을 삼가셨다. 그러므로 예로써 백성들의 뜻을 인도하고, 악으로써 백성들의 소리를 조화롭게 하고, 정사로써 백성들의 행실을 통일하고, 형벌로써 백성들의 간악함을 막았다. 예와 악과 형벌과 정사가 그 궁극은 똑같으니, 민심을 똑같게 하고 다스리는 도를 내보인 것이다.

《禮記》: 是故先王愼所以感之者. 故禮以道其志, 樂以和其聲, 政以一其行, 刑以防其奸, 禮·樂·刑·政其極一也, 所以同民心而出治道也.

또 말하였다.

예는 백성의 마음을 절제하게 하고, 음악은 백성의 소리를 조화롭게 하며, 정사로 시행하고, 형벌로 예방한다. 예(禮)·악(樂)·형(刑)·정(政)의 네 가지가 달성되어 어긋나지 않으면 왕도가 갖추어지게 된다.

又曰: 禮節民心, 樂和民聲, 政以行之, 刑以防之. 禮·樂·刑·政四達而不悖, 則王道備矣.

신은 이렇게 생각합니다. 예와 악은 형과 정의 근본이고, 형과 정은 예와 악을 보완하니, 옛날 제왕들이 민심을 똑같이 하고 다스리는 도를 내보여 천하를 한집안처럼, 중국을 한사람처럼 만든 것은 이 네 가지를 조치한 데 불과합니다. 이것이 이른바 '도를 닦는 것이 가르침이다'[17]라는 것이니, 임금의 도(道)는 천하를 다스리는 위대한 경(經)이고 법(法)입니다. 위대한 중용의 제도가 있어서 백성의 심지(心志)를 절제하고, 지극히 조화로운 범절이 있어 백성의 소리를 화합하게 하니, 이러한 예와 악의 도를 시행할 때는 법제와 금령도 있게 되고, 이러한 예와 악의 잘못을 방지할 때는 형벌과 금도가 있게 됩니다.

처음에는 치도가 이로부터 나오고 끝에는 왕도가 이로부터 갖추어집니다. 예(禮)와 악(樂), 정(政)과 형(刑)은 그 쓰임이 천하에 있고 그 근본은 조정에 있습니다. 이후 천하와 국가를 다스리는 자들이 위로는 치도가 나오는 근본을 바르게 하고 왕도의 제도를 갖추며 또한 방지하는 규범의 수단을 유지함으로써 당시에 사방에 이르고 천하에 두루 시행하게 한다면, 그 다스림에 무엇을 덧붙이겠습니까.

臣按: 禮樂者刑政之本, 刑政者禮樂之輔, 古之帝王所以同民心·出治道, 使天下如一家·中國如一人者, 不過擧此四者措之而已. 是則所謂修道之敎, 王者之道, 治天下之大經·大法者也. 夫有大中之制以節民之心志, 有至和之節以和民之聲音, 行此禮樂之道, 則有法制·禁令, 防此禮樂之失, 則有刑罰·憲度. 始也治道由此而出, 終也王道因此而備. 禮也, 樂也, 政與刑也, 其用在天下, 其本在朝廷, 後之有天下國家者其尙端出治之本·備王道之制, 而又爲維持防範之具, 使之四達於當時, 通行於天下, 其爲治也孰加焉?

17 도를 … 가르침이다: 《중용장구》 제1장에서, "하늘이 명한 것을 성(性)이라 하고, 성에 따르는 것을 도(道)라 하고, 도를 닦는 것을 교(敎)라고 한다.[天命之謂性, 率性之謂道, 修道之謂敎.]" 하였다.

《논어》〈위정(爲政)〉에서 공자가 말하였다.

"백성을 법령이나 제도로 이끌고【도(道)는 이끌다는 말로, 앞서는 것이다.】【정(政)은 법제와 금령이다.】 형(刑)으로 질서를 잡고자 한다면【제(齊)는 하나로 만드는 것이다.】, 백성들은 이를 피하고자 할 뿐이어서 부끄러워하는 마음이 없게 된다【무치(無恥)는 구차히 형벌을 면하고도 부끄러움이 없다는 말이다.】. 그런데 덕(德)으로 그들을 이끌고 예(禮)【예(禮)는 제도(制度)와 품절(品節)을 말한다.】로 질서를 잡으면, 백성들은 부끄러워하는 마음을 가질 뿐만 아니라 또한 바르게 될 것이다【격(格)은 이르다는 말로, 백성이 선하지 않음을 부끄러워하고 또 선함에 이를 수 있다는 말이다.】."

《論語》: 子曰: "道【猶引導, 謂先之也】之以政【謂法制·禁令】, 齊【所以一之也】之以刑, 民免而無恥【謂苟免刑罰, 無所羞愧】. 道之以德, 齊之以禮【謂制度·品節】, 有恥且格【格, 致也, 謂民恥於不善, 而又有以至於善】."

주희(朱熹)가 말하였다.

"정(政)은 다스림의 수단이고 형(刑)은 다스림을 보조하는 방법이며, 덕(德)과 예(禮)는 다스림이 나오는 근본이 되고 덕은 또한 예의 근본이다. 이들은 서로 시작과 끝을 이루어서, 비록 어느 쪽을 폐기할 수 없지만, 정(政)과 형(刑)은 백성들에게 죄에서 멀어 지게 할 뿐이지만, 덕과 예의 효과는 백성에게 날로 선으로 옮겨 가면서도 자신도 모르게 할 수 있다. 그러므로 백성을 다스리는 자는 단지 그 말단【정(政)과 형(刑)을 말한다.】만 믿지 말고, 또 마땅히 그 근본【덕(德)과 예(禮)를 말한다.】을 깊이 탐구해야 한다."

朱熹曰: "政者爲治之具, 刑者輔治之法. 德禮則所以出治之本, 而德又禮之本也. 此其相爲終始, 雖不可以偏廢, 然政刑能使民遠罪而已, 德禮之效則有以使民日遷善而不自知, 故治民者不可徒恃其末【謂政刑】, 又當深探其本【謂德禮】也."

신은 이렇게 생각합니다. 덕(德)·예(禮)·정(政)·형(刑) 네 가지는, 모든 경서(經書)에서 말하는 다스림을 행하는 도리가 여기에서 벗어나지 않습니다. 공자는 정·형· 덕·예를 두 가지로 나누어 그 효과에 얕고 깊음이 있다고 말하였습니다. 주희는 정·형·덕·예를 하나로 통합하여 그 일이 서로 시작과 끝을 이룬다고 말하였습니다. 요약하면 성현의 말씀이 서로 발현된 것입니다. 무릇 군주의 다스림은 진실로 덕을 닦아 백성 교화의 근본으로 삼는 것입니다. 그렇지만 사람은 결코 한 사람만 있는 것이 아니고, 땅도 하나의 땅만 있는 것이 아니며, 사람의 품성에는 치우치거나 온전함이 있고, 땅의 거리에도 원근이 있습니다.

덕으로 교화한 뒤에도 하나같지 않은 경우가 있으니, 반드시 예로써 하나같이 한 연후에 나의 덕화(德化)를 실행할 수 있습니다. 만일 백성을 이끌어도 따르지 않고 교화해도 가지런히 되지 않는다면, 법제나 금령이 없으면 또한 안 됩니다. 법제로 미리 보여 주고 금령으로 뒤에 제약하는 것이니, 저들이 여전히 예를 어기고 따르지 않으면 형벌을 가하는 것이 어찌 적은 일이겠습니까.

맹자(孟子)가 말하기를, "단순한 선(善)은 정사를 행하기에 부족하고,

단순한 법만으로는 스스로 행해지지 않는다."[18]라고 하였습니다. 정과 형은 있지만 덕과 예가 없으면 이것을 단순한 법이라고 합니다. 덕과 예가 있지만 형과 정이 없으면 이것을 단순한 선이라고 합니다. 정치를 하는 도리는 진실로 이 네 가지 중에서 하나라도 빠뜨려서는 안 됩니다. 공자가 다스림에 대해 논한 것이 경적(經籍)에서 여기저기 많이 보이지만, 다스림의 요체를 총론한 말로 모두 이보다 나은 것이 없습니다.

臣按: 德禮政刑四者, 凡經書所論爲治之道皆不外乎此. 孔子分政刑德禮以爲二, 而言其效有淺深; 朱熹則合德禮政刑爲一, 而言其事相爲終始, 要之, 聖賢之言互相發也. 夫人君爲治固在修德以爲化民之本, 然人非一人·地非一地, 人所稟有偏全, 地所至有遠近. 旣化以德而有不一者, 須必有禮以一之, 然後吾之德化可行焉; 苟導之而不從·化之而不齊, 非有法制·禁令又不可也. 法制以示之於前, 禁令以約之於後, 彼猶悖禮而梗化, 則刑罰之加烏可少哉! 孟子曰: "徒善不足以爲政, 徒法不能以自行." 有政刑而無德禮, 是謂徒法; 有德禮而無政刑, 是謂徒善. 爲政之道於斯四者, 誠不可以缺一者也. 孔子論治之言散見於經籍者多矣, 總論爲治之要皆莫出於斯.

남송 주희(朱熹)가 그의 군주에게 아뢰었다.[19]

---

18 단순한 … 않는다: 《맹자》 〈이루(離婁)〉에 나온다.

19 남송 … 아뢰었다: 《주자대전(朱子大全)》 권11 〈임오년 조칙에 응하여 올린 봉사[壬午應詔封

"천하의 이로움과 해로움은 백성의 안정과 걱정에 관계되며, 백성의 기쁨과 슬픔은 지방 수령【오늘날 지부(知府)·지주(知州)·지현(知縣)】의 현명 여부와 관계있습니다. 그런데 감사(監司)【오늘날 포정(布政)·안찰사(按察司)】는 지방 수령의 벼리이고, 조정은 감사의 근본이니, 백성이 모두 각자 자신의 본원이 되는 터전을 얻고자 하는 것도 역시 조정에 달려 있습니다. 군주가 감사에 모두 적합한 인물을 구하여 백성의 기쁨과 슬픔이 되는 사업의 이로움과 해로움을 모두 위에 보고할 수 있고자 한다면 오직 조정을 바로 잡는 것이 급선무인데, 조정을 바르게 하는 수단이 어찌 현명한 인재를 기용하는 것보다 중대한 것이 있겠습니까.

그렇지만 인재의 장점이 같지 않으니, 임용의 적절성 또한 다릅니다. 원하옵건대, 폐하께서는 그중에서 큰 자리를 맡는 사람에게는 근본을 돕고 원칙을 경영하여 관직을 밝히며, 작은 자리를 맡는 사람에게는 관직에 있으면서 직분을 맡아 여러 실적을 발휘하도록 하십시오. 조정 밖의 일에 능한 사람에게는 군대와 변방의 책임을 맡기고, 치도의 원칙에 밝은 사람에게는 간언을 통해 군주가 빠뜨린 것을 수습하고 잘못을 보완하는 관직을 맡기며, 또 이들에게 각자 아는 사람을 천거하게 하여 능력에 따라 여러 자리에 배치함으로써, 천하의 정사를 함께 도모하십시오.

설사 소원하더라도 능력 있는 사람이라면 멀리 있어도 버려두지 말고, 친하더라도 능력 없는 사람이라면 아무리 가까워도 반드시 버리십시오. 선입견에 빠져 치우친 말만 듣고 독단적으로 맡긴다는 비방을 초래하지 말고, 사사로운 은혜에 두터운 나머지 사람들에게 관대하지 못함을 보였다는 경계를 범하지 마십시오. 진퇴와 취사는 오직 공론이 있는 곳을 고

事〉에 나온다.

려하면, 조정이 바르게 되고 조정의 안과 밖, 원근이 감히 하나라도 바르지 않을 수 없을 것입니다.

감사에 적절한 인재를 얻은 뒤에야 여러 고을의 득실을 알 수 있고, 군수에 적절한 인재를 얻은 뒤에야 소속 현의 다스림 여부를 살필 수 있습니다. 임용을 무겁게 여겨 성과의 책임을 지우고, 선한 사람을 등용하여 악한 사람을 징계하십시오. 이렇게 하면 사업의 이로움과 백성들이 말하는 기쁨이 장차 올라가지 않음이 없을 것이고, 사업의 해로움과 백성들이 말하는 슬픔이 장차 제거되지 않음이 없을 것입니다."

宋朱熹告其君曰: "四海之利病係斯民之休戚, 斯民之休戚係守令【今之知府·知州·知縣】之賢否, 然而監司者【今之布政·按察司官】守令之綱也, 朝廷者監司之本也, 欲斯民之皆得其所本原之地亦在乎朝廷而已. 人君欲監司之皆得其人, 事之利病所以爲民之休戚者皆得上聞, 惟以正朝廷爲先務, 而正朝廷之具, 豈有大於用賢才也? 然其才之所長者不同, 則任之所宜者亦異. 願陛下於其大者使之贊元經體以亮天工, 於其細者使之居官任職以熙庶績, 能外事者使任典戎幹方之責, 明治體者使備拾遺補過之官, 又使之各擧所知布之列位, 以共圖天下之事. 使疏而賢者雖遠不遺, 親而否者雖邇必棄, 毋主先入以致偏聽獨任之譏, 毋篤私恩以犯示人不廣之戒, 進退取舍惟公論之所在是稽, 則朝廷正而內外遠近莫敢不一於正矣. 監司得其人, 而後列郡之得失可得而知, 郡守得其人, 而後屬縣之治否可得而察. 重其任以責其成, 擧其善而懲其惡, 夫如是, 則事之所謂利·民之所謂休將無所不擧, 事之所謂病·民之所謂戚將無所不除."

신은 이렇게 생각합니다. 주희의 이 말은 비록 당시의 군주를 위해 꺼냈지만, 백성이 모두 각자 자신의 본원이 되는 터전을 얻고자 하는 것도 역시 조정에 달려 있다, 현명한 인재를 등용하는 것이 조정을 바르게 하는 수단이다, 반드시 내외 대소의 관직의 진퇴와 취사는 오직 공론이 있는 곳을 고려하면 조정이 바르게 되고 조정의 안과 밖, 원근이 감히 하나라도 바르지 않을 수 없을 것이다, 라고 했던 말은 상세하고 두루 갖추어졌습니다. 그 사이에 말했던 '공론을 고려하라'고 했던 한마디는 더욱 절실하니, 엎드려 바라건데 성명께서는 유념하십시오.

臣按: 朱熹此言雖爲當時君而發, 然其所謂欲斯民之得所本原之地在乎朝廷, 而以用賢才爲正朝廷之具, 必使內外大小之職進退取舍惟公論之所在是稽, 則朝廷正而內外遠近莫敢不一於正, 其言詳悉周備. 其間所謂稽公論一語尤爲切要, 伏願聖明留意.

이상은 조정의 정사에 대한 총론이다.

以上總論朝廷之政.

신이 듣건대, 송나라 유학자 주희(朱熹)가 말하기를 "천자는 지극히 존귀하여 위가 없으니, 거처는 안으로 6침(六寢)과 6궁(六宮)이 있고, 밖으로 3조(三朝)와 5문(五門)이 있다. 빈과 궁녀·시위대·음식·의복·패물 등을 담당하는 관리는 모두 총재(冢宰)에 의해 통솔되며, 면변(冕弁: 머리에 쓰는 관)·수레와 깃발·종축(宗祝: 종묘 제사)·무사(巫史: 굿하는 관리)·복서(卜筮: 점 치는 관리)·고유(瞽侑: 점을 치는 맹인) 등의 관리는 종백(宗伯)이 이끈다. 사(師)가 있어서 가르침으로 이끌고, 부(傅)가 있어서 덕(德)과 의(義)를 베풀며, 보(保)가 있어서 신체를 보호하고, 사씨(師氏)가 있어서 조서를 다듬고 보씨(保氏)가 있어서 나쁜 점을 간언한다.

천자의 앞에는 의(疑)가 있고 뒤에는 승(丞)이 있으며, 왼쪽에는 보(輔)가 있고 오른쪽에는 필(弼)이 있다. 시어(侍御)와 복종(僕從)은 바르지 않은 사람이 없어서 아침저녁으로 천자를 받들며 보필하고, 출입이나 기거에 공경하지 않음이 없고, 호령을 내릴 때 선하지 않은 것이 없습니다. 천자의 수레에는 이를 호위하는 여분(旅賁)【용사(勇士)로, 창과 방패를 들고 수레를 호위하며 따라간다.】에 대한 규칙이 있고, 천자의 저(寧)【문과 병풍 사이를 일컬어 저(寧)라고 한다.】에 위치를 잡을 때는 관사(官師)라는 법전이 있으며, 천자의 의궤(倚幾: 황제의 탁자)에 읽는 간(諫)【공사(工師)가 읊는 글로, 탁자에 써 놓는다.】이 있고, 잠자리에 들 때 그 곁에서 시종을 드는 설어(暬御)【설(暬)은 가까움이다.】의 규칙이 있으며, 사업에 임해서는 고사(瞽史)의 인도가 있고, 평소에는 공사(工師)의 낭송이 있다. 사(史)는 기록하며【태사(太史)는 군주가 거동하면 기록한다.】, 고(瞽)는 시(詩)를 읊고, 공(工)은 잠언으로 간하며, 대부(大夫)는 바로잡고 타이르며, 사(士)는 말을 전하고, 일반 사람들은 비방하며, 상인은 시장에서 물건을 팔고【여(旅)는 진열함이다.】, 백공(百工)은 기술을 바친다.【그 기술을 바쳐서 정사를 비유한다.】. 천자가 움직이면 좌사(左史)가 기록하고 말을 하면 우사(右史)가 기록합니다. 어고(御瞽: 잠자리 시중드는 사람)는 천자의 숨소리를 살피고【기(幾)는 살핌이니, 숨소리를 살피는 것이다.】, 불행하게도 지나침이 있으면 또 쟁신(爭臣) 7인을 두어 면전에서 조정 쟁론을 통해 바로잡는다. 대개 양성하는 대비가 이와 같으니, 그러므로 자신을 공경히 하고 남면(南面)하여, 마음속을 억지로 하지 않아도 지극히 올바름을 지킬 수 있고 모습은 공손하여 엄숙하기에 충분하며, 말은 따를 만하여 복종하게 하고, 보는 것이 밝아서 명철하며, 듣는 것이 총명하여 일을 도모할 수 있고, 생각이 지혜로워서 성인(聖人)이 되기에 충분한 뒤에 팔병(八柄)【팔병(八柄)은 첫째, 작(爵), 둘째, 록(祿), 셋째, 여(予), 넷째, 치(置), 다섯째, 생(生), 여섯째, 탈(奪), 일곱째, 발(發), 여덟째, 주(誅)이다.】으로 신하를 부리고, 팔통(八統)【팔통(八統)은 첫째, 친친(親親), 둘째, 경고(敬故), 셋째, 진현(進賢), 넷째, 사능(使能), 다섯째, 보용(保庸), 여섯째, 존귀(尊貴), 일곱째, 달리(達吏), 여덟째, 예빈(禮賓)이다.】으로 만민을 다스리며, 상(賞)은 경사스럽지 않는 것이 없고 형(刑)은 위엄이 서지 않은 것이 없으면, 먼 데 사람은 오지 않는 이가 없고 가까운 데 사람은 복종하지 않음이 없다. 부열(傅說)이 '천도(天道)를 받들고 따르시어 나라를 세우고 도읍을 설립하여, 천자와 제후를 세우고 대부와 사장으로 받들게 하심은 편안함과 즐거움을 누리게 하려는 것이 아니라, 오직 백성들을 다스리고자 해서였습니다.'라고 하였다.[20] 무왕(武王)은 '진실로 총명한 사람은 원후(元后: 황후)가 되고 원후는 백성의 부모가 되었다.'라고 하였다.[21] 이른바 '하늘이 백성을 내면서 그들에게 임금을 만들어 주고 스승을 만들어 준 것은, 상제(上帝)를 돕기 때문에 사방의 사람들 중에서 특별히 총애한 것이다.'라고 한 것이다. 기자(箕子)가 말했던 '황제가 지극한 법도를 세

---

20 부열(傅說)이 … 하였다: 《서경》 〈열명 중(說命中)〉에 나온다.

21 무왕(武王)은 … 하였다: 《서경》 〈태서(泰誓)〉에 나온다.

우니 이 오복(五福)을 거두어 뭇 백성에게 복(福)을 펴서 주니 백성들이 때에 맞추어 천자의 법도에 따르게 되어 법도의 보전함을 주도다.'라는 말,[22] 동자(董子)가 말했던 '자기 마음을 바로잡아 조정을 바르게 하고, 조정을 바로잡아 백관을 바르게 하고, 백관을 바로잡아 만백성을 바르게 하고, 만백성을 바로잡아 사방을 바르게 해야 한다.'라고 한 말[23]이 바로 이것이다."라고 하였습니다.

주희의 이 말은 군주의 다스리는 도리를 논할 때 다시 남긴 것이 없기 때문에, 어리석은 신이 편집한 '조정을 바르게 함[正朝廷]' 6조항의 일이 모두 그 안에 갖추어져 있으니 삼가 이 책에 실어 바칩니다. 엎드려 생각건대, 성명께서 유념하고 성찰하여 먼저 조정을 바르게 하기를 치평(治平)의 근본으로 삼으신 뒤에 유추하여 그 나머지를 다하기를 신은 대단히 원하옵니다.

臣聞宋儒朱熹有言, "天子至尊無上, 其居處則內有六寢·六宮, 外有三朝·五門, 其嬪御·侍衛·飮食·衣服·貨賄之官皆領於冢宰, 其冕弁·車旗·宗祝·巫史·卜筮·瞽侑之官皆領於宗伯, 有師以道之教訓, 有傅以傅其德義, 有保以保其身體, 有師氏以美詔之, 有保氏以諫其惡. 前有疑後有丞, 左有輔右有弼, 其侍御·僕從罔非正人, 以旦夕承弼厥辟, 出入起居罔有不欽, 發號施令罔有不臧, 在輿有旅賁之規【旅賁, 勇士, 掌執戈盾夾車而趨】, 位寧有官師之典【門屛之間謂之寧】, 倚幾有訓誦之諫【工師

---

22 기자(箕子)가 … 말: 《서경》 〈홍범(洪範)〉에 나온다. 오복은 장수, 부(富), 건강, 덕을 닦음, 고종명(考終命) 등이다.

23 동자(董子)가 … 말: 동자는 동중서(董仲舒)이다. 전한(前漢)의 유학자이다. 이 말은 한 무제(漢武帝) 즉위 초에 올린 현량(賢良) 대책문(對策文)에 나온다. 《漢書 卷56 董仲舒傳》

所誦之詞書之於幾也】, 居寢有暬御之規【暬曰, 近也】, 臨事有瞽史之道, 宴居有工師之誦. 史爲書【太史君擧則書】, 瞽爲詩, 工誦箴諫, 大夫規誨, 士傳言, 庶人謗, 商旅於市【旅, 陳也】, 百工獻藝【獻其技藝以喩政事】, 動則左史書之, 言則右史書之, 御瞽幾聲之上下【幾, 察也, 謂察樂聲】, 不幸而至於有過, 則又有爭臣七人面折廷爭以正救之. 蓋所以養之之備至於如此, 是以恭己南面, 中心無爲以守至正, 而貌之恭足以作肅, 言之從足以作乂, 視之明足以作哲, 聽之聰足以作謀, 思之睿足以作聖, 然後能以八柄馭群臣【一曰爵, 二曰祿, 三曰予, 四曰置, 五曰生, 六曰奪, 七曰廢, 八曰誅】, 以八統馭萬民【一曰親親, 二曰敬故, 三曰進賢, 四曰使能, 五曰保庸, 六曰尊貴, 七曰達吏, 八曰禮賓】, 而賞無不慶·刑無不威·遠無不至·邇無不服. 傅說所謂奉若天道, 建邦設都, 樹后王君公, 承以大夫師長, 不惟逸豫, 惟以亂民; 武王所謂亶聰明作元後, 元後作民父母, 所謂天降下民, 作之君, 作之師, 惟其克相上帝, 寵綏四方; 箕子所謂皇建其有極, 斂時五福, 用敷錫厥庶民, 惟時厥庶民於汝極, 錫汝保極; 董子所謂正心以正朝廷, 正朝廷以正百官, 正百官以正萬民, 正萬民以正四方者, 正謂此也." 熹之茲言, 所以論人君爲治之道無復餘蘊, 凡夫愚臣所輯'正朝廷'六條之事皆備其中, 謹備載於篇以獻. 伏惟聖明留神觀省, 先正朝廷以爲治平之根本, 然後推類以盡其餘, 臣不勝大願.

대학연의보
(大學衍義補)

—

권2

치국평천하의 요체[治國平天下之要]

조정을 바르게 함[正朝廷]

기강의 근본을 바로잡음[正紀綱之常]

《예기(禮記)》〈악기(樂記)〉에서 말하였다.

"성인이 아버지와 아들, 군주와 신하를 기강으로 삼았다. 기강이 바르게 되니 천하가 크게 안정되었다."

《禮記》曰: "聖人作爲父子·君臣, 以爲紀綱. 紀綱旣正, 天下大定."

《한서(漢書)》〈광형전(匡衡傳)〉에서 광형(匡衡)[1]이 말하였다.

---

1 광형(匡衡, ?~?): 전한(前漢) 말기의 유학자. 원제(元帝) 때에 정승이 되고, 성제(成帝) 때 직언(直言)하다가 왕증(王曾)에게 탄핵받아 면직되었다.(《사기(史記)》 권96, 전한서(前漢書) 권81)

"'요조 숙녀, 군자의 좋은 짝이로다.'[2]라는 이 말은 기강의 으뜸이요 왕의 가르침을 여는 실마리입니다."

漢匡衡曰: "'窈窕淑女, 君子好仇[3]', 此紀綱之首·王敎之端也."

《백호통(白虎通)》에서 말하였다.

"삼강(三綱)은 아버지와 아들, 군주와 신하, 남편과 아내를 말한다. 육기(六紀)는 제부(諸父), 형제, 족인(族人), 제구(諸舅), 사장(師長), 붕우이다. 강은 펼침이요 기는 다스림이니, 큰 삼강과 작은 육기는 상하 관계를 다스리고 인도를 가지런히 하기 위한 것이다."[4]【자세한 내용은 앞 편에 나온다.】

《白虎通》曰: "三綱, 君臣·父子·夫婦也. 六紀, 諸父·兄弟·族人·諸舅·師長·朋友也. 綱張也, 紀理也, 大綱小紀所以張理上下·整齊人道也."【詳見前編】

---

2 요조 숙녀 … 짝이로다: 《시경》〈주남(周南) 관저(關雎)〉 편에 나온다.

3 仇: 통상 逑로 쓰인다.

4 《백호통(白虎通)》에서 … 것이다: 《백호통(白虎通)》 권7, 〈삼강육기(三綱六紀)〉에 나온다. 본문의 내용은 원문을 간추렸다.("三綱者何謂也? 謂君臣·父子·夫婦也. 六紀者, 謂諸父·兄弟·族人·諸舅·師長·朋友也. 故君爲臣綱, 夫爲妻綱." "何謂綱紀? 綱者, 張也; 紀者, 理也. 大者爲綱, 小者爲紀, 所以張理上下, 整齊人道也.")

신은 이렇게 생각합니다. 강(綱)과 기(紀) 두 글자를 한 단어로 같이 언급하는 것은《상서》〈오자지가(五子之歌)〉에 처음 나오고,《시경》의 〈대아(大雅)·역복(棫樸)〉[5] 편,〈대아(大雅)·가락(假樂)〉[6] 편에 다시 나옵니다. 대체로 그물로써 비유했으니, 강은 그물의 큰 줄을, 기는 그물의 작은 눈을 말합니다. 그 큰 것을 펼치는 것을 '강'이라 하고, 그 작은 것을 다스리는 것을 '기'라고 합니다. 이를 조정의 행사에 비유하자면, 큰일을 들면 작은 일이 절로 따라오니, 진숙(振肅: 해이하고 쇠퇴한 것을 떨쳐 일으켜 단속함)하는 것을 귀하게 여기는 것입니다. 그렇지 않다면 버려두고 거론하지 않는 곳이 생겨 일체 망가져 일을 할 수 없게 됩니다. 이것이 기강에 대한 비유입니다.

그러나 이른바 기강은 여러 차원에서 이야기할 수 있지만, 인륜(人倫)에서 가장 중요합니다. 그러므로 인군이 정치를 해 나감에, 천하의 기강을 바로잡고자 하면 먼저 일가(一家)의 기강을 바로잡아야 하니, 일가의 기강은 바로 윤리(倫理)입니다. 윤리가 바르게 되면 천하의 일은 그물을 끄는 것과 같아지니, 그물의 큰 줄이 펼쳐지면 모든 그물눈이 질서정연해지는 것은 각기 제자리를 잡았기 때문입니다. 신이 '조정을 바르게 함'의 아래에 일가의 윤리를 기강의 으뜸으로 둔 것은 그 근본에 근거한 것입니다.

臣按: 綱紀二字並言始見於《五子之歌》, 再見於《詩·棫樸》,《假樂》之

5 역복(棫樸):《시경(詩經)》〈대아(大雅)〉에 실려 있으며, 마지막 구절에 기강이 나온다. 원문은 다음과 같다. "追琢其章, 金玉其相. 勉勉我王, 綱紀四方".

6 가락(假樂):《시경(詩經)》〈대아(大雅)〉에 실려 있으며, 마지막 구절에 기강이 나온다. 원문은 다음과 같다. "之綱之紀, 燕及朋友. 百辟卿士, 媚於天子. 不解于位, 民之攸塈".

篇. 大約以網罟爲喩, 綱謂網之大繩, 紀謂網中絲縷之目, 張其大者是之謂綱, 理其小者是之謂紀, 譬則朝廷之行事, 擧其大者則小者自隨, 貴乎能振肅之而已. 不然則有廢而不擧之處, 一切頹墮而不可爲矣, 是則紀綱之喩也. 然所謂綱紀者蓋亦多端, 而在人倫者尤爲重焉. 是故人君爲治, 欲正天下之紀綱先正一家之紀綱, 家之紀綱倫理是也. 倫理旣正則天下之事如挈綱然, 一綱旣張而萬目之井然者各得其理矣. 臣於"正朝廷"下擧家之倫理以爲紀綱之首者, 原其本也.

《상서》〈오자지가(五子之歌)〉【태강(太康)이 제멋대로 놀다가 나라를 잃게 되자, 그의 동생 다섯 사람이 대우(大禹)가 경계했던 내용을 서술하여 만든 노래이다.】의 셋째 가사에서 말하였다.

"저 도당(陶唐)【제요(帝堯)이다.】으로부터 이 기(冀) 지방【요(堯)가 도읍한 곳이다.】을 다스렸으나, 지금 그 도를 잃고 기강이 문란하게 되어 이에 멸망하기에 이르렀다."

《書 · 五子之歌》【太康逸遊失其國, 其弟五人述大禹之戒以作歌】其三曰: "惟彼陶唐【帝堯也】, 有此冀方【堯所都】, 今失厥道, 亂其紀綱, 乃底滅亡."

채침(蔡沈)이 말하였다.

"요 임금, 순 임금, 우 임금이 하나의 도를 서로 전하여 천하를 소유했는데, 이제 태강(太康)[7]이 그 도를 잃고 그 기강을 어지럽혀 멸망에 이르렀다."

蔡沈曰: "堯·舜·禹相授一道以有天下, 今太康失其道而紊亂其紀綱, 以致滅亡也."

신은 이렇게 생각합니다. 도란 천하에서 예나 지금이나 함께 말미암는 이치[理]이며 대중(大中) 지정(至正)의 극점[極]입니다. 요 임금이 이것을 순 임금에게 전하고, 순 임금은 이것을 우 임금에게 전하고, 우 임금은 이것을 계(啓)에게 전하여, 그 자손들이 전하도록 하였습니다. 태강(太康)은 게으름과 방탕함으로 그 덕성을 없앴으니, 이는 곧 할아버지·아버지가 전해 준 도를 잃은 것입니다. 전해 준 도를 잃게 되었으니, 그 행하는 정령 가운데 크게는 강이 되고 작게는 기가 되는 것이 문란하게 됩니다.

기강이 문란해지면 위로는 도로써 헤아림이 없게 되고 아래로는 법을 지킴이 없어지니, 멸망에 이르게 되는 것은 당연하지 않겠습니까? 선유(先儒)가 말하길, "도는 인주가 천하를 다스리는 근본이고 기강은 천하를 유지하는 틀"이라고 했습니다.

신은 생각건대, 도를 세우고 그 기강을 유지하는 근본은 또한 덕을 닦는 데 있습니다. 인군이 참으로 덕을 닦아 도를 세우고, 도를 세워

7 태강(太康): 중국 하(夏)나라의 제3대 왕으로 태강제(太康帝)라고도 부른다. 성(姓)은 사(姒), 씨(氏)는 하후(夏后)이다. 하나라의 제2대 왕인 계(啓)의 아들이며, 제4대 왕인 중강(仲康)의 형이다.

천하의 기강을 바로잡게 되면, 조종의 기업(基業)을 보존하고 자손들에게 나라를 오랫동안 유지할 수 있는 계책을 줄 수 있습니다.

臣按: 道者, 天下古今所共由之理, 大中至正之極. 堯傳之舜, 舜傳之禹, 禹傳之啓, 以詒厥子孫者也. 太康以逸豫滅厥德, 則失其祖父所傳之道, 所傳之道旣失, 則凡其政令之所行大之爲綱·小之爲紀者, 咸紊亂矣. 紀綱旣亂則上無道揆·下無法守, 其底於滅亡也, 宜哉. 先儒有言, 道者君天下之本, 紀綱者維持天下之制. 臣竊以爲, 所以立道而維持其紀綱者, 修德又其本也. 人君誠能修德以立道, 立道以正天下之紀綱, 則可以保祖宗之基業, 詒子孫之遠謀矣.

《시경》〈대아(大雅)·역복(棫樸)〉 편에서 말하였다.
"부지런한 우리 임금님, 천하를 강기하셨네."

《詩》〈大雅·棫樸〉之篇曰: "勉勉我王, 綱紀四方."

주희(朱熹)가 말하였다.
"그물에서 펼치는 것을 강(綱)이라 하고, 가지런히 하는 것을 기(紀)라 하니, 이 구절은 문왕의 덕이 천하의 사람들을 진작하여 강기하므로 사람들이 그에게로 돌아왔음을 말했다."

朱熹曰: "凡網罟, 張之爲綱, 理之爲紀, 言文王之德有以振作綱紀天下之人, 而人歸之."

또 말하였다.

"'부지런한 우리 임금님, 천하를 강기하셨네'는 그의 동아줄 안에 있는 자들을 모두 끌어당겨 움직이게 했다는 의미이다."

又曰: "'勉勉我王, 綱紀四方', 都在他線索內, 牽著便動."

신은 이렇게 생각합니다. 이것은 주나라 사람들이 문왕이 인재를 잘 진작했던 의미를 노래로 기린 것입니다. (이 시구의) 윗 문장에서 "주나라 임금께서 나이가 많으니, 어찌 인재를 진작하지 않으리오?[周王壽考, 遐不作人]"라고 했는데, 선유(先儒)는 강기를 곧 사람을 진작시킨다는 의미로 말했습니다. 상나라 말기에는 사(士)의 기운이 매우 비루하고 허약했는데, 문왕이 나이가 많음에도 위에서 고무하고 진작하여 아래에서 분발(奮發)하고 용약(踴躍)하게 했습니다. 이에 사방의 많은 인재들이 모여들어 문왕이 변화를 일으켜 고무하는 속으로 들어가니, 이는 마치 그물의 벼리를 들어 올리자 수많은 그물눈이 절로 이를 따라 움직이는 것과 같았습니다. 이것이 이른바 '힘써 노력을 그치지 않은 우리 왕이 사방 인재의 강기(綱紀)가 된다'는 것입니다.

이에 이르자 비루하고 약한 기운이 변하여 성대해지고 무너지고 쇠약해졌던 형세가 꿋꿋이 일어났습니다. 이에 재주 있고 현명한 사람들이 떨쳐 일어나고 정사(政事)가 잘 행해졌습니다. 이로써 보건대, 인군이 정치를 하는 도는 기강을 세우는 것에 있으며, 기강을 세우는 것은 인재를 진작하는 일에 있으며, 나라에 인재가 진작되면 강기가 사방으로 펼쳐침을 알 수 있으니, 인군이 정치를 해 나감에 '끊임없이 노력하고 노력함[勉勉不已]'을 귀하게 여기는 것은 이 때문입니다.

臣按: 此詩乃周人詠歌文王能振作人才之意. 上文有曰 "周王壽考, 遐不作人", 先儒謂綱紀卽作人之意也. 商之末世士氣卑弱甚矣, 文王以壽考之年鼓舞振動之於上, 使之奮發踴躍之於下, 於是四方之人彬彬濟濟, 咸在乎文王變化鼓舞之中, 有如擧網之綱, 衆目自隨之而振動, 是則所謂勉勉不已之我王, 有以爲四方人才之綱紀也. 是以卑弱之氣變而盛大, 頹靡之勢起而植立, 賢才於是乎奮庸, 政事於是乎修擧. 由是以觀, 可見人君爲治之道在立紀綱, 立紀綱在作人才, 人才作於國中則綱紀張於四外, 此人君爲治所以貴乎勉勉不已也.

《시경》〈대아(大雅)·가락(假樂)〉에서 말하였다.

"위엄과 성예가 억억(抑抑)하고【억억(抑抑)은 빈틈이 없음[密]이다.】 임금의 말씀 질질(秩秩)하네.【질질(秩秩)은 변하지 않음[有常]이다.】

원망하는 이도 미워하는 이도 없어 군필(群匹)을 따랐네.【군필(群匹)은 무리[類]이니, 어진 이들 모두 등용한다는 의미이다.】

받으시는 복락 끝이 없고【성왕(成王)이 위에 있어 끝없이 복을 받는다.】 사방의 큰 벼리로다.【사방의 큰 벼리를 총괄하여 지닌다는 의미이다.】

큰 벼리가 되고【지강(之綱)은 큰 벼리를 말한다.】 작은 그물눈이 되어【지기(之

紀)는 작은 그물눈[小紀]을 말한다.】 연한(燕閑)【연(燕)은 편안함이다.】이 붕우(朋友)【백벽(百辟)과 경사(卿士)를 합하여 말한 것이다.】에게 미쳤네.

백벽(百辟)과 경사(卿士)【내신(內臣)을 백벽이라 하고 외신(外臣)을 경사라 한다.】는 천자를 몹시 사랑하고【모든 신하가 온 마음으로 천자를 아끼고 사랑한다는 의미이다.】

맡은 일에 태만하지 아니하여【감히 맡은 직무를 게을리하지 않는다는 뜻이다.】 백성들이 편안히 쉴 수 있네.【기(曁)는 안식이다.】"

〈假樂〉之詩曰: "威儀抑抑【密也】, 德音秩秩【有常也】. 無怨無惡, 率由群匹【類也, 謂盡用衆賢】. 受福無疆【成王在上, 受福無已】, 四方之綱【總持四方之大綱】. 之綱【謂大綱】之紀【謂小紀】, 燕【安也】及朋友【朋友者, 合百辟·卿士言之也】. 百辟卿士【內之百辟, 外之卿士】, 媚于天子【皆盡媚愛天子之心】. 不解于位【不敢懈怠於職位】, 民之攸曁【曁, 息也】."

주희가 말하였다.

"이 구절은 위의(威儀) 성예(聲譽)의 아름다움이 있고, 또 사사로운 원망이나 미워함이 없이 여러 인재를 임용하기 때문에, 끝없는 복을 받아 사방의 벼리가 될 수 있었음을 말했다. 또 인군이 사방을 잘 강기하고 신하들이 그것에 힘입어 안정되게 되므로, 모든 관료와 경사가 아름답게 여기고 그를 사랑하며 오직 그 맡은 직무를 게을리하지 않아, 백성들이 편안히 쉴 수 있음을 이야기했다."

朱熹曰: "言有威儀聲譽之美, 又能無私怨惡以任衆賢, 是以能受無疆之福, 爲四方之綱. 又言人君能綱紀四方, 而臣下賴之以安, 則百辟卿士媚而愛之, 維欲不解于位以爲民所安息也."

또 말하였다.

"사방의 벼리라고 하고 곧 이어 벼리가 되고 그물눈이 된다고 했는데, 벼리는 펼치고 그물눈은 가지런히 하니, 아래에 있는 모든 관료와 경사(卿士), 서민들이 군주를 믿어 벼리로 삼기 때문이다. 맡은 일에 태만하지 않는다는 것은 벼리가 항상 펼쳐져 느슨해지지 않기를 바라서이다."

又曰: "四方之綱卽繼之曰之綱之紀, 蓋張之爲綱·理之爲紀, 下面百辟·卿士至於庶民皆賴君以爲綱. 所謂不解于位者, 蓋欲綱常張而不弛也."

황훈(黃𤅁)이 말하였다.

"위의 네 구절은 강(綱)을 만드는 방도이다. 그러므로 원기(元氣)를 보존하지 못하면 비록 성대하고 건장하다 하더라도 그것이 한 몸의 복이 되기에는 부족하고, 기강이 세워지지 않으면 강하고 부유하다 하더라도 그것이 인군의 복이 되기에 부족하다. 시인은 끝없는 복으로서 그 자손을 축원하고 이어 말하길 '사방의 강'이라 하고 또 이어 말하길 '큰 벼리가 되고 작은 그물눈이 되어[之綱之紀]'라고 했으니, 그 뜻이 또한 깊지 않겠는가?"

黃櫄曰: "上四句卽所以爲綱之道也. 是故元氣不存, 雖盛且壯不足爲一身之福; 綱紀不立, 雖强且富不足爲人君之福. 詩人以無疆之福祝其子孫而繼之曰四方之綱, 又繼之曰之綱之紀, 其意不亦淵乎."

신은 이렇게 생각합니다. 선유(先儒)[8]가 이르기를, "군주는 그 신하를 편안하게 해 주고 신하는 그 군주를 사랑하니, 이것은 위와 아래가 잘 소통하여 태평해진 때이다."라고 하였습니다. 그렇게 된 것은 다음과 같은 이유 때문입니다. 그 도가 군주의 몸에 근본하고 서민에게 징험이 나타나니 천하에서 끝까지 칭송하고 싫어하지 않습니다. 지니고 따르는 것은 모두 무리들이 똑같이 여기는 것이니, 이 때문에 덕성이 내 몸에 갖추어지고 복이 그 몸에 모여듭니다. 표준이 위에서 세워져 사방의 벼리가 되며, 동서남북 사방의 사람들은 여기에 연결되지 않음이 없어 흩어지지 않고 귀부(歸附)하고 취향(趣向)합니다.

그러나 그 큰 것은 큰일의 벼리가 될 뿐만 아니라 그 작은 것 또한 모두 작은 일의 그물눈이 됩니다. 그리하여 펼치고 줄임에 느슨해지지 않고 흩어지지도 않으니 이 모두 법을 내려 준수하도록 하기에 충분합니다. 강기가 이미 세워지면 덕으로 내리는 은택과 예절이 여러 무리에게 미치니, 심지가 동일하고 의기가 합치되는 자들은 모두 그를 신뢰하여 편안함을 얻게 됩니다.

---

8 선유(先儒): 여조겸(呂祖謙)을 말한다. 주희의 《시집전(詩集傳)》에서 〈가락(假樂)〉 편을 해설하며 "東萊呂氏曰"이라 하여 이 구절을 인용했다.

그를 신뢰하여 편안해지게 되면 편안해진 자들은 마음이 서로 맞고 뜻이 서로 통하며 은혜를 느끼고 보은을 생각합니다. 그리하여 모두 그 위를 사랑할 줄 알게 됩니다. 상하의 감정이 하나와 같이 얽혀, 《역(易)》에서 말한 바, '상하가 소통하여 뜻이 같아짐'과 같이 됩니다.[9] 그 어찌 천지가 소통하여 태평스러운 때가 아니겠습니까? 태평한데 어찌 또 근심이 있겠습니까. 거칠고 게으름을 근심할 뿐입니다. 이것이 "맡은 일에 태만하지 아니하고 백성들은 편히 쉬게 되리라."라는 구절로 끝을 맺은 이유입니다. 그 말은 자리의 일을 게을리하지 않으면 벼리가 항상 펼쳐져 느슨해지지 않게 되어, 특별히 백벽(百辟)뿐만 아니라 경사가 의지하여 편안하게 여기고, 여러 백성들 또한 휴식을 얻어 그것을 복으로 여깁니다. 군주 또한 장차 영원히 이어질 끝없는 아름다움을 누릴 것입니다. 이로써 보건대, 덕이 몸에 있으면 위의(威儀)가 되고 밖으로 드러나면 성예(聲譽)를 이루니, 덕이야말로 기강을 세우는 근본이 아니겠습니까. 이른바 게을리하지 않는다는 것 또한 기강을 보존하는 법도가 아니겠습니까.

臣按: 先儒謂君燕其臣·臣媚其君, 此上下交而爲泰之時也. 所以然者, 其道本諸身·徵諸庶民, 永終譽於天下而無厭無斁, 所持循者率皆匹類之所同然, 是以德備諸己而福集厥躬, 標準立於上, 法則示乎下, 而有以爲四方之綱, 而東西南北之人莫不於是總攝維係之, 而皆歸附趣向之不容渙散矣. 然不徒其大者有以爲大事之綱, 而其小者亦有以爲小事之

9 《역(易)》에서 … 됩니다: 《주역》 〈태괘(泰卦)·단사(彖辭)〉에 "천지가 사귀어 만물이 통하고, 상하가 사귀어 그 뜻이 같아진다.[天地交而萬物通也, 上下交而其志同也.]"라고 하였다.

紀, 張之理之, 無或緩弛, 無或渙散, 皆足以垂憲而作則焉. 綱紀旣立, 自然德澤禮節, 有以延及夫群匹庶類, 凡夫心志同而意氣合者皆賴之以得其安矣. 旣賴之以得其安, 則所安者心孚而意契, 感恩而思報, 咸知所以媚愛于上, 上下之情綢繆如一, 有如《易》所謂上下交而志同者, 豈非地天交泰之時乎. 夫旣泰矣, 然又何憂之有哉? 憂乎怠荒而已. 此所以終於"不解于位, 民之攸塈"也. 蓋不解于位則其綱常張而不弛, 非特百辟·卿士賴以爲安, 群黎百姓亦得以休息而福之, 在君身者且將永永有無疆之休矣. 由是觀之, 德之在身爲威儀, 發於外爲聲譽, 德乎德乎, 其立紀綱之根本, 而所謂不解者又其保紀綱之節度乎.

당나라 한유(韓愈)가 《전당문(全唐文)》 〈잡설(雜說)〉에서 말하였다.[10]

"좋은 의사는 환자가 살이 쪘는지 말랐는지[肥瘠]를 보는 것이 아니라 맥이 잘 뛰는지 그렇지 않은지의 여부를 살필 뿐이다. 천하를 잘 다스리는 자는 천하의 안위(安危)를 보는 것이 아니라 천하의 기강이 서 있는지 흐트러져 있는지를 살필 뿐이다. 천하는 사람이고 안위는 비척이며 기강은 맥이니, 맥이 병들지 않으면 비록 수척하더라도 해롭지 않고, 맥이 병들면 비대한 자라도 죽는다. 이 논리를 깨친 자는 천하를 다스리는 원리를 안다 하겠다. 하·은·주 세 나라가 쇠퇴해지자 제후들이 들고일어나 전쟁을 일으켜 정벌을 벌이는 일이 날로 나타났지만, 수십 대(代)를 전하도록 기울어지지 않았던 것은 기강이 존재했기 때문이다. 진나라가 천

10 한유, 《전당문(全唐文)》 권558, 〈잡설(雜說)〉.

하의 왕이 됨에 제후들에게 세력을 나누어 주지 않고 병기를 모아 불 질러 버렸지만, 2세 만에 천하가 기울어진 것은 기강이 사라졌기 때문이다. 그러므로 사지에 탈이 없어도 믿을 수 없으니 믿을 수 있는 것은 맥일 뿐이고, 사해(四海)에 일이 없어도 자랑할 수 없으니 자랑할 수 있는 것은 기강일 뿐이다."

唐韓愈曰: "善醫者不視人之瘠肥, 察其脈之病否而已矣; 善計天下者不視天下之安危, 察其紀綱之理亂而已矣. 天下者人也, 安危者肥瘠也, 紀綱者脈也, 脈不病雖瘠不害, 脈病而肥者死矣. 通於此說者, 其知所以爲天下乎! 夏·殷·周之衰也, 諸侯作而戰伐日行矣, 傳數十王而天下不傾者, 紀綱存焉耳. 秦之王天下也, 無分勢於諸侯, 聚兵而焚之, 傳二世而天下傾者, 紀綱亡焉耳. 是故四肢雖無故不足恃也, 脈而已矣; 四海雖無事不足矜也, 紀綱而已矣."

송나라 유신(儒臣) 주희가 그 임금에게 다음과 같이 아뢰었다.[11]

"사해(四海)는 지극히 넓고 인민(人民)은 참으로 많으며, 사람들은 각기 그 사사로움을 행하려는 뜻을 가지고 있는데, 정치를 잘 하는 자들은 전체를 아우르고 가지런히 하여, 각기 천리(天理)를 따르되 감히 자기가 하고 싶어 하는 대로 하지 못하게 하니, 이것은 먼저 강기(綱紀)를 두고 위에서 그것을 유지하기 때문입니다.

무엇을 강기라고 합니까? 현명한가 그렇지 않은가를 살펴 상하(上下)

11 주희, 《회암집(晦菴集)》 권12, 〈기유의상봉사(己酉擬上封事)〉.

의 분한(分限)을 정하고, 공(功)과 죄(罪)를 밝혀내어 상과 벌을 공정하게 내리는 것입니다. 그런데 강기를 떨치기 위해서는 재상이 권병을 장악하여 잃어버리지 않고 대간(臺諫)이 살피고 보좌하여 사사로움을 가지지 않게 해야 합니다. 또 인주는 대공지정(大公至正)의 마음으로 위에서 자기를 공손히 낮추면서 밝게 살펴, 현명한 사람은 반드시 윗자리에 두고 불초한 사람은 아래에 세우며, 공을 세운 사람에게는 반드시 상을 내리고 죄를 지은 사람에게는 반드시 형벌을 내려 만사를 통령함에 빠진 것이 없게 해야 합니다. 기강이 이미 바르게 되면 천하 사람들은 각기 스스로 힘써 분발하며 서로 악을 제거하고 선을 따를 것을 권하게 되니, 그것은 출척(黜陟)과 상벌(賞罰)을 그의 몸에 일일이 내리지 않더라도 예의의 기풍과 염치의 습속이 크게 변화하기 때문입니다. 지극히 공정한 도가 위에서 행해지지 않으므로 제대로 된 재상과 대간을 얻을 수 없고, 출척과 형상(刑賞)이 자주 사사로운 뜻에서 나오게 되므로 천하의 풍속이 마침내 보잘것없게 되기에 이르러, 명절과 행검(行檢)이 귀하다는 것을 알지 못하고 오직 아첨하기에 열을 내고 분주히 오가며 서로 결탁하기에 힘씁니다. 그 사이에 누군가 단정하게 말하고 반듯한 안색을 보이는 사람이 있으면, 뭇사람이 비난하고 배척하여 그를 이 세상에서 용납하지 않게 된 연후에야 그만둡니다. 진실로 성상께서 단호히 그 마음을 깨끗이 하고 크게 경칙하여 대소의 신료들로 하여금 각기 그 맡은 직무를 다하게 하고, 이로써 출척(黜陟)을 분명하게 하고 형상을 신뢰성 있게 내리지 않는다면, 이미 무너진 기강을 어떻게 진작하겠습니까?"

宋儒朱熹告其君曰: "四海之廣, 兆民至衆, 人各有意欲行其私, 而善爲治者乃能總攝而整齊之, 使之各循其理而莫敢不如吾志之所欲者, 則以先有綱紀以持之於上也. 何謂綱紀? 辨賢否以定上下之分, 核功罪以公賞罰之施也. 然綱紀之所以振, 則以宰執秉持而不敢失·臺諫補察而無所私, 人主又以其大公至正之心恭己於上而照臨之, 是以賢者必上·不肖者必下, 有功者必賞·有罪者必刑, 而萬事之統無所闕也. 紀綱旣正, 則天下之人各自矜奮, 更相勸勉以去惡而從善, 蓋不待黜陟·賞罰一一加於其身而禮義之風·廉恥之俗已丕變矣. 惟至公之道不行於上, 是以宰執·臺諫有不得人, 黜陟·刑賞多出私意, 而天下之俗遂至於靡然, 不知名節行檢之可貴, 而惟阿諛軟熟·奔競交結之爲務, 一有端言正色於其間, 則群譏衆排必使無所容於斯世而後已. 苟非斷自聖志洒濯其心而有以大警敕之, 使小大之臣各擧其職以明黜陟·以信刑賞, 則何以振已頹之綱紀哉?"

주희가 또 아뢰었다.[12]

"인군이 정치를 하는 근본은 심술을 바르게 하여 기강을 세우는 데 달려 있습니다. 이른바 강이라는 것은 그물에 벼리가 있는 것과 같고, 기라고 하는 것은 실에 기(紀)가 있는 것과 같습니다.【주자의 여기서의 기(紀) 자 해석은 《시집전(詩集傳)》의 해석과는 조금 다르다.】 그물에 벼리가 없으면 스스로 펼칠 수 없고, 실에 기가 없으면 스스로 가지런히 할 수 없습니다. 그러므로 한 집에는 한 집의 기강이 있고, 한 나라에는 한 나라의 기강이 있습니다. 이를테면 향(鄕)이 현(縣)에 통속되고, 현은 주(州)에 통속되며, 주는 제로(諸路)에 통속되고, 제로는 대성(臺省)에 통속되며, 대성은 재상(宰相)에

12 주희, 《회암집(晦菴集)》 권11, 〈경자응조봉사(庚子應詔封事)〉.

통속되며, 재상은 여러 직책을 아울러 통령하되 천자와 더불어 가부(可否)를 헤아리고 정령(政令)을 내리는 것, 이것이 곧 천하의 기강입니다.

그러나 기강은 스스로 세워질 수 없으니, 반드시 인주의 심술(心術)이 공평정대하고 편당(偏黨) 반측(反側: 뒤집어 모해함)의 사사로움이 없는 연후에야 기강이 의지하여 서게 됩니다. 군주의 마음은 스스로 바르게 될 수 없으니, 반드시 현명한 신하를 가까이하고 소인을 멀리하며 의리의 귀결점을 밝히고 사사로운 삿된 길을 막은 연후에야 바르게 될 수 있습니다."

又曰: "人君爲治之本在乎正心術以立紀綱. 所謂綱者猶網之有綱也, 所謂紀者猶絲之有紀也【朱子此解紀字與《詩集傳》微不同】, 網無綱則不能以自張, 絲無紀則不能以自理. 故一家則有一家之綱紀, 一國則有一國之綱紀, 若乃鄕總於縣, 縣總於州, 州總於諸路, 諸路總於臺省, 臺省總於宰相, 而宰相兼統衆職, 以與天子相可否而出政令, 此則天下之綱紀也. 然而綱紀不能以自立, 必人主之心術公平正大, 無偏黨反側之私, 然後綱紀有所係而立; 君心不能以自正, 必親賢臣·遠小人, 講明義理之歸, 閉塞私邪之路, 然後乃可得而正也."

또 아뢰었다.[13]

"한두 명 근습(近習)의 신하가, 위로는 폐하의 심지를 좀먹고 미혹하게 하여 폐하로 하여금 선왕의 대도(大道)를 불신하고 공리(功利)의 비루한 논

13 주희, 《회암집(晦菴集)》 권11, 〈경자응조봉사(庚子應詔封事)〉.

리를 기뻐하게 하며, 장사(莊士)의 곧은 말[讜言]을 즐기지 않고 사사로이 바치는 비루한 태도를 편안하게 여기도록 만듭니다. 아래로는 사대부 가운데 이익을 탐하는 것을 부끄러워하지 않는 자를 불러 모아, 문무로 나누어 각기 그 문에 들이되, 마음에 들면 몰래 끌어 지원하고 발탁하여 청현(淸顯)직에 두고, 마음에 들지 않으면 몰래 헐뜯고 비방하며 공공연히 배제합니다. 뇌물이 오고 가니 이 모두 폐하의 재물을 도적질한 것이고, 경(卿)에 임명하고 장수에 배치하니 이 모두 폐하의 권병(權柄)을 도적질한 것입니다.

재상(宰相)·사보(師保)·빈우(賓友)·간쟁(諫諍)을 맡은 신하가 혹 그 문장(門牆)에 출입하며 그의 비위를 맞추니 형세가 만들어지고 위력이 세워져 중외에서 풀이 쏠리듯 그를 향하게 되어, 폐하의 호령과 출척은 다시는 조정에서 나오지 않게 되고 이 한두 사람의 문호에서 나오게 됩니다. 폐하의 독단이라 이르지만 실상은 이 한두 사람이 몰래 그 권병을 쥔 것입니다. 그들이 무너뜨린 것은 폐하의 기강일 뿐만 아니라, 폐하께서 기강을 세울 방도도 함께 무너뜨린 것입니다."

又曰: "一二近習之臣, 上則蠱惑陛下之心志, 使其不信先王之大道而悅於功利之卑說, 不樂莊士之讜言而安於私暬之鄙態; 下則招集士大夫之嗜利無恥者, 文武彙分各入其門, 所喜則陰爲引援·擢置淸顯, 所惡則密行訾毁·公肆擠排. 交通貨賂, 所盜者皆陛下之財; 命卿置將, 所竊者皆陛下之柄. 宰相·師保·賓友·諫諍之臣或反出入其門牆承望其風旨, 勢成威立, 中外靡然向之, 使陛下之號令·黜陟不復出於朝廷而出於此一二人之門. 名爲陛下之獨斷, 而實此一二人者陰執其柄, 蓋其所壞非獨壞陛下之紀綱而已, 乃並與陛下所以立綱紀者而壞之焉."

신은 이렇게 생각합니다. 예로부터 유신(儒臣)이 정치의 강기에 대해 논한 것 가운데 당나라의 한유, 송나라의 주희의 논의만큼 절실한 것은 없으며, 주희가 그의 군주에게 아뢴 내용은 더욱더 절실합니다. 엎드려 바라건대, 주희가 그 군주에게 바란 것처럼, 영명한 군주께서는 온 정신을 집중하여 성찰하고, 분발하여 강직하게 결단하며, 한결같이 폐하의 마음을 바르게 하여 간사한 무리를 멀리하고 강기를 세워 사해의 곤궁한 백성들을 행복하게 해 주십시오. 신은 크게 원할 뿐입니다.

臣按: 自古儒臣論爲治之綱紀, 莫切於唐韓愈·宋朱熹, 而熹之所以告其君者尤爲切至焉. 伏望明主留神省察, 奮發剛斷, 一正宸心, 斥遠姦邪, 建立綱紀以幸四海困窮之民, 如熹之所以望其君者, 臣尤不勝大願.

이상은 기강의 근본을 바로잡음이다.

以上正綱紀之常

명분의 등급을 정함[定名分之等]

《역(易)》 이괘(履卦). 〈대상(大象)〉에서 말하였다.

위는 천(天)이요 아래가 택(澤)인 것은 이괘이다. 군자는 이를 본받아 위와 아래를 분별하여 백성들의 뜻을 안정시킨다.

《易》履. 大象曰: 上天下澤, 履. 君子以辯上下·定民志.

정이(程頤)가 말하였다.

“하늘은 위에 있고, 연못이 아래에 있는 것은 천하의 바른 이치이니, 사람들이 행하는 것은 이와 같아야 한다. 군자가 이괘(履卦)의 상을 살펴 상하의 등분을 변별하고 이로써 백성의 뜻을 안정시키니, 상하의 등분이 분명한 연후에 백성의 뜻이 안정되고, 백성의 뜻이 안정된 후에 정치를 말할 수 있으며, 백성의 뜻이 안정되지 않으면 천하를 다스릴 수 없다. 옛날에는 공경·대부 이하는 그 지위가 그 덕과 일치하면 종신토록 그 지위에 머무르며 그 등분(等分)을 얻었다. 지위와 덕이 맞지 않으면 군주가 들어서 옮기고, 사(士)는 공부를 하여, 공부가 수준에 이르면 군주가 그를 구했으니, 모두 미리 자신에게 갖추어져 있던 것은 아니었다. 농(農)·공(工)·상고(商賈)는 그 일을 부지런히 하되 누리는 데는 한계가 있었기 때문에 모두 안정된 뜻을 지니었으며, 따라서 천하의 마음이 통일될 수 있었다.

후세에는 서인(庶人)이나 선비로부터 공경대부에 이르기까지 날마다 높고 영화로운 지위에 뜻을 두고, 농·공·상고는 날마다 부유하고 사치스러운 일에 뜻을 두므로, 백성의 마음이 서로 이로움[利]에만 쏠려서 천하가 어지러우니, 어찌 하나로 통일될 수 있겠는가. 어지럽지 않기를 원하나 그것이 어려우니, 이는 상하에 정해진 뜻이 없기 때문이다. 그러므로 군자는 이(履)의 상을 본받아 상하를 분별하여 각각 그 분수에 맞도록 하여, 백성의 뜻을 안정시키는 것이다.”

程頤曰: "天在上·澤在下, 天下之正理也, 人之所履當如是. 君子觀履之象以辯別上下之分, 以定其民志, 夫上下之分明然後民志有定, 民志定然後可以言治, 民志不定, 天下不可得而治也. 古之時, 公·卿·大夫而下, 位各稱其德, 終身居之得其分也. 位未稱德則君擧而進之, 士修其學, 學至而君求之, 皆非有預於己也. 農·工·商·賈勤其事而所享有限, 故皆有定志而天下之心可一. 後世, 自庶士至于公卿日志于尊榮, 農工商賈日志于富侈, 億兆之心交騖於利, 天下紛然, 如之何其可一也? 欲其不亂難矣, 此由上下無定志也. 君子觀履之象而分辯上下, 使各當其分以定民之心志也."

《상서(尙書)》〈열명(說命)〉에서 말하였다.

명철한 군주가 천도를 받들어 나라를 세우고【제후의 나라를 밖에 세움이다.】 도읍을 건설하여【천자의 도읍을 안에 건설함이다.】, 후왕(后王)【천자(天子)이다.】과 군공(君公)【제후(諸侯)이다.】을 수립하고 대부와 사장(師長)으로 잇게 하였다.

《書·說命》曰: 明王奉若天道, 建邦【建諸侯之邦於外】設都【設天子之都於內】, 樹后王【天子】君公【諸侯】, 承以大夫師長.

신은 이렇게 생각합니다. 명분의 등급은 천하 자연의 이치로, 높고 낮은 지위는 바꿀 수 없고 위와 아래의 분수가 일정하니, 이 모두 사람의 힘으로 사사로이 할 수 있는 것이 아닙니다. 《역》에서 상하를 분변하고 백성의 뜻을 정한 것이 위에 있는 하늘과 아래에 있는 연못의 자연상을 본뜬 것이며, 《상서》에서 후왕(后王)·군공(君公)을 세우고 대부(大夫)·사장(師長)으로 받들게 한 것이 명왕이 하늘의 도를 받들어 따른 것임을 살피게 되면, 이는 곧 존귀한 자가 비천한 자에 군림하거나 아래가 위를 받드는 것은 오직 천지 자연의 수와 천도 자연의 근본을 본뜬 것일 뿐임을 알게 됩니다. 자신의 강함을 믿고 비천한 존재가 존귀한 존재를 뒤집으려 한다거나, 자신의 귀함을 믿고 위에 있는 존재가 아래에 있는 존재를 능멸하려고 한다면, 이는 모두 천도를 거스르는 것이며 '위에 있는 하늘과 아래에 있는 연못의 이치'를 모르는 것입니다.

臣按: 名分之等乃天下自然之理, 高卑有不易之位, 上下有一定之分, 皆非人力私意之所爲者也. 觀《易》之辯上下·定民志, 法乎上天下澤自然之象, 《書》之樹后王君公·承以大夫師長, 由於明王奉順上天之道, 是則尊之臨卑·下之奉上, 一惟法天地自然之數·順天道自然之常而已. 彼負其强乃欲以卑而逆尊, 恃其貴乃欲以上而陵下, 皆逆天道而不知上天下澤之理者也.

《예기(禮記)》〈대전(大傳)〉에서 말하였다.

이름이 명확하면 남녀 간에 분별이 생긴다.

《禮記》〈大傳〉曰: 名著而男女有別.

또 말하였다.

이름은 사람을 다스림에 중요한 것이니, 삼가지 않을쏜가?

又曰: 名者, 人治之大者也, 可無愼乎?

신은 이렇게 생각합니다. 이른바 이름은 지위와 분수를 이르는 데 그치지 않습니다. 무릇 부르는 것은 모두 이름입니다. 이른바 분(分)이란 등급을 이르는 데 그치지 않습니다. 무릇 분별하는 것은 모두 분입니다. 이 때문에 조정과 위서(位署) 사이에만 그것들이 있는 것이 아니라 일가 내 친속 중에도 모두 이른바 '명과 분'이 있습니다. 집안에서의 명분은 남녀 사이가 더욱 엄격합니다. 부인은 존비(尊卑)와 대소(大小)가 본래 정해진 지위가 없으며, 그 남편을 따라서 존비와 대소가 결정됩니다. 그 명분이 분명하고 뚜렷하여 존귀한지 비천한지, 소(昭)가 되는지 목(穆)이 되는지 환하게 알 수 있고, 그것으로 혼인을 정하고 내외를 분별하니 음란함과 적역(賊逆)의 참화가 일어나지 않습니다. 이것이 이름이 사람을 다스림에 중대하여 삼가지 않으면 아니 되는 까닭입니다.

臣按: 所謂名者非止於位分之謂, 凡有所稱呼者皆名也; 所謂分者非止於等級之謂, 凡有所分別者皆分也. 是以不但朝廷之上·位署之間有之, 則凡一家之內·親屬之中皆有所謂名與分焉. 名分之在人家者尤嚴於男女之際, 婦人尊卑大小本無定位, 隨其夫以爲尊卑大小, 其名分顯著灼然知其爲尊爲卑·爲昭爲穆, 以之定昏姻·別內外而淫亂賊逆之禍不作矣. 此名所以爲人治之大, 而不可不愼者也.

《논어(論語)》〈자로(子路)〉에서 자로(子路)【공자의 제자로, 성은 중(仲)이고 이름은 유(由)이다.】가 물었다. “위군(衛君)【위나라의 군주이니 이름은 첩(輒)이다.】이 선생님께 정치를 맡긴다면 선생님께서는 무엇을 먼저 하시렵니까?”

공자가 답했다. “반드시 이름을 바르게 할 것이다. 이름이 바르지 않으면 말이 실제와 맞지 않고, 말이 실제와 맞지 않으면 일이 이루어지지 않으며, 일이 이루어지지 않으면 예악이 일어나지 않는다. 예악이 일어나지 않으면 형벌이 공정하지 않고 형벌이 공정하지 않으면 백성은 손발 둘 곳이 없게 된다.”

《論語》子路【孔子弟子, 姓仲, 名由】曰: “衛君【衛國之君, 名輒】待子而為政, 子將奚先?” 子曰: “必也正名乎. 名不正則言不順, 言不順則事不成, 事不成則禮樂不興, 禮樂不興則刑罰不中, 刑罰不中則民無所措手足.”

사량좌(謝良佐)[14]가 말하였다.

“‘이름을 바르게 함’을 비록 위나라 군주를 위해 말했지만, 정치의

---

14 사량좌(謝良佐, 1050~1103): 자는 현도(顯道), 호는 상채(上蔡), 시호는 문숙(文肅)이다. 정호(程顥)가 지부구사(知扶溝事)로 있을 때 그에게 수학하였다. 상채학파(上蔡學派)의 비조이며 상채 선생으로 불렸다. 그의 사상은 다분히 선불교의 내용을 포함하고 있어 주자로부터 비판을 받기도 하였다. 저서에 《논어해(論語解)》가 있다.

도는 모두 이것을 먼저 해야 한다."[15]

謝良佐曰: "正名雖爲衛君而言, 然爲政之道, 皆當以此爲先."

신은 이렇게 생각합니다. 위나라 군주 첩(輒)[16]은 그의 아버지를 아버지로 삼지 않고 그의 할아버지를 아버지로 이었으니, 아버지와 아들의 이름과 실체가 문란해졌습니다. 그래서 공자가 정치를 하게 되면 반드시 이름을 바로잡음을 우선으로 했던 것입니다. 그런데 일에는 모두 이름이 있으니, 특별히 아버지와 아들만 그런 것이 아닙니다. 실체가 있으면 곧 이름이 있으니, 이름은 실체의 손님[賓]입니다. 이름이 바르지 않으면 논의할 때나 말을 할 때에 드러나는 것이 모두 의혹스럽고 막힘이 있어, 행할 수 없을 뿐만 아니라 또 말을 할 수도 없게 되니, 왕이 '닦아야 할 일을 포고함[播告之修]'[17]에 반드시 거짓으로 꾸밈이 있고 교화의 조목을 펼침에 반드시 방해받는 것이 있게 되어, 그가 혹 논리를 세워 나를 힐난함에 대답할 말이 없게 됩니다. 이것이 말이 실제에 맞지 않아 일이 이루어지지 않게 되는 것으로, 일이 이루어지지 않으면 예악이 일어나지 않고 형벌이 공정하지 않게 되어, 그 폐단이

15 사량좌(謝良佐)가 … 한다: 《논어집주(論語集註)》에 나온다.

16 첩(輒): 중국 춘추전국시대 위(衛)나라의 제후인 출공(出公, ?~기원전 468)이다. 위나라 영공(靈公)의 태자인 괴외(蒯聵)의 아들로, 괴외가 죄를 얻어 진(晉)나라로 망명했을 때 왕으로 즉위하고서 괴외의 귀국을 막았으나, 결국 괴외가 돌아와 장공(莊公)으로 즉위하자 노(魯)나라로 망명하였다.

17 왕이 '닦아야 할 일을 포고함[播告之修]': 《상서》 〈반경(盤庚)〉에 나오는 구절이다.

백성들이 그 손발을 둘 곳이 없는 지경에까지 이르게 됩니다.

그렇다면 이름을 바르게 하는 길은 무엇입니까? 그 실질에 힘쓸 따름입니다. 이 실질이 있은 연후에 이 이름을 부여하니, 이 이름이 있다면 반드시 이 실질에 부응해야 합니다. 이와 같이 한다면 일컫고 말하는 사이에 반듯하게 바르게 되고, 말하고 논의할 때 환하게 실제에 맞게 됩니다. 이름이 바르고 말이 실제에 맞으면 어떤 일인들 못하겠으며, 어떤 정치인들 이루지 못하겠습니까?

臣按: 衛輒不父其父而禰其祖, 父子之名實紊矣, 故孔子爲政必以正名爲先焉. 然凡事皆有名, 非特父子爲然也. 蓋有實斯有名, 名者實之賓也. 名旣不正, 則凡見於言論之際·稱謂之間, 皆有所疑惑窒礙, 非徒不可行, 且不可言, 播告之修必有所回護, 條敎之布必有所妨礙, 彼或執詞以致詰我, 將無辭以質對, 此言不順所以事不成, 事不成而禮樂不興·刑罰不中, 而流弊至於民無所措其手足也. 然則正名之道奈何? 曰務其實而已矣. 必有此實然後予之以此名, 旣有此名必當副以此實, 如此則稱謂之間端然其正, 言論之際怡然其順矣. 名正言順, 尙何事之不可爲, 何政之不可成哉?

《춘추좌전(春秋左傳)》에서 말하였다.

환공 10년에 괵숙(虢叔)[18]【주 양왕(襄王)의 경사(卿士)이다.】이 그의 대부 첨보(詹父)를 왕에게 참소하였는데, 첨보가 해명하므로【첨보(詹父)가 자신이 바르다

18 괵숙(虢叔): 계력(季歷)의 셋째 아들로, 형으로는 주나라 문왕(文王), 괵중(虢仲)이 있다.

는 내용으로 왕에게 해명했다.】 왕이 군사를 내어 괵숙(虢叔)을 정벌하였다.

《左傳》: 桓公十年, 虢叔【周襄王卿士】譖其大夫詹父於王, 詹父有辭【詹父有自直之辭, 訴於王】, 以王師伐虢.

여조겸(呂祖謙)이 말하였다.[19]

"천하의 이치를 굽혀서 천하의 등분을 펼침은 명분을 잘 유지하는 것이 아니다. 괵숙(虢叔)이 대부인 첨보를 환왕(桓王)에게 참소하자 첨보가 자신은 잘못이 없다는 말로 해명하니 왕이 이에 괵을 정벌하고 괵공(虢公)을 내쳤다. 여러 대를 거쳐 양왕(襄王)에게 이르렀는데, 진 문공(晉文公)이 원훤(元咺)[20]의 일로써 위후(衛侯)를 붙잡아 죽일 것을 청했다. 양왕이 이르기를, "군신 사이에는 송사가 없다. 지금 원훤의 주장이 비록 바르다 하더라도 들어줄 수 없다."고 하였다. 양왕의 의도는 환왕의 잘못을 바로잡으려는 것이 아니었던가? 이른바 '군신 사이에 송사가 없다'는 말은 만세의 교훈이 될 수 있지만, '원훤의 주장이 비록 바르다 하더라도'라는 말은 세속의 견해를 면치 못했다. 진실로 양왕의 말과 같이, 원훤이 주장하는 이치가 곧지 않은 것은 아니지만 그렇다 하더라도 들어줄 수가 없다고 하면, 아마도 군신의 등분을 어

19 여조겸(呂祖謙), 《좌씨박의(左氏博議)》 권4, 〈왕사벌괵(王師伐虢)〉.

20 원훤(元咺): 위(衛)나라 대부(大夫)로, 자기 임금인 성공(成公)을 공격하여 망명하게 하였고, 성공이 숙무(叔武)를 죽인 일로 진 문공(晉文公)에게 소송을 제기하여 이겼다. 이에 진나라에서 성공을 붙잡아 주(周)나라 경사(京師)로 보내 죽일 것을 요청했으나 양왕이 허락하지 않았다. 뒤에 성공이 귀국하여 다시 임금이 되자 바로 복주(伏誅)되었다. 《春秋左氏傳 僖公 28年》

지럽힐 것이다. 이른바 이치가 있고 또 이른바 등분이 있게 되니, 이에 이치와 등분은 판연히 두 사물이 되었다. 군자가 등분을 말할 때는 반드시 이치를 언급하고, 이치를 말할 때는 등분을 언급하니, 이치와 등분이 합당하면 둘 모두 합당하고, 이치와 등분이 합당하지 않으면 둘 모두 합당하지 않게 된다. 신하가 군주를 고소한다면 그는 먼저 군주를 고소하는 잘못을 저지르는 것이니, 그 고소하는 말의 바르고 바르지 않음을 물을 필요가 없다.

첨보와 연훤이 그들의 군주를 고소하지 않았을 때에는 그 이치가 비록 바르다 하더라도, 그들의 군주를 고소하는 입을 열게 되는 순간 그들은 하늘을 뒤덮는 악에 빠졌다. 군신 사이에는 본디 곡직(曲直)을 따질 여지가 없으니, 후대의 정치를 하는 자로서 등분과 이치를 합하여 하나로 하지 않는다면, 또한 어찌 범상(犯上)하는 습관을 씻고 옛날로 돌아갈 수 있겠는가?"

呂祖謙曰: "屈天下之理以伸天下之分, 非善持名分者也. 虢叔譖其大夫詹父於桓王, 詹父有辭, 王爲之伐虢而出虢公. 數傳而至於襄王, 晉文公以元咺執衛侯而請殺之. 襄王曰: '君臣無獄. 今元咺雖直, 不可聽也.' 襄王之意豈非矯桓王之失乎? 所謂君臣無獄者, 固可以爲萬世訓, 至若'元咺雖直'之一語, 猶未免世俗之見也. 苟如襄王之說, 是元咺之理未嘗不直, 所以不可聽者, 恐亂君臣之分耳. 有所謂理, 又有所謂分, 是理與分判然二物也. 君子言分必及理, 言理必及分, 理與分得則俱得, 失則俱失. 臣之訴君者先有訴君之曲, 不必問其所訴之辭也. 當詹父·元咺未訴君之時, 其理固直, 旣啓訴君之口則已陷於滔天之惡矣. 君臣之際本非較曲直之地, 後之爲治者非合分與理爲一, 亦安能洗犯上之習而還於古哉?"

신은 이렇게 생각합니다. 여씨는 이르기를 "군자가 등분을 말하면 반드시 이치를 언급하고 이치를 말하면 반드시 등분을 언급하는데, 합당하면 모두 합당하고, 합당하지 않으면 모두 합당하지 않게 된다. 군신 상하 사이에 그 어찌 시비(是非) 곡직(曲直)의 소재를 살피고 다투겠는가?"라고 했습니다. 이것은 비단 명분에 한정되는 것일 뿐만 아니라 이치 또한 본래 이와 같은 것입니다.

臣按: 呂氏謂君子言分必及理, 言理必及分, 得則俱得·失則俱失, 君臣上下夫豈較是非爭曲直之所在哉? 此非特名分所拘, 而理固當如是也.

장공(莊公) 18년, 괵공(虢公)과 진후(晉侯)가 왕에게 조회했다.【주나라 혜왕이 새로 즉위했으므로 괵공과 진후가 와서 조회했다.】 왕이 단술[醴]로써 대접하고,【예주(醴酒)로써 잔치를 했다는 말이다.】 "유(宥)하라"【폐물(幣物)을 내림이다.】고 명령하였다. 모두에게 옥 다섯 각(瑴)【각(瑴)은 쌍옥이다.】과 말 3필을 내리니, 이것은 예가 아니다. 왕이 제후에게 명령함에 명위(名位)가 같지 않으면 예 또한 수(數)가 다르니, 예는 함부로 빌려주지 않는다.[21]【진후와 괵공이 같은 수를 사여받았으니, 예를 함부로 빌려 준 것이다.】

21 장공(莊公) … 않는다: 《춘추좌전(春秋左傳)》 장공(莊公) 18년.

莊公十八年, 虢公·晉侯朝王.【周惠王新即位, 虢公與晉獻公來朝】王饗醴【饗以醴酒】, 命之宥【以幣物宥之】, 皆賜玉五瑴【雙玉為瑴】·馬三匹, 非禮也. 王命諸侯, 名位不同, 禮亦異數, 不以禮假人.【晉侯與虢公同賜, 是以禮假人也】

여조겸이 말하였다.[22]

"하늘을 위하여 명분을 지키는 자는 군주이다. 주나라 혜왕이 자신이 가진 기물이라 잘못 보고 경솔히 사람들에게 베풀었는데, 괵공과 진후가 내조하자 옥과 말을 같은 수로 하사하고 차등을 두지 않았다. 이것은 분명 하늘이 질서를 잡음에 예를 둔 것을 알지 못한 행동이니, 많고 적음을 결코 어지럽히지 않아야 한다. 사람의 마음은 만족을 모르니, 후작(侯爵)이면서 공작(公爵)의 예를 빌려 베풀면, 공작 또한 왕의 예를 빌려 베풀 것을 생각한다. 왕이 이미 진후에게 공작의 예를 빌려 베풀었거늘, 수십 년이 지난 뒤 진 문공이 수장(隧葬)을 할 수 있도록 양왕에게 청하니 과연 왕의 예를 빌려 행하려는 것이었다.[23] 혜왕이 그의 참심(僭心)을 열어 주지 않았다면 진 문공이 감히 이렇게 할 수 있었겠는가? 성인은 위로 천자의 존귀함을 온전히 하기 위해 먼저 아래로 사(士) 서인(庶人)의 등분을 삼가도록 했으니, 아래를 고수하는 것은 그 위를 지키기 위한 방도이다."

22 여조겸이 말하였다: 《좌씨박의(左氏博議)》 권7.

23 수십 년이 … 것이었다: 《춘추좌전(春秋左傳)》 희공(僖公) 25년.

呂祖謙曰: “爲天守名分者君也, 周惠王誤視爲己物輕以假人, 當虢公·晉侯之來朝, 等其玉·馬之數不爲之隆殺. 殊不知天秩有禮, 多多寡寡不可亂也. 人心無厭, 侯而可假公之禮, 則公亦思假王之禮, 王旣假晉侯以公禮矣, 後數十年而晉文有請隧之擧, 果欲假王之禮. 非惠王啓其僭心, 晉文遽敢爾邪? 聖人欲上全天子之尊, 必先下謹士·庶人之分, 守其下所以衛其上也.”

신은 이렇게 생각합니다. 여씨가 말한 바, “성인은 위로 천자의 존귀함을 온전히 하기 위해 먼저 아래로 사(士) 서인(庶人)의 등분을 반드시 삼가도록 했으니, 아래를 고수하는 것은 그 위를 지키기 위한 방도이다.”란 이야기는 참으로 ‘처음을 삼가고 기미를 살핌[謹始審幾]’의 요체이니, 군주된 자는 마땅히 알아야 합니다.

臣按: 呂氏謂欲上全天子之尊, 必先下謹士·庶人之分, 守其下所以衛其上也. 斯言也, 眞誠謹始審幾之要, 居人上者在所當知.

성공(成公) 2년, 위나라 신축(新築)【지명으로, 중숙(仲叔)이 그 땅을 지켰다.】 사람 중숙우해(仲叔于奚)가 손환자(孫桓子)【이름이 양부(良夫)이다.】를 구하니 환자는 이에 죽음을 면했다. 이윽고 위나라 사람이 읍(邑)으로 상을 내리니 사양하고【사양은 받지 않음이다.】 곡현(曲縣)【헌현(軒縣)이니 제후의 음악이다.】과 번영(繁纓)【제후의 마식(馬飾)이다.】으로 조회할 것을 청하니, 허락했다. 중니가 그 사실을 듣고는 말하기를 "애석하도다, 읍을 많이 준 것만 못하구나! 기물과 명호【거복(車服)의 기물과 작호의 명칭이다.】는 빌려줄 수 없으니【경솔하게 타인에게 빌려줌이다.】, 군주가 관장하는 것이다.【이 기물과 명호는 곧 인군이 주관하여 관리하는 것이다.】 명호로써 신뢰를 드러내고, 신뢰로써 기물을 지키며, 기물로써 예를 감추고, 예로써 의를 행하고, 의로써 이익을 산출하며, 이익으로 백성을 고르게 한다. 이것이 정치의 대절이다. 만약 타인에게 빌려준다면【기물과 명호를 타인에게 빌려줌이다.】 타인에게 정치를 주는 것이니【이것은 국가의 정권을 타인에게 줌이다.】, 정치가 망하게 되면 국가도 그것을 따르게 되어 멈출 수 없게 된다.[24]

成公二年, 衛新築【新築, 地名, 仲叔守其地】人仲叔于奚救孫桓子【名良夫】, 桓子是以免. 既, 衛人賞之以邑, 辭【不受】, 請曲縣【曲縣, 軒縣也, 諸侯之樂】·繁纓【諸侯馬飾】以朝, 許之. 仲尼聞之曰: "惜也不如多與之邑, 惟器與名【車服之器, 爵號之名】不可以假人【輕假借於人】, 君之所司也.【此器與名乃人君之所司主也】名以出信, 信以守器, 器以藏禮, 禮以行義, 義以生利, 利以平民, 政之大節也. 若以假人【若以器名假借於人】, 與人政也【是以國家之政與人也】, 政亡則國家從之, 弗可止也已."

신은 이렇게 생각합니다. 임금이 임금이 되는 방도, 천하의 사람들을 훈련시켜 나와 더불어 국가의 정치를 같이 행하고 천하의 백성을 다스리는 방도는 작호(爵號)의 이름과 거복(車服)의 기물에 달려 있을 뿐입

24 성공(成公) … 된다: 《춘추좌전(春秋左傳)》 성공(成公) 2년.

니다. 이것들은 공이 없는 자, 덕이 없는 자, 힘쓰지 않는 자, 재주 없는 자에게 줄 수 없습니다. 임금은 그 출납의 권한을 삼가 주관하여 경솔하게 타인에게 빌려주어서는 아니되며, 공덕과 재능을 가진 연후에야 부여해야 합니다. 그들에게 명호와 기물을 주는 것은 정치의 권한을 주는 것으로, 사람들로 하여금 내가 내린 작호의 이름을 듣게 되면 곧 경복할 바를 알게 하고, 내가 내린 거복의 기물을 보게 되면 곧 존양(尊讓)할 바를 알게 합니다. 이와 같이 하면 나의 정령이 행해지게 될 것입니다. 재물이 있는 자가 재물로써 구하고, 세력이 있는 자가 세력으로써 얻으며, 친밀한 인연[親暱夤緣]이 있는 자가 모두 총행(寵幸)으로 그것을 얻을 수 있다면, 명호와 기물은 귀하지 않게 될 것입니다. 명호와 기물이 귀하지 않게 되면 그것을 얻는 자는 영광으로 여기지 않고, 그것을 보는 자는 그것이 존귀한 것임을 알지 못하게 됩니다. 그렇게 되면 인군은 그 주관하는 권병(權柄)을 잃게 됩니다. 그 권병을 잃게 되면 정치하는 요체가 없어지고 정치하는 요체가 없어지면 군주의 도를 잃어버리게 될 것이니, 국가가 장차 무엇에 의지하여 자립하겠습니까?

臣按: 人君之所以爲君·所以礪天下之人而使之與我共國家之政而治天下之民者, 爵號之名·車服之器而已, 非有功者不可與, 非有德者不可與, 非有勞者不可與, 非有才者不可與. 爲人君者謹司其出納之權, 不輕以假借於人焉, 必有功德才能者然後與之, 與之名與器卽與之以政也, 使人聞吾爵號之名卽知所敬服, 見吾車服之器卽知所尊讓, 如是則吾之政令行矣. 苟有財者可以財求, 有勢者可以勢得, 有親暱夤緣者皆可以幸而致之, 則名與器不足貴矣. 名與器不足貴, 得者不以爲榮, 見者不知其爲尊, 則人君失其所司之柄矣. 失其所司之柄則亡其爲政之體, 亡其爲政之體則失其爲君之道, 國家將何所恃以自立哉?

《자치통감(資治通鑑)》에서 말하였다.[25]

처음 명을 내려, 진(晉)나라 대부(大夫) 위사(魏斯)·조적(趙籍)·한건(韓虔)을 제후로 삼았다.

《通鑑》: 初命晉大夫魏斯·趙籍·韓虔爲諸侯.

사마광(司馬光)이 말하였다.[26]

"천자의 직에서 예(禮)보다 큰 것은 없고, 예에서 분수(分數)보다 큰 것은 없으며, 분수에서 이름[名]보다 큰 것은 없다. 무엇을 예라고 하는가? 기강이다. 무엇을 분수라 하는가? 군신이다. 무엇을 이름이라 하는가? 공(公)·후(侯)·경(卿)·대부(大夫)이다. 넓은 사해에 억조의 백성이 한 사람의 제어를 받아, 비록 절륜한 힘이 있고 탁월한 지식이 있다 하더라도 분주하게 복역하지 않음이 없는 것은 그 어찌 예로써 강기를 삼기 때문이 아니겠는가? 그러므로 천자는 삼공(三公)을 통령하고 삼공은 제후를 거느리며 제후는 경대부를 제어하고 경대부는

25 《자치통감(資治通鑑)》 권1, 주기(周紀)1, 위열왕(威烈王) 23년.

26 사마광이 말하였다: 《자치통감(資治通鑑)》 권1, 주기(周紀)1, 위열왕(威烈王) 23년 기사에 대한 사마광의 안설(按說).

사서인을 다스린다. 귀한 자는 천한 자에게 군림하고 천한 자는 귀한 자를 받들어, 군신의 분수가 하늘과 땅을 바꿀 수 없는 것과 같이 된 연후에야 위와 아래가 서로를 보호하고 국가가 다스려지고 안정된다. 그러나 예는 이름이 아니면 드러나지 않고 기물이 아니면 행해지지 않으니, 이름으로써 명령하고 기물로써 구별한 연후에야 위와 아래가 찬연하게 질서 지워진다. 이름과 기물이 없어지면 예는 어찌 홀로 존재하게 되겠는가? 그러므로 번영(繁纓)은 작은 물건이지만 공자가 안타까워했고,[27] 이름을 바르게 하는 것은 자잘한 일이지만 공자가 그것을 먼저 하고자 했다.[28]

어떤 일이든 처음에는 미약하지만 완성되면 뚜렷해지는데, 성인은 멀리 근심하여 그 미약한 것을 삼가하여 다스렸고, 중인들은 식견이 짧아 현저하게 드러난 뒤에야 구하려 한다. 그 미세한 상태에서 다스리면 들이는 힘이 얼마 되지 않아도 공효는 많고, 그 드러난 상태에서 구하려 한다면 힘을 다해도 미칠 수 없다. 아! 주나라의 도가 쇠퇴하게 되니, 강기가 흩어져 무너지고 예의 대체는 10중 7, 8이 상실되었다. 그럼에도 수백 년을 더 누리며 천하의 종주(宗主)가 될 수 있었던 것은 다만 명분이 아직 존재했기 때문이었다. 이제 진나라 대부가 그 군주를 폭력으로 능멸하고 그 땅을 나누었지만, 천자는 토벌하지 못하였고 또 그들을 총애하여 제후의 반열에 오르게 했다. 이것은 구구한 명분을 다시 지키지 못하고 모두 버린 것이니, 선왕의 예는 이로서 모두 사라졌다."

27 번영(繁纓)은 … 안타까워했고: 《춘추좌전(春秋左傳)》 성공(成公) 2년.

28 이름을 … 하고자 했다: 《논어(論語)》 〈자로(子路)〉.

司馬光曰: "天子之職莫大於禮, 禮莫大於分, 分莫大於名. 何謂禮? 紀綱是也. 何謂分? 君臣是也. 何謂名? 公·侯·卿·大夫是也. 夫以四海之廣·兆民之衆, 受制於一人, 雖有絕倫之力·高世之智, 莫不奔走而服役者, 豈非以禮爲之綱紀哉? 故天子統三公, 三公率諸侯, 諸侯制卿大夫, 卿大夫治士庶人, 貴以臨賤, 賤以承貴, 而君臣之分猶天地之不可易, 然後上下相保而國家治安. 然禮非名不著, 非器不行, 名以命之, 器以別之, 然後上下粲然有倫, 名器既亡則禮安得獨在哉? 故繁纓, 小物也, 而孔子惜之; 正名, 細務也, 而孔子先之. 蓋事未有不始於微而成於著, 聖人之慮遠, 故能謹其微而治之; 衆人之識近, 故必待其著而後救之. 治其微則用力寡而功多, 救其著則竭力而不能及也. 嗚呼, 周道之衰, 綱紀散壞, 禮之大體十喪七八, 然猶歷數百年宗主天下, 徒以名分尚存故也. 今晉大夫暴蔑其君·剖分其地, 天子既不能討, 又寵秩之, 使得列於諸侯, 是區區之名分復不能守而並棄之也, 先王之禮於斯盡矣."

신은 이렇게 생각합니다. 사마 씨가 역대 역사를 편찬하면서 주나라 위열왕(威烈王)이 명을 내려 진나라를 삼분하고 제후로 삼은 것으로 시작했습니다. 그래서 이 명분에 관한 논리를 짓고 그 으뜸을 예에서 종합하니, 후세의 인주에게 은미한 것에 대해 삼가도록 보여 주는 뜻이 지극하다 하겠습니다.

臣按: 司馬氏編歷代史而托始於周威烈王始命三晉爲諸侯, 故爲此名分之論而統其宗於禮, 其示後世人主以謹微之意至矣.

당나라 숙종 때, 평로절도사(平盧節度使) 왕현지(王玄志)가 사망하자, 임금이 중사(中使)를 파견하여 장수와 군사들을 위무하고 군중에서 세우고 싶어 하는 자를 살펴 정절(旌節)을 주었다. 이회옥(李懷玉)이 왕현지의 아들을 죽이고 후희일(侯希逸)을 군사(軍使)로 추대하였다. 조정에서는 이에 희일을 절도부사(節度副使)로 삼았다. 절도사를 군사(軍士)로 말미암아 폐하고 세우는 일은 이로부터 시작되었다.[29]

唐肅宗時, 平盧節度使王玄志卒, 上遣中使往撫慰將士, 就察軍中所欲立者授以旌節. 李懷玉殺玄志之子, 推侯希逸爲軍使. 朝廷因以希逸爲節度副使. 節度使由軍士廢立, 自此始.

사마광이 말하였다.[30]

"백성은 태어나면서 욕망이 있으니 군주가 없으면 어지러워진다. 그래서 성인이 예를 만들어 그들을 다스리니, 예는 상하를 분별하고 백성의 뜻을 정하는 근거이다. 인군이 그의 신민을 보유할 수 있는 것은 팔병(八柄)[31]을 자신이 지니기 때문이니, 혹 그것을 버린다면 피차 간에 세력이 균등해지므로 무엇으로 그 아랫사람을 부릴 수 있겠

29 당나라 숙종 때 … 되었다: 《자치통감(資治通鑑)》 권220, 당기(唐紀)36, 숙종문명무덕대성대선효황제(肅宗文明武德大聖大宣孝皇帝) 중(中)의 하(下), 건원(乾元) 원년(元年).

30 사마광이 말하였다: 《자치통감(資治通鑑)》 권220, 당기(唐紀)36, 숙종문명무덕대성대선효황제(肅宗文明武德大聖大宣孝皇帝) 중(中)의 하(下), 건원(乾元) 원년(元年)의 기사에 대한 사마광의 안설(按說).

31 팔병(八柄): 임금이 신하를 통솔하는 8가지 수단으로, 작(爵)·녹(祿)·여(予)·치(置)·생(生)·탈(奪)·폐(廢)·주(誅)임.

는가. 숙종은 당나라의 중쇠기에 나라를 맡았으니, 다행스럽게도 나라를 회복하려면 마땅히 상하(上下)의 예를 바로잡아 천하 사방을 강기해야 했으나, 한때의 안정에만 관심을 두고 영원히 지속될 환란은 생각하지 못했다. 일개 사신에게 맡겨 군대의 물정(物情)을 따르게 하고 현명함과 불초함은 따지지 않고 오직 그들이 원하는 자에게 주었다. 그것이 상습적인 일이 되니 고식(姑息)이라 하겠다. 마침내 편비(偏裨)가 주수(主帥)를 죽여 내쫓아도 그 죄를 묻지 않고 그에게 주수의 자리를 주었다. 그러므로 작상(爵賞)의 폐치(廢置)와 생사(生死)의 여탈(與奪)이 모두 위에서 나오지 아니하고 아래에서 나오게 되니, 난리가 생김에 어찌 끝이 있겠는가? 옛날 군대는 반드시 예에 근본 하여 다스렸으나 이제 당나라는 그것을 멸시하여, 사졸이 편비(偏裨)를 능멸하게 하고 편비는 장수를 능멸하게 하니, 장수가 천자를 능멸하는 것은 자연스런 형세였다."

司馬光曰: "民生有欲, 無主乃亂, 故聖人制禮以治之, 所以辯上下·定民志也. 凡人君所以能有其臣民者, 八柄存乎己也, 苟或捨之, 則彼此勢均, 何以使其下哉? 肅宗遭唐中衰, 幸而復國, 宜正上下之禮以綱紀四方, 而偷取一時之安, 不思永久之患, 委一介之使徇行伍之情, 無問賢愚, 惟其所欲, 積習爲常, 謂之姑息, 乃至偏裨殺逐主帥亦不治罪, 因而授之. 然則爵賞廢置·殺生與奪皆不出於上而出於下, 亂之生也庸有極乎? 古者治軍必本於禮, 今唐蔑之, 使士卒得以陵偏裨, 偏裨得以陵將帥, 則將帥陵天子, 自然之勢也."

신은 이렇게 생각합니다. 명분은 상하 사이에 생기니, 명분이 한번 정해지면, 아랫사람은 윗사람에 대해 공순히 따르며 거역하지 않고 명령을 따라 어기지 않으며, 위에서 아래를 통솔할 수 있게 되고 아래에서는 위를 침범하지 않게 되는데, 조금이라도 침범하게 되면 형륙(刑戮)을 내립니다. 침범하는 것도 불가하거늘, 어찌 감히 폐하고 세우겠습니까? 이것이 인군이 정치를 함에 힘써 예로써 명분을 바르게 하여 능체(陵替: 아랫사람이 윗사람의 권한을 침해함)의 조짐을 방지하는 까닭입니다.

臣按: 名分生於上下之際, 名分一定則下之於上有順而無逆·有令而無違, 上得以率乎下, 下不得以犯乎上, 一有犯焉則刑戮加之矣. 犯且不可, 況敢廢立之哉? 此人君爲治所以必謹於禮以正名分, 而防其陵替之漸也.

이상은 명분의 등급을 정함이다.

以上定名分之等

대학연의보
(大學衍義補)

—

권3

치국평천하의 요체[治國平天下之要]

조정을 바르게 함[正朝廷]

상벌의 시행을 공정하게 함[公賞罰之施]

《서경》〈순전(舜典) 고요모(皐陶謨)〉에서 말하였다.

하늘이 덕 있는 이에게 명하시거든 다섯 가지 복장으로 다섯 등급이 드러나게 하시며【오복(五服)은 다섯 등급의 복장이다. 장(章)은 드러낸다는 뜻이다.】 하늘이 죄 있는 이를 치시거든 다섯 가지 형벌로 다섯 등급을 써서【오형(五刑)은 다섯 등급의 형벌이다.】 징계하시어 정사를 힘쓰고【무(懋)는 힘쓴다는 뜻이다.】 힘쓰소서.

《皐陶謨》: 天命有德, 五服五章哉【五服, 五等之服. 章, 顯也】. 天討有罪, 五刑五用哉【五刑, 五等之刑】. 政事懋【勉也】哉, 懋哉.

채침(蔡沈)[1]이 말하였다.

"하늘이 덕 있는 사람에게 명하거든 다섯 등급의 복장으로 표창하여 나타내고, 하늘이 죄 있는 사람을 치거든 다섯 등급의 형벌로 징계한다. 대개 작상(爵賞)과 형벌(刑罰)은 인군(人君)이 하는 정사로써, 군주가 이를 주관하고 신하가 이를 시행함에 힘쓰고 또 힘써 태만히 할 수 없는 것이다."

蔡沈曰: "天命有德之人, 則五等之服以彰顯之, 天討有罪之人, 則五等之刑以懲戒之, 蓋爵賞·刑罰乃人君之政事, 君主之, 臣用之, 當勉勉而不可怠者也."

신은 이렇게 생각합니다. 선유(先儒)는 말하기를, "사람은 천지(天地)의 중(中)을 받아서 태어나니, 이를 잘하는 사람은 이것을 수양하여 복을 부르고, 잘하지 못하는 사람은 이것을 실추시켜 재앙을 불러들인다."[2]라고 합니다. 그러므로 이 충(衷)[3]을 온전히 하여 덕을 이루는

---

1 채침(蔡沈, 1167~1230): 《대학연의보》 권1 주) 11 참조.

2 "사람은 … 불러들인다": 《춘추좌씨전》 성공(成公) 13년에 나오는 말이다. 주나라 대부 유강공(劉康公)과 성숙공(成肅公)이 진후(晉侯)와 회동하여 진(秦)나라를 치기 전 출병을 고하는 제사를 지낼 때 성숙공이 사(社)에서 제육(祭肉)을 받았는데 불경스러웠다. 유강공이 말하기를 "내가 들으니 사람은 천지의 중(中)을 받아서 태어나니, 이른바 명(命)입니다. 그러므로 동작(動作)과 예의(禮義)와 위의(威儀)의 법칙을 두어 명을 안정시키는 것입니다. 이를 잘하는 사람은 이것을 수양하여 복을 부르고, 잘하지 못하는 사람은 이것을 실추시켜 재앙을 불러들입니다."라고 하였다.

3 충(衷): 《서경》 〈상서(商書) 탕고(湯誥)〉에 나오는 말이다. "위대하신 상제께서 하민(下民)들에게 충(衷)을 내리셔서(惟皇上帝 降衷于下民)." 공안국전(孔安國傳)에서는 이 '충(衷)'을 '선(善)'의 뜻으로 풀이하였고, 채침의 《서집전(書集傳)》에서는 '충(衷)'을 '중(中)'으로 해석하였다.

자는 하늘이 부여한 바를 잃지 않는 자이므로, 하늘이 그에게 명하시거든 임금은 반드시 선한 자에게 복을 내리는 하늘을 본받아 다섯 가지 등급의 복식을 제정하여 그 덕을 현창해야 합니다. 이 충(衷)을 손상시켜 죄를 짓는 자는 하늘이 부여한 바를 잃어버린 자이므로, 하늘이 그를 치시면 임금은 반드시 악한 자에게 재앙을 내리는 하늘을 본받아 다섯 가지 등급의 형벌을 써서 그 죄를 처벌해야 합니다. 작위를 내려 공을 기리고 형벌을 내려 죄를 처벌하는 것은 정사의 중대한 일이니 힘써 노력하여 태만함이 있어서는 안 될 것입니다. 이로부터 보면 인군(人君)이 작위로써 공을 기리고 형벌로써 죄를 처벌하는 것은 모두 하늘의 뜻을 받들어 일을 처리함이지 내가 상벌권을 가지고 사사로이 행할 수 있는 것이 아님을 알 수 있습니다. 후세의 군주들은 상벌이 여기서 나온 줄도 모르고 왕왕 자기 마음이 기쁘거나 노여울 때 혹은 사사로이 좋아하고 미워하는 감정에 따라 사람들에게 상과 벌을 내리니, 이는 하늘이 명하시고 하늘이 치시는 뜻을 잃은 것입니다.

臣按: 先儒謂, 人受天地之中以生, 能者養之以福, 不能者敗以取禍. 故全是衷者爲德, 是不失天之所賦也, 故天命之, 君必體福善之天, 制五等之服以彰其德; 戾是衷者爲罪, 是失天之所賦也, 故天討之, 君必體禍淫之天, 用五等之刑, 以威其罪. 爵賞·刑罰, 乃政事之大者, 當勉勉而不可怠也. 由是以觀, 則知人君之爵賞·刑罰皆承天以從事, 非我有之得私也. 後世人主, 不知出此, 往往以己心之喜怒·私意之好惡, 輒加賞罰於人, 則失天命·天討之旨矣.

《시경》〈상송(商頌) 은무(殷武)〉 편에서 말하였다.

하늘의 명이 강림하여 굽어보심에【감(監)은 본다는 말이다.】 아래의 백성들에게도 위엄이 있으니【엄(嚴)은 위엄[威]의 뜻이다.】, 상을 내림에 참람하지【참(僭)은 상이 잘못되었다는 뜻이다.】 않게 하고 형벌을 내림에 지나치지【남(濫)은 형벌이 지나친 것이다.】 않게 하여, 감히 태만하거나 안일하지【황(遑)은 한가롭다는 뜻이다.】 아니하면, 하국에 명하시어 그 복을 크게【봉(封)은 크다는 뜻이다.】 세우시느니라.

《詩·商頌·殷武》篇曰: 天命降監【視也】, 下民有嚴【威也】. 不僭【賞之差也】不濫【刑之過也】, 不敢怠遑【暇也】. 命于下國, 封【大也】建厥福.

주희(朱熹)가 말하였다.[4]

"하늘의 명이 강림하여 굽어봄이 다른 데에 있지 않고 모두 백성들을 통해 보고 들음에 있으니, 그렇다면 아래의 백성들에게도 또한 두려워할 만함이 있는 것이다. 상을 내림에 참람하지 않게 하고 형벌을 내림에 지나치지 않게 하여 감히 태만하거나 안일하지 아니하면 하늘이 천하로써 명하여 그 복을 크게 세워 준다고 하였으니, 이것이 은나라 고종(高宗)이 천명을 받아 중흥한 까닭이다."

朱熹曰: "天命降監, 不在乎他, 皆在民之視聽, 則下民亦有嚴矣. 惟賞不僭·刑不濫, 而不敢怠遑, 則天命之以天下而大建其福. 此高宗所以

4 《시경집전(詩經集傳)》〈상송(商頌) 은무(殷武)〉에 나온다.

受命而中興也."

신은 이렇게 생각합니다. 선유(先儒)는 이 장이 은나라 고종이 중흥의 도를 이룬 까닭을 말한 것이라고 보면서 "하늘은 비록 높은 데 있지만 실은 아래를 굽어보고 계시니 심히 두려워할 만하다. 백성들은 비록 낮은 데 있지만 하늘이 실로 그들을 통해 보고 들으니 그 위엄을 홀시할 수 없다"라고 하였습니다. 은나라 고종은 위로 하늘을 두려워하고 아래로 백성들을 삼가면서, 형벌이나 상을 내릴 때 참람하게 하거나 지나치게 하는 잘못을 한 적이 없고, 마음속에 감히 태만하고 한가롭게 지내려는 생각을 갖지 않았으므로, 하늘이 그에게 명하시어 그 복을 크게 세워 주셨습니다. 이로부터 보면 인군(人君)이 내리는 형벌과 상은 자기 혼자서 내리는 형벌과 상이 아니라 상천(上天)이 내리는 형벌과 상이요, 상천이 혼자서 내리는 형벌과 상이 아니라 민심이 내리는 형벌과 상입니다. 그렇기 때문에 한 사람에게 상을 내려도 반드시 뭇사람들이 마음으로 함께 이를 기뻐하고, 한 사람에게 형벌을 내려도 반드시 뭇사람들이 마음으로 함께 이를 노여워하니, 민심이 함께하는 바에 곧 하늘의 뜻이 있다고 하겠습니다. 만약 그렇지 않고 민심을 어기고 하늘의 뜻을 거슬러 은나라 주(紂)왕이 오래(惡來)와 비렴(飛廉)[5]을 기용하고 왕자 비간(比幹)[6]을 죽인 것처럼 한다면 하늘의 명

5 오래(惡來)와 비렴(飛廉): 비렴은 비렴(蜚廉)으로도 쓴다. 은나라 말기 주왕(紂王)에게 아첨한 간신이다. 비렴은 달리기를 잘하고 그 아들 오래(惡來)는 힘이 세어 부자가 재주와 힘으로

이 그를 떠날 것이니 또 무슨 복이 남아 있겠습니까?

臣按: 先儒謂, 此章言商高宗所以致中興之道, 曰天雖高而實下其監視, 甚可畏也; 民雖卑而天實以爲視聽, 其威嚴不可忽也. 惟高宗上畏天·下敬民, 而見於刑賞者, 未嘗有僭濫之失, 存於中心者不敢有怠遑之意. 故天命之以天下而大建其福. 由是觀之, 則人君之刑賞. 非一己之刑賞, 乃上天之刑賞; 非上天之刑賞, 乃民心之刑賞也. 是故賞一人也, 必衆心之所同喜; 刑一人也, 必衆心之所同怒, 民心之所同, 卽天意之所在也. 如或不然, 拂民心而逆天意, 如紂之任惡來·飛廉, 殺王子比幹, 則天命去之矣, 尙何福之有哉?

《주례(周禮)》〈천관(天官)〉에서 말하였다.

태재(太宰)는 여덟 가지 법[八則]【칙(則)은 법(法)이다.】으로 도(都)【도(都)는 왕의 자제들의 식읍이다.】와 비(鄙)【비(鄙)는 공경들의 식읍이다.】를 다스린다. 그 일곱째는 형(刑)【형벌로 악을 징계하는 것이다.】과 상(賞)【상을 내려 선을 권면하는 것이다.】이니, 이로써 그 위엄을 어거(馭車)한다.【그 위엄을 어거한다[馭其威]는 것은 형벌과 상을 분명히 하여 선(善)을 권면하고 악(惡)을 징계함을 보인다는 말이다.】

은나라 주왕을 섬겼다. 주 무왕(周武王)이 주왕을 정벌할 때 오래도 함께 죽였다. 《사기》 권5 〈진본기(秦本紀)〉

6 비간(比幹): 은나라 말기 주왕(紂王)의 서숙(庶叔)으로 주왕의 음란함을 극력 간(諫)하자, 주왕이 말하기를, "들으니 성인(聖人)은 심장에 구멍이 일곱 개가 있다고 하던데 내가 한번 보고 싶다."라고 하며 비간의 심장을 갈라 죽였다고 한다. 《사기》 권38 〈송미자세가(宋微子世家)〉

《周禮·天官》: 太宰以八則【法也】治都【王子弟食邑】鄙【公卿食邑】. 其七曰刑【刑以懲惡】賞【賞以勸善】以馭其威【明其刑賞, 以示勸懲】.

유이(劉彝)[7]가 말하였다.

"형벌로 악을 주벌하고 상으로 선을 권면하니, 그 위권(威權)은 모두 조정으로부터 나온다."

劉彝曰: "刑以誅惡, 賞以勸善, 其威柄皆出於朝廷."

(태재는) 여덟 가지 권병[八柄]【병(柄)은 잡고서 일을 일으키는 것이다.】을 왕에게 고하여【조(詔)는 고하는 것이다.】 신하들을 어거한다【모두 어거한다[馭]라고 말한 것은 몰아서 선(善)으로 들어가게 하기 때문이다.】. 첫째는 작(爵)이니【작(爵)은 안으로는 공(公)·경(卿)·대부(大夫)·사(士)를 말하고, 밖으로는 공(公)·후(侯)·백(伯)·자(子)·남(男)을 말한다.】, 이로써 신하들이 존귀해지도록 어거한다【작이 있으면 존귀해진다.】. 둘째는 녹(祿)이니【녹(祿)은 벼슬하는 자가 받는 봉록이다.】, 이로써 신

---

7 유이(劉彝, 1017~1086): 북송 복주(福州) 사람으로 자는 집중(執中)이다. 인종(仁宗) 경력(經曆) 6년(1046) 진사가 되었고, 신종(神宗) 즉위 후 건주지주(虔州知州)에 올라 《정속방(正俗方)》을 지어 의학(醫學)으로 무속을 대신하게 했다. 직사관(直史館)을 거쳐 계주지주(桂州知州)가 되었다. 교지(交阯) 사람들이 서로 교역하는 것을 금지했다가 흠주(欽州)와 염주(廉州), 옹주(邕州) 3주를 잃고 폄적(貶謫)되어 평민이 되었다. 저서로는 《칠경중의(七經中議)》와 《수경주(水經注)》, 《명선집(明善集)》, 《고례경전(古禮經傳)》, 《속통해(續通解)》 등이 있다.

하들이 부유해지도록 어거한다. 셋째는 여(予)이니【여(予)는 재물을 내리는 것이다.】, 이로써 신하들이 왕의 은사를 받도록 어거한다【행(幸)은 은사(恩賜)에서 나온다.】. 넷째는 치(置)이니【치(置)는 (연로하여 퇴직해야 할 자를) 지위에 두는 것이다.】, 이로써 신하들의 품행[行]을 어거한다【행(行)은 어진 행실이 있음을 말한다.】. 다섯째는 생(生)이니【생(生)은 봉양하다[養]와 같다.】, 이로써 신하들의 복(福)을 어거한다【복(福)은 복록이 자손에게까지 미치는 것이다.】. 여섯째는 탈(奪)이니【탈(奪)은 신하에게 큰 죄가 있으면 재산을 몰수하는 것이다.】, 이로써 신하들이 빈궁해지지 (않도록) 어거한다【빈(貧)은 소유한 것을 빼앗는다는 뜻이다.】. 일곱째는 폐(廢)이니【폐(廢)는 먼 곳으로 추방하는 것이다.】, 이로써 신하들이 죄를 짓지 (않도록) 어거한다. 여덟째는 주(誅)이니【주(誅)는 말로 견책하는 것이다.】, 신하들이 과실을 저지르지 (않도록) 어거한다【과(過)는 과실이 있음을 말한다.】.

以八柄【所秉節以起事者】詔【告也】王馭【凡言馭者, 驅而納之於善】群臣, 一曰爵【謂內則公·卿·大夫·士, 外則公·侯·伯·子·男】, 以馭其貴【有爵則貴】; 二曰祿【祿, 仕者之俸】, 以馭其富; 三曰予【予之以財】, 以馭其幸【出於恩賜】; 四曰置【置之於位】, 以馭其行【謂有賢行】; 五曰生【生猶養也】, 以馭其福【福及子孫】; 六曰奪【臣有罪而奪之】, 以馭其貧【奪其所有】; 七曰廢【放之於遠】, 以馭其罪; 八曰誅【謂以言責讓之】, 以馭其過【謂有過失】.

임기(林椅)가 말하였다.

"반드시 왕에게 고하는 것은 상과 형벌, 주살과 폐출은 신하가 마음대로 할 수 있는 일이 아니기 때문이다. 대개 여덟 가지 권병이 중요한 이유는 신하들의 간사함과 올바름을 판단하여 한번 여탈하는 사이에 또 장차 천하 사람들의 마음을 복종시키고 군자와 소인이 흥성하고 쇠퇴하는 형세를 결정하기 때문이다. 인군이 스스로 마음속에 이를 환히 깨닫지 못하였다면 신하들을 어거하는 권병을 갖는 것이 옳은지 나는 모르겠다."

林椅曰: "必言詔王者, 賞罰·誅廢, 非臣下所得專也. 蓋八柄之重, 所以定群臣之邪正, 一予奪之間又將以服天下之心, 而定夫君子·小人消長之勢也. 此非人君曉然自有見於中, 則馭臣之柄, 吾未見其可."

또 말하였다.

"작록은 세상 사람들을 면려하고 우둔한 자들을 연마하는 도구이다. 옛사람들이 작위를 내릴 때 반드시 덕(德)을 기준으로 하고, 봉록을 내릴 때 반드시 공(功)을 기준으로 한 것은 사람들의 요행을 바라는 마음을 억제하고, 덕을 진전시키고 공을 일으키는 뜻을 갖도록 하기 위함이니, 본디 함부로 내리는 것을 용납하지 않았다. 지금 여덟 가지 권병에서 작록 외에 다시 여(予: 재물을 내림)를 두어 그들이 은사를 받도록[幸] 어거하였는데, 어찌 인군이 사사로운 은혜를 베풀어 사람들의 요행을 바라는 마음을 열어 주는 것이겠는가? 대저 이른바 당연한 보답이 있고, 이른바 특별히 후한 은혜가 있다. 당연한 보답은 사람들이 마땅히 받을 것을 받는다고 생각하거나 혹은 보통 있는 일로 여겨 격앙되어 스스로 분발하는 뜻이 없다. 그러므로 남보다 뛰어나고 기이한 자에게 특별히 후한 은혜를 베푸는 것은 그로 하여금 일과 공을 위해 열심히 뛰어다니도록 고무하기 위함이니, 이것이 바로 여덟 가지 권병에서 여(予)를 두어 그들이 은사를 받도록[幸] 어거하는 깊은 뜻이다."

又曰: "爵祿者, 厲世磨鈍之具也. 古人制爵必以德, 制祿必以功, 所以抑夫人僥求幸得之心, 而作其進德興功之志, 固不容以濫受也. 今八柄爵祿之外, 又有予以馭其幸, 豈人主或得以行其私恩, 而啓人之幸心耶? 大抵有所謂當然之報, 有所謂特厚之恩. 當然之報, 人以爲宜得, 而或視以爲常, 而無激昂自奮之意. 故於人之有超異者, 施之以特厚之恩, 所以鼓舞之, 使之奔走於事功也. 此則八柄予以馭幸之深意."

(태재는) 한 해가 끝날 무렵 모든 관부에 명하여【영백관부(令百官府)는 모든 관부에 두루 명하는 것이다.】 각각 그 치적 문서들을 공정하게 처리하도록 하고【각정기치(各正其治)는 각각 그 치적 사항을 공정히 처리하도록 한다는 뜻이다.】, 한 해의 총 회계 장부[會]를 제출하도록 하여 접수한다【수기회(受其會)는 1년 동안의 공덕(功德)의 일을 기록한 회계 장부를 접수하는 것을 말한다.】. 관부에서 보고해 올린 치적 문서들을 평가하여【청기정사(聽其政事)는 각 관부에서 보내온 치적 문서들을 평가하여 정사를 알리는 것이다.】, 왕에게 아뢰어 관리를 폐출시키거나 그대로 둔다【조왕폐치(詔王廢置)는 왕에게 보고하여 공이 없는 자는 내쫓고 공이 있는 자는 그대로 관직에 두는 것이다.】. 3년에 한 번 모든 관리들의 치적을 통산하여 주벌하거나 상을 내릴 것을 청한다.

歲終, 則令百官府【徧敕百官之府】各正其治【各使之自正其治】, 受其會【受其一歲功德之事】, 聽其政[8]事【聽其所致, 以告之政事】, 而詔王廢置【告于王而廢之置之】. 三歲則大計群吏之治, 而誅賞之.

신은 이렇게 생각합니다. 인군이 나라를 다스리는 큰 권병은 경상(慶賞)과 형벌뿐입니다. 《주례》에서 태재는 팔칙(八則)으로 도(都)와 비(鄙)를 다스리는데 팔칙 중 형벌과 상으로 위엄을 어거한다고 말한 다음 다시 또 팔병(八柄)을 왕에게 고하여 신하들을 어거한다고 하였으니, 내사(內史)가 자신이 관장하는 팔병에 관한 법을 치자(治者)에게 고하는 것도 마찬가지입니다.[9] 이른바 작(爵)·상(賞)·여(予)·치(置)·생(生) 다섯 가지는 상(賞)에 속하고, 탈(奪)·주(誅)·폐(廢) 세 가지는 벌(罰)에 속하며, 이 여덟 가지 권병을 모두 천관(天官)에서 관장합니다. 천관(天官)은 하늘을 본떠서 세운 관직입니다. 하늘은 봄에 만물이 태어나 가을에 말라죽은 연후에 하늘의 도를 이룰 수 있고, 임금은 경상과 형벌이 있은 연후에 임금의 도를 이룰 수 있습니다. 인군이 위에서 그 권병을 가지고 아래를 어거하고 대신이 아래에서 그 다스림을 계획하여 위를 보좌한다면, 기강이 확립되어 주군의 위엄이 아래로 옮겨지는 일

8 政: 《주례(周禮)》 〈천관(天官)〉에는 "致"로 되어 있다.

9 내사(內史)가 … 마찬가지입니다: 《주례(周禮)》 〈춘관(春官)〉에서는 내사의 직장(職掌)에 대해 왕의 팔병(八柄)의 법을 관장하고 왕명을 쓰는 일을 관장하였다고 하였다. "내사는 왕의 팔방의 법을 아뢰어 왕이 다스림을 행하도록 하는 일을 관장한다. 첫째는 작이요, 둘째는 녹이요, 셋째는 폐(廢)하는 것이요 … 내사는 왕명을 쓰고 부본(副本)을 작성하여 보관하는 일을 관장한다.[內史掌王之八枋之法, 以詔王治. 一日爵, 二日祿, 三日廢, 四日置, 五日殺, 六日生, 七日予, 八日奪. … 內史掌書王命, 遂貳之]." 여기서의 '팔방(八枋)'은 '팔병(八柄)'과 같다.

이 없고 상벌이 시행되어 사람들의 마음이 감히 나태해지지 않을 것이니, 인군이 나라의 왕으로서 대중을 어거하는 대권으로는 진실로 이보다 우선하는 것이 없습니다.

臣按: 人君爲治之大柄, 曰慶賞刑罰而已. 《周禮》大宰以八則治都鄙, 旣有曰刑賞以馭其威矣, 而又有八柄詔王, 以馭群臣, 內史所[10]掌之法以詔治者亦同焉. 所謂爵·賞·予·置·生五者, 賞之類也, 奪·廢·誅三者罰之類也, 是八者之柄, 皆掌之天官. 天官者, 象天所立也. 天有春生·秋殺, 然後以成天之道; 君有慶賞·刑罰, 然後以成君之道. 人君持其柄於上以馭乎下, 大臣計其治於下以輔乎上, 則綱紀立而主威不至於下移, 誅賞行而人心不敢以懈怠. 人君君國馭衆之大權, 誠莫有先於此者矣.

《예기(禮記)》에서 말하였다.[11]

작위를 내릴 때에는 조정에서 하는데 사(士)와 더불어서 함께 한다. 사람을 처형할 때에는 시장에서 하는데 백성들과 함께 그를 내친다.

《禮記》: 爵人於朝, 與士共之; 刑人於市, 與衆棄之.

---

10 정덕본에는 "內史所所掌之法"이라 되어 있는데, 가정본에 따라 "內史所掌之法"으로 고쳤다.

11 《예기》〈왕제(王制)〉 편에 나온다. 이에 대한 공영달의 소(疏)에서는 "사람에게 작위를 줄 때 조정에서 시행하는 것은 은나라 법이다. 주나라에서는 천자가 조묘(祖廟)에 나아가 절을 하고 수여한다. 사람을 처형할 때 시장에서 하는 것 역시 은나라 법이다. 귀천을 막론하고 모두 시장에서 처형한다는 뜻이다. 주나라에서는 작위를 가진 자는 전사씨(甸師氏)와 같이 (산속에 들어가 목을 매달아 죽인다)"라고 하였다.

신은 이렇게 생각합니다. 작위를 줄 때 조정에서 하는 것은 군자를 권면하기 위함이며 선비들이 다 같이 즐거워하는 바이므로 조정에서 작위를 주는 것입니다. 조정은 군자들이 모여 있는 곳입니다. 사람을 처형할 때 시장에서 하는 것은 소인을 징계하기 위함이며 대중들이 다 같이 미워하는 바이므로 시장에서 처형을 하는 것입니다. 시장은 대중들이 모이는 곳입니다. 이로부터 인군의 형벌과 상은 한 개인의 기쁨과 노여움의 사사로운 마음에서가 아니라, 뭇사람들의 선을 좋아하고 악을 미워하는 공변된 마음에서 나온 것임을 알 수 있습니다. 후세의 군주는 왕왕 사람에게 작위를 하사할 때 내전에서 조서를 내려 보내고 (종묘나 조당과 같은) 공정(公庭)에서 드러내어 알리는 것을 원치 않으며, 신하에게 죄가 있을 때 혹 짐독(鴆毒)으로 죽이기까지 하는데 이는 오직 밖으로 알려질 것을 두려워해서입니다. 이는 모두 하늘이 명하시고[天命] 하늘이 치시는[天討] 지공무사(至公無私)의 상벌 시행이 아닙니다.

臣按: 爵人於朝, 所以勸君子, 士之所共樂也, 故於朝. 朝者, 君子之所會也; 刑人於市, 所以懲小人, 衆之所共惡也, 故於市. 市者, 衆人之所聚也. 以此見人君之刑賞, 非一人喜怒之私, 乃衆人好惡之公焉. 後世人主, 往往賜人爵位, 乃自內降而出, 不欲其公庭顯謝; 人臣有罪或至加以鴆毒, 惟恐外聞. 此皆非天命·天討之至公也.

《춘추좌씨전》【양공(襄公) 26년】에서 채(蔡)나라 성자(聲子)[12]가 말하였다. "나라를 잘 다스리는 자는 상(賞)이 넘치지 않고 형벌이 지나치지 않는다고 합니다. 상이 넘치면 상이 악인(惡人)에게 미칠까 두렵고, 형벌이 지나치면 형벌이 선인(善人)에게 미칠까 두렵습니다. 만약 불행히도 상과 형벌을 내림에 잘못이 있을 경우 차라리 상이 넘칠지언정 형벌이 지나치지 말 것이며, 선인을 잃기보다 차라리 악인을 이롭게 하는 것이 낫습니다. 선인이 없으면 나라도 따라 망합니다."

《春秋左傳》【襄公二十六年】蔡聲子曰: "善爲國者, 賞不僭而刑不濫, 賞僭則懼及淫人, 刑濫則懼及善人. 若不幸而過, 寧僭無濫, 與其失善, 寧其利淫, 無善人, 則國從之."

신은 이렇게 생각합니다. 형벌과 상은 중도에 맞는 것을 중요하게 여기니 실로 넘치거나 지나치는 일이 있어서는 안 됩니다. 이른바 "차라리 상이 넘칠지언정 형벌이 지나치지 말 것이며[寧僭無濫]"라는 말은 《상서》의 이른바 "죄 없는 사람을 죽이기보다는 차라리 법대로 처벌하지 않은 과실의 책임을 지겠다.[與其殺不辜, 寧失不經.]"[13]는 말과 같은 뜻입니다.

臣按: 刑賞貴乎得中, 固不可以僭濫也. 所謂"寧僭無濫", 與《書》所謂"與其殺不辜, 寧失不經"之意同.

---

12 성자(聲子): 채나라 태사(太師) 자기(子期)의 아들이다.

13 죄 없는 … 지겠다: 《상서》 〈우서(虞書) 대우모(大禹謨)〉에 나온다.

노나라 소공(昭公) 5년, 주나라 사람이 말하기를 "위정자는 사사로운 공로를 보상하지 않고 사사로운 원한을 징벌하지 않는다."고 하였다.[14]

昭公五年, 周人有言曰: "爲政者不賞私勞, 不罰私怨."

신은 이렇게 생각합니다. 이상은 인군의 상벌은 천하의 공론에 부합해야 하고 자기 한몸의 사사로운 마음에 따라서는 안 된다는 것을 말하고 있습니다.

臣按: 此言人君賞罰當合天下之公論, 不可徇一己之私心.

맹자가 말하였다.[15]

---

14 《춘추좌씨전》〈소공(昭公) 5년〉에 나온다. 여기서 "주나라 사람"은 주임(周任)을 말하며 옛날의 현인(賢人)이었다고 한다. 숙손목자[叔孫穆子: 노나라 대부 숙손표(叔孫豹)]가 난리를 피해 제나라로 달아나 그곳의 과부와 사통하여 우(牛)를 낳았는데, 노나라로 돌아와 우를 내수(內豎)로 삼고 집안일을 주관하게 하였다. 우는 숙손목자의 두 아들을 참소해 죽이고, 숙손목자가 병이 들었을 때 보내온 음식을 들이지 않아 아무것도 먹지 못하고 죽었다. 마침내 우가 숙손목자의 서자인 숙손소자(叔孫昭子)를 숙손씨 후계자로 세웠는데, 숙손소자는 "내수 우[豎牛]가 숙손씨의 집안에 중대한 화를 끼쳐 순리를 어지럽혀 적자(嫡子)를 죽이고 서자를 세웠다. …"라고 하며 마침내 수우를 죽였다. 공자는 이에 대해 다음과 같이 논평하였다. "숙손소자가 자기를 세워 준 수우의 공로를 생각하지 않고 그를 죽인 것은 아무나 할 수 있는 일이 아니다. 주임(周任)의 말에 '위정자는 사사로운 공로를 보상하지 않고 사사로운 원한을 징벌하지 않는다.'고 하였다."

15 《맹자》〈양혜왕장구 하(梁惠王章句下)〉에 나온다.

"좌우의 신하들이 모두 어질다고 말해도 허락하지 말고, 여러 대부들이 모두 어질다고 말해도 허락하지 말며, 나라 사람들이 모두 어질다고 말한 뒤에야 그를 자세히 살펴서 직접 어진 점을 본 연후에 등용하십시오. 좌우 신하들이 모두 안 된다고 말해도 듣지 말고, 여러 대부들이 모두 안 된다고 말해도 듣지 말며, 나라 사람들이 모두 안 된다고 말한 뒤에야 자세히 살펴서 안 될 만한 실상을 본 연후에 버리십시오. 좌우의 신하들이 모두 죽여야 한다고 말하여도 듣지 말고, 여러 대부들이 모두 죽여야 한다고 말하여도 듣지 말며, 나라 사람들이 모두 죽여야 한다고 말한 뒤에야 자세히 살펴서 죽일 만한 실상을 본 연후에 그를 죽이십시오."

孟子曰: "左右皆曰賢, 未可也; 諸大夫皆曰賢, 未可也; 國人皆曰賢, 然後察之, 見賢焉, 然後用之. 左右皆曰不可, 勿聽; 諸大夫皆曰不可, 勿聽; 國人皆曰不可, 然後察之, 見不可焉, 然後去之. 左右皆曰可殺, 勿聽; 諸大夫皆曰可殺, 勿聽; 國人皆曰可殺, 然後察之, 見可殺焉, 然後殺之."

주희(朱熹)가 말하였다.[16]

"좌우는 근신(近臣)이니, 그 말이 본디 믿을 만하지 못하고, 여러 대부들의 말은 믿어야 하지만 그래도 그들의 사심(私心)에 가려질까 염려된다. 국인(國人)에 이르러서는 그 의론이 공정하지만 그래도 반드시 살펴야 하는 것은, 대개 사람들 중에는 세속과 함께하여 대중의 환영을 받는 자도 있고 홀로 우뚝 서서 세속의 미움을 받는 자도 있기

16 《맹자집주(孟子集注)》〈양혜왕장구 하(梁惠王章句下)〉에 나온다.

때문이다. 그러므로 반드시 직접 살펴서 현부(賢否)의 실질을 친히 본 다음 그 결과에 따라 등용하거나 버리거나 해야 한다. 그렇게 한다면 어진 자를 깊이 알아서 중요한 자리에 임용하고, 재주 없는 자가 요행으로 벼슬길에 나오지 못하게 될 것이다. 그러나 이는 비단 인재를 등용하고 물러나게 하는 것뿐 아니라 형벌을 사용함에 있어서도 이런 방법으로 해야 한다. 대개 이른바 '하늘이 명하시고[天命] 하늘이 치시는[天討]' 것이니, 모두 인군이 사사로이 할 수 있는 것이 아니다."

朱熹曰: "左右近臣, 其言固未可信, 諸大夫之言宜可信矣, 然猶恐其蔽於私也. 至於國人則其論公矣, 然猶必察之者, 蓋人有同俗, 而爲衆所悅者, 亦有特立而爲俗所憎者. 故必自察之而親見其賢否之實, 然後從而用舍之, 則於賢者知之深·任之重, 而不才者不得以幸進矣. 然非獨以此進退人才, 至於用刑, 亦以此道. 蓋所謂天命·天討, 皆非人君之所得私也."

신은 이렇게 생각합니다. 인군이 인재를 등용하거나 버리고 상을 내리거나 벌을 가할 때는 실로 여러 사람들의 의견을 참작하지 않아서는 안 되고, 여러 사람들의 의견을 참작한 뒤에도 특히 혼자서 직접 살피지 않아서는 안 됩니다. 여러 사람들의 의견을 참작하는 것도 상세히 하고 혼자서 살피는 것도 빈틈없이 한다면 등용하거나 버리고 상을 내리거나 형벌을 가하는 일이 모두 합당함을 얻을 것입니다. 혹여 그렇지 않고 한 사람의 말만 듣고 급하게 현부(賢否)를 판단하여 등용하거나 버리고, 심지어 형벌을 가하거나 상을 내리며, 다시는 여러 사람들의 의견을 상세히 참작하고 혼자서 직접 면밀하게 살펴보지 않는다면, 이것이 주희의 이른바 "명색은 독단(獨斷)이라고 하나 군주의 위엄이 아래로 옮겨 감을 면치 못한다"[17]고 하는 것입니다.

臣按: 人君用舍人才而加以賞罰, 固不可不參之於衆, 既參於衆, 尤不可不察之於獨也. 參之於衆也詳, 而察之於獨也審, 則用舍刑賞, 皆得其當矣. 而或不然, 聽一人之言, 遽以爲賢否而用舍之, 甚而加刑賞焉, 不復參詳致察, 此朱熹所謂 "名曰獨斷, 而主威不免於下移" 也歟.

《자치통감(資治通鑑)》에서 말하였다.[18]

제(齊)나라 위왕(威王, 기원전 378~기원전 320)이 즉묵(卽墨)[19]의 대부를 불러서 말하기를 "그대가 즉묵에 부임한 뒤로 그대를 비방하는 말이 날로 이르렀다. 그러나 과인이 사람을 시켜 살펴보게 하니 전야(田野)가 개간되고 백성들이 넉넉하며 관청에 일이 없어 동방이 편안하였다. 이는 그대가 과인의 측근들에게 명예를 구하지 않았기 때문이다."라고 하고 그에게 1만 호의 땅을 봉해 주었다. 아(阿)[20]의 대부를 불러서 말하기를 "그대가 아(阿)를 다스리고부터 칭찬하는 말이 날로 이르렀다. 과인이 사람을 시켜 살펴보게 하니 전야가 개간되지 않았고 백성들은 가난하고 굶주렸으며, (전에) 조(趙)나라가 견(鄄)[21]을 공격하였으나 그대는 구원하지 않았

17 《송사(宋史)》 권392 열전151 〈조여우(趙汝愚)전〉에 나온다.

18 《자치통감》 〈주기(周紀)〉1, 열왕(烈王) 6년에 나온다.

19 즉묵(卽墨): 전국시대 제(齊)나라의 읍으로 지금의 산동성 평도현(平度縣) 동남쪽에 있다.

20 아(阿): 지금의 산동성 서부 동아현(東阿縣)이다.

고, 위(衛)나라가 설릉(薛陵)을 취했을 때도 그대는 모르고 있었으니, 이는 그대가 과인의 측근들에게 후한 예물을 주어 명예를 구했기 때문이다." 라고 하며 그날로 아(阿)의 대부와 그를 칭찬했던 측근들을 모두 팽형(烹刑)에 처하였다. 이에 군신들이 벌벌 떨면서 감히 거짓으로 속이는 일이 없었고 맡은 일에 성의를 다하였다. 제나라는 크게 다스려져 천하의 강자가 되었다.

《通鑑》 齊威王召卽墨大夫, 語之曰: "自子之居卽墨也, 毁言日至. 然吾使人視卽墨, 田野辟, 人民給, 官無留事,[22] 東方以寧. 是子不事吾左右以求助也." 封之萬家. 召阿大夫, 語之曰: "自子之守阿, 譽言日至, 吾使人視阿, 田野不辟, 人民貧餒. 趙攻鄄, 子不救, 衛取薛陵, 子不知. 是子厚幣事吾左右, 以求譽也." 是日烹阿大夫及左右嘗譽者, 於是群臣聳懼, 莫敢飾詐, 務盡其情, 齊國大治, 强於天下.

신은 이렇게 생각합니다. 제나라 위왕(威王)은 아(阿)의 대부에 대해 비단 그를 팽형에 처하였을 뿐 아니라 일찍이 그를 칭찬했던 측근들까지도 팽형에 처하였습니다. 즉묵의 대부에 대해서는 그를 식읍에 봉하였을 뿐 아니라 일찍이 그를 비방한 측근들까지도 식읍에 봉하였습니다. 위왕과 같은 자는 능히 상벌의 권한을 잡을 수 있어 좌우의 신하들에게 미혹되지 않는 자라고 할 수 있습니다. 후세의 군주들

21 견(鄄): 지금의 산동성 서남 서북에 걸쳐 있다.

22 《資治通鑑》 권1 〈周紀〉1에는 "官無留事"가 "官無事"로 되어 있다.

은 이렇게 할 줄 모르고, 왕왕 좌우 신하들의 편벽됨과 사사로움에 빠져 그들이 하는 말을 가볍게 믿고 다시 세밀히 살펴보지 않은 채 옳은 것을 그르다고 하고 그른 것을 옳다고 하며, 현명한 자를 불초하다고 하고 불초한 자를 현명하다고 하는 경우가 많습니다. 행여 이를 깨닫는다 해도 내버려두고 잘못된 것을 다시 따져 묻지 않으니, 세상의 소인들이 왕왕 뜻을 얻고 현인과 군자들이 늘 버림받거나 침체될 것을 근심하는 이유는 이 때문입니다. 위왕과 견주어 부끄러워할 만한 일이 아니겠습니까?

臣按: 齊威王之於阿大夫也, 非惟烹之, 而又及於左右之嘗譽者; 其於卽墨大夫也, 非惟封之, 而又及於左右之嘗毁者. 若威王者, 可謂能操賞罰之權, 而不爲左右所惑者矣. 後世人主, 不知出此, 往往溺於左右之偏私, 輕信其言不復致察, 以是爲非·以非爲是·以賢爲不肖·以不肖爲賢者, 多矣. 幸而覺悟, 又或置而不復詰問. 世之小人, 所以往往得誌, 而賢人君子, 恒有擯棄沈鬱之患者, 此也. 其視威王, 不亦可愧也哉!

한나라 고조(기원전 206~기원전 195)는 항적(項籍)의 장수 계포(季布)가 여러 차례 그를 곤경에 빠뜨렸는데 항적이 멸망하자 현상금을 걸어 계포를 급히 수배하였다. 등공(滕公)이 고조에게 진언하여 그를 낭중(郎中)으로 삼았다. 계포의 외삼촌 정공(丁公) 역시 항우의 장수였는데 팽성(彭城) 서쪽에서 고조를 추격하여 곤경에 빠뜨리자 단병(短兵)[23]으로 접전을 벌였다. 고조는 다급하여 정공을 돌아보며 말하기를 "두 사람 모두 현자인데 어찌 서로 해치려 하는가"라고 하자 정공이 이에 군사를 거두어 돌아갔다. 항우가 멸망한 뒤 정공이 와서 고조를 알현하자 고조는 그를 군중에 돌리면서 말하기를 "정공은 항왕의 신하로서 충성을 다하지 않았다. 항왕으로 하여금 천하를 잃게 한 자이다." 마침내 그를 참수한 뒤에 말하기를 "후세에 신하된 사람으로 정공을 본받지 않게 하려는 것이다."라고 하였다.[24]

漢高祖以項籍將季布數窘辱之, 籍滅, 購求布急. 滕公言於上, 以爲郎中. 布母弟丁公, 亦爲項羽將, 逐窘帝彭城西, 短兵接, 帝急, 顧曰: "兩賢豈相戹哉." 丁公乃還. 至來謁, 帝以徇軍中, 曰: "丁公爲臣不忠, 使項王失天下者也." 遂斬之, 曰 "使後人臣無效丁公也."

사마광이 말하였다.[25]

"고조는 (기병한 이래로) 호걸들을 망라하고, 도망한 자들을 불러오고 배반한 자들을 받아들인 일 또한 이미 많았습니다. 그런데 정공(丁公)만이 홀로 불충하다 하여 죽임을 당한 것은 어째서입니까? 군웅들이 각축할 때에는 백성들에게 정해진 군주가 없으므로 찾아오는 이들을 받아들이는 것은 실로 마땅한 일입니다. 존귀한 천자가 되어서는 사해 안의 사람들이 신하가 아닌 자가 없는데, 만약 예의(禮義)를

23 단병(短兵): 창이나 칼 따위의 병기를 가지고 가까이 가서 육박(肉薄)하는 싸움.

24 《資治通鑑》 권11 〈漢紀〉3 고조 5년에 나온다.

25 《資治通鑑》 권11 〈漢紀〉3 고조 5년 사마광의 논찬이다.

밝혀 사람들에게 보여 주지 않아서 신하된 자들로 하여금 두 마음을 품고 큰 이익을 구하게 한다면 국가가 어찌 장구하게 평안할 수가 있겠습니까? 이런 까닭에 대의로써 결단하여 천하 사람들로 하여금 모두 신하로서 충성스럽지 못하면 스스로 용납할 곳이 없으며, 사사로움을 품고 은혜를 맺은 자는 비록 자기를 살려 주었다 해도 오히려 함께하지 못한다는 것을 분명히 알게 한 것입니다. 한 사람을 죽여 천만 사람을 두렵게 하였으니, 일을 생각하는 것이 어찌 깊고도 원대하지 않겠습니까?"

司馬光曰: "高祖網羅豪傑·招亡納叛, 亦已多矣. 而丁公獨以不忠受戮, 何哉? 當群雄角逐之際, 民無定主, 來者受之, 固其宜也. 及貴爲天子, 海內爲臣, 苟不明禮義以示人, 使爲臣者人懷二心, 以儌大利, 則國家其能久安乎? 是故斷以大義, 使天下曉然皆知爲臣不忠者無所自容, 而懷私結恩者, 雖至於活己, 猶不與也. 戮一人而千萬人懼, 其慮事豈不深且遠哉!"

신은 이렇게 생각합니다. 고조가 정공(丁公)을 참수하고 계포(季布)를 사면하고 옹치(雍齒)[26]를 봉한 것, 이는 모두 천하를 공공의 것으로 여

26 옹치(雍齒, ?~?): 전한 패현(沛縣) 사람으로 진(秦) 말기에 고조 유방을 따라 봉기하였으나 한때 위(魏)나라에 투항한 적이 있고 나중에 다시 한(漢)으로 귀순하였다. 고조는 그와 묵은 원한이 있고 자주 자신을 곤욕스럽게 하여 옹치를 죽이고 싶었으나 장량(張良)의 계책에 따라 시방후(什方侯)에 봉하였는데, 이는 논공행상에 불만을 품은 신하들을 무마하기 위한 회유책이었다. 《사기》 권55, 〈유후세가(留侯世家)〉.

기는 뜻이 있으니 백세토록 제왕이 본받아야 할 것입니다.

臣按: 高帝之斬丁公·赦季布·封雍齒, 是皆有公天下之意, 百世帝王, 所當法者也.

한나라 선제(宣帝, 기원전 91~기원전 49)는 정신을 가다듬고 정사를 행하여 상을 주어야 할 일에는 반드시 상을 주고 벌을 내려야 할 일에는 반드시 벌을 내렸다. 조서에서 다음과 같이 말하였다. "공(功)이 있어도 상을 주지 않고 죄가 있어도 처벌하지 않는다면 비록 요와 순이라도 천하를 교화할 수 없다."[27]

宣帝厲精爲治, 信賞必罰. 見於詔令者, 有曰"有功不賞, 有罪不誅, 雖唐虞猶不能以化天下".

신은 이렇게 생각합니다. 요순시대에 순(舜)은 16인을 재상으로 등용하고 사흉(四凶)을 제거하였는데 이러한 큰 공적 20가지가 있어서 천자가 되었습니다.[28] 제왕이 화락하고 태평한 치세를 이루는 것도 형벌과 상에 의한 다스림 없이는 불가능하다는 것, 진실로 한 선제(漢宣帝)의 조서에서 말한 바와 같습니다. 그러나 이 조서는 교동국(膠東國)

27 《資治通鑑》 권25 〈漢紀〉17 선제(宣帝) 지절(地節) 3년(기원전 67)에 나온다.

28 요순시대에 … 되었습니다: 《춘추좌씨전》 〈문공(文公) 18년〉에 나온다.

의 재상 왕성(王成)이 수고로운 자를 위로하고 멀리서 오게 하기를 게을리하지 않아 유민(流民) 8만여[29] 명을 호적에 올린 공로로 인해 그에게 관내후(關內侯)의 작위를 하사할 때 내려보낸 것으로,[30] 상을 받는 자가 허위로 인구수를 늘렸을 줄이야 누가 알았겠습니까? 이뿐만이 아닙니다. 조광한(趙廣漢),[31] 개관요(蓋寬饒),[32] 한연수(韓延壽),[33] 양운(楊惲)[34]은 제명에 죽지 못하였고, 홍공(弘恭)[35]과 석현(石顯)[36]은 합당한 인

---

29 8만여: 저본에 "8백여"로 되어있으나 《한서》에 "八萬餘"로 되어 있어 이에 따랐다.

30 교동국(膠東國)의 재상 … 내려보낸 것으로: 그 내용은 《한서》 권89 〈순리전(循吏傳)〉에 보인다. "王成 … 爲膠東相, 治甚有聲. 宣帝最先褒之, 地節三年下詔曰 … 今膠東相成, 勞來不怠, 流民自占八萬餘口, 治有異等之效. 其賜成爵關內侯, 秩中二千石. … 後詔使丞相御史問郡國上計長吏守丞以政令得失, 或對言前膠東相成僞自增加, 以蒙顯賞, 是後俗吏多爲虛名云."

31 조광한(趙廣漢, ?~기원전 65): 전한 탁군(涿郡) 사람으로 자는 자도(子都)이다. 젊어서 군리(群吏)와 주종사(州從事)로 치적을 쌓았으며, 경보도위(京輔都尉)를 거쳐 경조윤(京兆尹)에 올랐다. 곽광(霍光)과 함께 선제(宣帝)를 옹립하는 데 참여하여 관내후(關內侯)에 봉해졌다. 영천태수(潁川太守)로 나가 원씨(原氏)와 저씨(褚氏) 등 호족들을 주살하였고, 다시 경조윤이 되어 법을 집행하며 권귀(權貴)라도 용서하지 않았다. 뒤에 일에 연루되어 정위사직(廷尉司直)의 탄핵을 받아 요참형에 처해졌다.

32 개관요(蓋寬饒, ?~기원전 60): 전한 위군(魏郡: 하북성 臨漳) 사람으로, 자는 차공(次公)이다. 선제(宣帝) 때 명경(明經)과 효렴(孝廉)으로 천거되어 태중대부(太中大夫)와 사예교위(司隸校尉) 등을 지냈다. 청렴하고 강직한 성품으로 형법의 남용과 환관의 임용에 반대하였고, 공경(公卿) 귀척(貴戚)이라도 죄상을 조사하여 검거하자 모두들 두려워하였다. 그러나 강직함이 지나쳐 선제의 뜻조차 거스르게 되었다. 황제에게 선양을 부추긴다는 모함을 받아 투옥되자 자살하였다.

33 한연수(韓延壽, ?~기원전 57): 전한 연나라 사람으로 자는 장공(長公)이다. 군(郡)에서 문학(文學)을 지냈다. 곽광에게 발탁되어 간대부(諫大夫)가 되었고, 영천(潁川) 및 동군(東郡) 태수 등을 거쳐 좌풍익(左馮翊)이 되었다. 어사대부 소망지가 한연수의 동군태수 재직 시 공금 횡령 사실을 적발하여 탄핵한 일로 결국 한연수는 기시형(棄市刑)에 처해졌다. 한연수가 죽을 때 그를 흠모한 백성과 관리들 수천 명이 배웅하였다.

34 양운(楊惲, ?~기원전 54.): 전한 경조(京兆) 화음(華陰) 사람이다. 자는 자유(子幼)고, 사마천의 외손이다. 선제 때 좌조(左曹)에 임명되어 곽씨(霍氏) 일족의 음모를 고발해 평통후(平通侯)에

물이 아닌데도 정사를 맡았으니 이른바 "정신을 가다듬고 정사를 행하여 상을 줄 일에는 반드시 상을 주고 벌을 내릴 일에는 반드시 벌을 내렸다"는 것도 빈말일 뿐이었습니다.

臣按: 唐虞之世, 擧十六相·去四凶, 大功二十, 爲天子. 是帝王之所以致雍熙泰和之治, 亦不能外刑賞以爲治也, 誠有如宣帝詔書之所云者矣. 然是詔也, 乃爲膠東相王成, 勞來不倦, 流民自占八萬餘口, 賜之以關內侯爵而下, 抑孰知其所賞者, 乃僞增戶口者邪? 不特此也, 趙·蓋·韓·楊之不得其死, 弘恭·石顯之委任非人, 所謂厲精爲治·信賞必罰, 亦虛言爾!

당 태종이 한번은 방현령(房玄齡)에게 이렇게 말하였다.

봉해졌고, 중랑장(中郞長)과 제리광록훈(諸吏光祿勳)을 역임하였다. 선제가 총애하는 태복(太僕) 대장락(戴長樂)과 사이가 나빴는데, 한번은 대장락이 고소당하는 일이 있자 양운이 시킨 것으로 의심해 대장락도 양운을 비방하는 글을 선제에게 올려 면직당해 서인(庶人)이 되었다. 친구 손회종(孫會宗)과 주고받은 편지에 원망하는 내용이 많았는데 선제가 이것을 보고서 대역무도의 죄목으로 요참형을 내렸다.

35 홍공(弘恭, ?~기원전 47): 전한 패현(沛縣) 사람이다. 젊을 때 죄에 연좌되어 부형(腐刑)을 당하고 중황문(中黃門)이 되었다. 중상서(中尙書)를 거쳐 선제 때 중서령(中書令)에 발탁되었다. 법령과 고사(故事)에 밝았고, 주청을 잘해 총애를 받았다. 뒤에 원제를 옹립하여 석현(石顯)과 함께 신임을 받아 정사를 전횡했으며 전장군(前將軍) 소망지(蕭望之) 등을 모함해 자살하도록 만들었다.

36 석현(石顯, ?~?): 전한 제남(濟南, 산동 章丘) 사람으로 자는 군방(君房)이다. 젊을 때 죄를 지어 부형(腐刑)을 당하고 중황문(中黃門)이 되었다. 선제는 중서 환관을 중용하여 환관 홍공(弘恭)을 중서령(中書令)에, 석현을 중서복야(中書僕射)에 임명하였다. 원제 즉위 후 홍공(弘恭)을 대신하여 중서령이 되었는데, 원제가 병이 들자 대소 정사를 모두 결정하는 등 권세가 높았다. 성제 즉위 후 세력을 잃고 탄핵을 받아 면관되어 귀향하는 도중에 죽었다.

"공훈이 있으면 상을 내리고 죄가 있으면 처벌을 내린다면 누가 감히 마음과 몸을 다해 맡은 직분을 수행하지 않겠는가?"

唐太宗嘗謂房玄齡曰: "有功則賞, 有罪則刑, 誰敢不竭心盡力以修職業."

신은 이렇게 생각합니다. 태종의 이 말은 신하를 어거(馭車)하는 도리를 얻었다고 할 수 있습니다. 그가 봉덕이(封德彝)[37]를 물리치고 천하의 대의를 밝힌 점, 위징(魏徵)[38]을 등용하여 평소 품고 있던 원한을 잊은 점, 배적(裴寂)[39]이 공공연히 뇌물을 받자 비록 고구(故舊)[40]라 할지라도

---

37 봉덕이(封德彝, 568~627): 본명은 봉윤(封倫), 자가 덕이이다. 태종 즉위 초년에 전란을 겪고 흉년이 들어 민심이 흉흉하자 봉덕이는 국법을 엄격하게 적용하는 법치(法治)를 행할 것을 주장하였다. 그러나 태종은 위징(魏徵)의 말을 채용하여 덕치와 교화에 힘쓴 결과 정관지치(貞觀之治)의 치세를 이루었다. 봉덕이가 죽고 나서 태종은 "나는 봉덕이로 하여금 이것을 보게 하지 못하는 것이 애석하다."라고 하였다.

38 위징(魏徵, 580~643): 본향은 거록(鉅鹿) 곡성(曲城)으로 자는 현성(玄成)이다. 수나라 말 혼란기에 이밀(李密)을 따라 당 고조에게 귀순하여 태자세마(太子洗馬)가 되었다. 태자 이건성이 동생 이세민(李世民, 태종)과의 경쟁에서 패한 후 태종에게 불려 간의대부(諫議大夫), 비서감(秘書監)을 역임한 뒤 시중(侍中)이 되었다. 평소 직간(直諫)을 자주 하여 태종의 분노를 샀다. 태종에게 올린 간언은 《정관정요(貞觀政要)》에 수록되어 있다. 그 밖에 《수서(隋書)》, 《유례(類禮)》, 《군서치요(群書治要)》 등의 편찬에 참여하였다.

39 배적(裴寂, 573~632): 포주(蒲州) 상천(桑泉, 산서성 臨猗) 사람으로 자는 현진(玄眞)이다. 14세에 문음으로 주(州)의 주부(主簿)가 되고 좌친위(左親衛)와 시어사(侍御史), 진양궁(晋陽宮) 부감(副監)을 지냈다. 당 개국을 도운 공으로 상서우복야에 임명되고 위국공(魏國公)에 봉해졌다. 무덕 연간(618~626) 상서좌복야에 임명되어 『당률(唐律)』 개정에 참여하고, 사공(司空)에 임명되었다. 정관 3년(629) 승려 법아(法雅)가 그동안 총애를 받아 허용된 궁중 출입이 금지되자 불만을 품고 요언(妖言)을 하는 사건이 있었다. 법아와 교유가 깊었던 배적이 이 일에 연루되어 면관(免官)되고 귀향하도록 처분이 내려졌다. 배적은 경사에 남게 해 달라고 간

배척하여 물리친 점, 소우(蕭瑀)가 이정(李靖)의 잘못을 탄핵하자 그 공로를 기록하고 상을 내린 점[41]을 보건대, 형벌과 상을 내림이 이와 같다면 어떤 신하가 감히 마음과 몸을 다하여 맡은 직분을 수행하지 않겠습니까? 그러나 참언(讖言) 때문에 이군선(李君羨)[42]을 주륙하고, 참소하는 말을 듣고 유계(劉洎)[43]를 죽이고, 외척이라는 이유로 장손무기(長

청했으나 태종은 "무덕 연간에 뇌물이 공공연히 행해지고 기강이 문란한 것은 근원이 모두 당신에게 있다. 다만 당신이 공신이기 때문에 차마 법에 따라 엄하게 처벌할 수 없었을 뿐이다"라고 하며 단호하게 거절하였다.

40 고구(故舊): 《당률소의(唐律疏議)》〈명례율(名例律)〉 7조에 "팔의(八議)"에 관한 규정이 있다. 그 중 두 번째가 "의고(議故)"이며, "고(故)"는 "고구(故舊)"를 가리킨다. 고구란 황제를 옛날부터 가까이 모셨거나, 황제로부터 오랫동안 특별한 대우를 받은 사람을 말한다[謂宿得侍見, 特蒙接遇歷久者]. 팔의에 해당하는 자들이 사죄(死罪)를 범하였다면, 의(議)하여 형량을 정해서 재가를 상주하되 모두 반드시 황제의 결정에 따라야 하며, 관청이 감히 스스로 처결할 수 없다.

41 소우(蕭瑀)가 이정(李靖)의 … 상을 내린 점: 당 태종 때 돌궐(突厥)의 힐리가한(頡利可汗)이 당을 침략했다가 세가 불리하자 사신을 보내 항복할 뜻을 보였다. 태종이 이정을 보내 맞이하도록 했으나 이정은 이 틈을 타 돌궐을 공격하여 멸망시켰고, 태종은 대사면령을 내리고 5일 동안 큰 잔치를 베풀었다. 이때 어사대부 소우가 이정을 탄핵하기를 (화친하라는 군령을 어겨) 군사를 다룸에 규율이 없고 수많은 포로들을 잡아 왔으며 진기한 보물들을 잃어버렸다고 하였다. 태종은 이정을 꾸짖은 후 죄를 사면하고 그 공훈을 그대로 기록하고 소우에게 상을 내렸다고 한다. 《당서(唐書)》 권93 〈이정열전(李靖列傳)〉

42 이군선(李君羨, 592~648): 낙주(洺州) 사람으로 자는 준례(遵禮)다. 처음에 이밀(李密) 휘하에 있다가 이연(李淵)에게 귀부한 후 태종 때 좌무후중랑장(左武候中郎將)이 되고 무련현공(武連縣公)에 봉해졌다. 정관 초에 태백성(太白星)이 낮에 나타나는 이변이 여러 차례 있었는데 천문을 담당하는 태사가 '여자 군주가 일어날 징조'라고 해석하였다. 또 민간에는 '천하는 여주무왕(女主武王)이 차지할 것'이라는 소문이 돌았다. 이에 태종은 무씨(武氏) 성을 가진 여자를 찾아내라고 명을 내렸는데, 마침 이군선의 어릴 적 이름이 여자 이름인 오랑(五娘)이고, 관직은 무위장군(武威將軍)이며, 개국공신으로 무련현공에 봉해졌으므로 모두 '武'자가 들어간다. 이군선은 마침내 '무씨 성을 가진 여자'로 지목되어 처형되었다.

43 유계(劉洎, ?~646): 형주(荊州) 강릉(江陵) 사람으로 자는 사도(思道)이다. 급사중(治事中)·치서시어사(治書侍御史)·상서우승(尙書黃門)·시중(封中) 등을 역임했으며 직간을 잘했다. 태종이 요

孫無忌)에게 식읍을 봉하고, 뇌물을 받은 장손순덕(長孫順德)[44]에게 견(絹)을 하사한 것을 보면 또한 모두 다 공정한 마음에서만 나온 것은 아니었으니, 애석한 일입니다.

臣按: 太宗此言, 可謂得馭臣之道矣. 觀其斥封德彝以明天下之義, 用魏徵而忘平日之讎, 裴寂貨賂公行, 雖故舊亦行貶斥, 蕭瑀劾李靖之過, 乃錄其功而賞之, 刑賞如是, 則臣下孰敢不竭心盡力以修職業哉? 然以讖言而誅李君羨, 以譖言而殺劉洎, 以外戚而封長孫無忌, 以受賂而賜長孫順德, 則又不能盡出於公也, 惜哉!

송나라 주희가 말하였다.[45]

동 지방 정벌에 나섰을 때 정주(定州)에 남아서 태자 이치(李治)의 감국(監國)을 보좌하며 태자좌서자(太子左庶子)를 겸직하였다. 태종의 건강이 좋지 않다는 소식을 듣고 근심하는 말을 하였는데, 저수량(褚遂良)이 태종에게 "유계가 '국사는 염려할 것이 없으니 이윤(伊尹)과 곽광(霍光)의 고사에 따라 유주(幼主, 태자)를 보좌하고 딴마음을 가진 신하를 주륙하면 저절로 안정될 것이다'라는 말을 했다"고 모함하였다. 태종이 완쾌되어 유계에게 이 일을 물었을 때 유계는 사실대로 대답했으나 저수량이 자신의 주장을 굽히지 않아 마침내 태종은 유계에게 사사(賜死)하여 자결토록 하였다.

44 장손순덕(長孫順德, ?~?): 낙양 사람으로 장손무기(長孫無忌)의 족숙(族叔)이다. 수나라에서 우훈위(右勳衛)를 지냈으며 나중에 이연(李淵)에게 귀순한 후 태종을 따라 정벌에 나서 공을 세워 좌효위대장군(左驍衛大將軍)이 되고 설국공(薛國公)에 봉해졌다. 탐욕이 많아 뇌물을 받은 혐의로 탄핵을 받자 태종이 비단을 하사하여 수치심을 가지도록 하였다. 얼마 후 이효상(李孝常)의 반란 사건에 연루되어 제명되었으나 태종의 배려로 택주자사(澤州刺史)에 임명되었고 재직 중에 죽었다.

45 이 글은 주희의 〈순전상형설(舜典象刑說)〉에 나온다. 〈순전상형설〉은 주희가 《서경》〈순전(舜典)〉의 "象以典刑 …" 이하의 구절을 논하면서 자신의 형법에 관한 견해를 피력한 글로 《회암집(晦庵集)》 권67 또는 《주자대전(朱子大全)》 권67 〈잡저(雜著)〉에 실려 있다.

"성인의 마음은 대상[物]에 감촉되기 전에는 그 (마음의) 체(體)가 넓고 크며 텅 비고 밝아서 털끝만큼도 편벽되거나 치우침이 없으니, 이른바 천하의 대본(大本)이라 한다. 그 대상에 감촉됨에 미쳐서는 희로애락(喜怒哀樂)의 작용이 각기 감촉된 바를 따라 응하되 하나라도 절도에 맞지 않는 것이 없으니, 이른바 천하의 달도(達道)라고 한다.[46] 대개 (성인의 마음은) 본체[體]로 말하면, 아직 사물이 비춰지지 않아 텅 비어 있을 따름인 거울과도 같고, 물건을 올려놓기 전에 평평할 따름인 저울대와도 같다. 그 작용[用]으로 말하면, 지극히 텅 비어 있는 거울은 아름답고 추함이 그 모습을 감출 곳이 없고, 지극히 평평한 저울은 무거움과 가벼움이 그 법칙(눈금)을 어길 수 없다. 이것이 중(中)과 화(和)를 지극히 이루면 천지가 제자리를 잡고 만물이 제대로 생육되는[47] 이유이며, 비록 천하의 큰 것이라 할지라도 내 마음의 조화(造化) 속을 벗어날 수 없는 것이다.

이로써 논한다면 성인이 천하에 대해서 경상(慶賞)을 내리고 위형(威刑)을 가하는 것이 모두 유래가 없지 않음을 알 수 있으니, 〈순전(舜典)〉에서 논한 '자신들의 치적(治積)을 말로 아뢰게 하고 그 공로를 밝게 시험해서 공로가 있으면 수레와 의복을 내려 표창하셨다'[48]라는 말과 저 형벌을 제정하고 죄를 엄히 밝히는 뜻을 모두 말할 수 있다. 비록 그렇다고는 하나, 기뻐하며 상을 내리는 것은 양(陽)이니 성인이 원하는 바이고, 노여워하며 형벌을 내리는 것은 음(陰)이니 성인이 싫

---

46 성인의 … 달도(達道)라고 한다: 대본(大本), 달도(達道) 모두 《中庸章句》에 나오는 말이다.

47 '중(中)과 화(和)를 … 생육되는: 《中庸章句》 제1장에 나오는 말이다.

48 '자신들의 치적(治積)을 … 표창하셨다': 《서경》 〈순전(舜典)〉에 나오는 말이다.

어하는 바이다. 이 때문에 성인의 마음이 비록 지극히 텅 비고 지극히 평평하여 편벽되거나 치우침이 없다 할지라도 경상과 형벌 사이에서 일을 처리함에 있어서는 조금 다를 수밖에 없고, 그래서 다시 '죄가 의심스러우면 가볍게 형벌하시고, 공이 의심스러우면 무겁게 포상하셨다'[49]라고 하였으니 이것이 바로 성인의 은미한 뜻이다. 그러나 이를 행함에 있어서는 비록 상을 내리는 것을 좋아한다 해도 공이 없는 선비에게 상을 내릴 수 없고, 비록 형벌을 내리는 것을 싫어한다 해도 죄 있는 사람을 감히 풀어 줄 수 없다. 공과 죄의 실상이 진실로 환하여 의심이 없다면 비록 상과 형벌을 가볍게 하거나 무겁게 하고 싶어도 할 수가 없는 것이다. 이는 또한 마음이 텅 비고 평평하지 않은 적이 없으므로 대본(大本)이 확립되고 달도(達道)가 행해지는 것은 진실로 원래 그대로이다."

宋朱熹曰: "聖人之心, 未感於物, 其體廣大而虛明, 絕無毫髮偏倚, 所謂天下之大本者也. 及其感於物也, 則喜怒哀樂之用, 各隨所感而應之, 無一不中節者, 所謂天下之達道者也. 蓋自本體而言, 如鏡之未有所照則虛而已矣, 如衡之未有所加則平而已矣; 至語其用, 則以其至虛而好醜無所遁其形, 以其至平而輕重不能違其則, 此所以致其中和而天地位·萬物育, 雖以天下之大而不外乎吾心造化之中也. 以此而論, 則知聖人之於天下, 其所以慶賞威刑之具者, 莫不各有所由, 而《舜典》所論'敷奏以言, 明試以功, 車服以庸', 與夫制刑明辟之意, 皆可得而言矣. 雖然, 喜而賞者陽也, 聖人之所欲也; 怒而刑者陰也, 聖人之所惡也. 是

49 '죄가 의심스러우면 … 포상하셨다.': 《상서》 〈대우모(大禹謨)〉에 나오는 말이다.

以聖人之心雖曰至虛至平, 無所偏倚, 而於此二者之間, 其所以處之, 亦不能無少不同者, 故其言又曰, '罪疑惟輕, 功疑惟重', 此則聖人之微意. 然其行之也, 雖曰好賞, 而不能賞無功之士, 雖曰惡刑, 而不敢縱有罪之人, 而功罪之實, 苟已曉然而無疑, 則雖欲輕之重之, 而不可得. 是又未嘗不虛不平, 而大本之立·達道之行, 固自若也."

신은 이렇게 생각합니다. 주희의 이 말은 근본을 추론하여 말한 것입니다.

臣按: 朱熹此言, 推本之論.

이상은 상벌의 시행을 공정히 함에 대해 논하였다.

以上, 公賞罰之施

치국평천하의 요체[治國平天下之要]

조정을 바르게 함[正朝廷]

호령(號令)의 반포를 삼감[謹號令之頒]

《주역》〈구괘(姤卦)〉 대상전(大象傳)에서 말하였다.

하늘 아래 바람이 있는 것이 구(姤)이니【구(姤)는 만난다는 뜻이다.】, 인군【후(后)는 인군(人君)이다.】이 그것을 보고서 명(命)을 베풀어 사방에 알린다.

《易·姤卦》大象曰: 天下有風, 姤【遇也】. 后【人君也】以施命誥四方.

정이(程頤)가 말하였다.

"바람이 하늘 아래에서 불어 두루 미치지 않음이 없으니, 인군이 그 두루 미치는 상(象)을 관찰하여 명령을 베풀어 사방에 두루 알리는 것이다."

程頤曰: "風行天下, 無所不周, 爲君后者, 觀其周徧之象, 以施其命令, 周誥四方也."

신은 이렇게 생각합니다. 옛사람의 말에 "바람은 하늘의 호령이니 만물을 고무하는 것이고, 명(命)은 군주의 호령으로 만민을 고무하는 것이다. 바람은 하늘로부터 아래로 불어 만나지 않는 사물이 없으니 군주의 명령이 참으로 이와 비슷하다. 인군은 구중궁궐 존귀한 자리에 거처하므로 아래의 백성들과 본래 서로 마주칠 일이 없지만, 왕언(王言)이 한 번 공포되면 만민이 앞을 다투어 즐겁게 보아 아래에서 고무되지 않음이 없으니, 이로써 인군과 백성의 마음이 비로소 만나게 되는 것이다"[50]라고 하였습니다. 이로부터 보면 인군이 명령을 반포하는 것은 군주의 덕을 펼쳐 보이고 백성들의 마음을 감동시키는 것이니, 그 기괄(機括)[51]의 중대성과 전이(轉移)의 절묘함이 이와 같다면 가히 삼가지 않을 수 있겠습니까?

臣按: 昔人有言, 風者, 天之號令, 所以鼓舞萬物; 命者, 君之號令, 所以鼓舞萬民. 風自天而下, 無物不遇, 而君之命令實似之. 人君尊居九

---

50 "바람은 하늘의 … 만나게 되는 것이다.": 《주역전의대전(周易傳義大全)》 〈구괘(姤卦)〉의 중계(中溪) 장씨(張氏)의 주(註)에 나온다. 중계 장씨는 송말의 학자 장청자(張淸子)로 자가 희헌(希獻)이며 중계는 그의 호이다. 송이 망한 후 출사하지 않았다.

51 기괄(機括): 쇠뇌의 시위를 거는 곳[弩牙]과 화살의 시위를 메우는 부분[箭括]을 말하며 사물의 매우 중요한 부분을 일컫는다.

重, 與下民本無相遇之理. 惟王言一布, 則萬民爭先快覩, 莫不鼓舞於其下, 而君民之心始遇矣. 由是觀之, 人君命令之頒, 所以布君之德·感民之心, 其機括之大·轉移之妙有如此者, 可不謹哉!

《주역》〈손괘(巽卦)〉 단전(彖傳)에서 말하였다.
중복된 손(巽)으로 명령을 거듭하니.

《巽》之彖曰: 重巽以申命.

정이(程頤)가 말하였다.

"'중복된 손[重巽]'이란 상체와 하체가 모두 손괘(巽卦☴)라는 것이다. 위는 도를 따르면서 명령을 내고 아래에서는 명령을 받들어 순종하여 위와 아래가 모두 유순하니 거듭 공손한 상이다. 군자는 '중복된 손'의 뜻을 체득하여 그 명령을 거듭 반복한다. '신(申)'은 중복의 뜻으로 간곡히 당부함을 이른다."

程頤曰: "重巽者, 上下皆巽也. 上順道以出命, 下奉命而順從, 上下皆順, 重巽之象也. 君子體重巽之義, 以申復其命令. 申, 重復也, 丁寧之謂也."

신은 이렇게 생각합니다. 손(巽)괘의 괘상(卦象)은 바람이니, 바람이 사물에 불면 곳곳에 들어가지 않음이 없고 사물마다 고동(鼓動)시키지 않음이 없습니다. 조령(詔令)이 사람들에게 들어가 살 속에 스며들고 골수에 젖어 드는 것 또한 바람이 사물을 움직이게 하는 것과 같습니다. 인군은 손괘의 상을 체득하여 인심에 따라 일을 행하되, 거듭 반복하여 간곡하게 당부하고, 반드시 위와 아래가 모두 이를 순리적인 일이라 생각하여 인심을 거스르지 않은 연후에 그 일을 행해야만 덕이 사람들에게 깊숙이 들어가고 은택이 사람들에게 두터이 미칠 것입니다.

臣按: 巽之卦象, 風也, 風之吹物, 無處不入·無物不鼓動, 詔令之入人, 淪於肌膚·浹於骨髓, 亦如風之動物也. 人君體《巽》之象, 順人心以行事, 重復而丁寧之, 必須上下皆以爲順, 而不拂逆人心, 然後行之, 則德之入人也深, 而澤之及人也厚矣.

〈손괘(巽卦)〉 상전(象傳)에서 말하였다.

따르는 바람이 손(巽)이니, 군자가 그것을 본받아 명령을 거듭 내려 정사를 행한다.

象曰: 隨風, 巽. 君子以申命行事.

정이(程頤)가 말하였다.

"두 바람이 서로 거듭함이 '따르는 바람[隨風]'이니, '따른다[隨]'는 서로 잇는다는 뜻이다. 군자는 '거듭된 손[重巽]'이 서로 이어서 따르는 상을 보고서 명령을 거듭 내려 정사를 행한다. 따름[隨]과 거듭함[重]은 위와 아래가 모두 따르는 것이다. 위는 아래를 따라 명령을 내고 아래는 위를 따라 명령을 좇으니, 위와 아래가 모두 따르는 것이 '거듭된 손[重巽]'의 뜻이다. 명령과 정사가 이치에 따르면 민심에 합하고 백성들이 순종하게 된다."

程頤曰: "兩風相重, 隨風也. 隨, 相繼之義. 君子觀重巽相繼以順之象, 而以申命令·行政事. 隨與重, 上下皆順也. 上順下而出之, 下順上而從之, 上下皆順, 重巽之義也. 命令·政事順理, 則合民心而民順從矣."

신은 이렇게 생각합니다. 선유(先儒)가 말하기를 "손(巽)괘는 바람[風]이 되니, 바람이란 하늘의 호령을 발양하는 것이고, 바람이 바람을 따르면서 어긋나지 않으니 이것이 '거듭된 손[重巽]'의 상이다. 위에 있는 군자가 따르는 바람[隨風]인 손(巽)을 체득하여 나가서 호령을 발포하고 시행하되, 모든 일에 반드시 상세히 살피기를 거듭 반복하고, 한번 재차 명령을 내린 연후에 일을 행함[行事]을 보인다면, 사방으로 바람이 불어 사물을 움직이게 하듯이 순조롭게 백성들에게 명령이 들어가기 쉬울 것이다. '거듭하여 명령을 내리는[申命]' 것은 일을 행하기에 앞서 경계를 극진히 하기 위함이요, '일을 행함[行事]'이란 거듭 명령을 내린 후에 그 말을 실천하는 것이다."[52]라고 하였습니다.

이로부터 보면, 인군이 조령(詔令)을 낼 때는 반포하기 전에 미리 자세히 살피지 않아서는 안 되고, 더욱이 이미 반포한 뒤에는 그대로 실천하지 않아서는 안 될 것입니다. 반포하기 전에는 자세히 살펴서 행할 수 없는 일은 명령을 내지 말아야 하고, 반포한 후에는 실천에 옮겨 이미 말을 한 이상 행하지 않아서는 안 됩니다. 후세의 조령은 사전에 자세히 살피지도 않고 경솔하게 조목을 만들기 때문에 이를 시행한 뒤에는 종종 위태롭거나 저촉되기도 하고, 견제와 방애(妨礙)를 받아 행할 수 없는 경우도 있습니다. 이것이 바로 조령이 신민(臣民)에게 신뢰받지 못하고 조령이 반포되어도 사람들 대개가 이를 허언(虛言)으로 여겨 국가에 갑자기 위급한 일이 생겨도 이 때문에 기회를 놓치거나 일을 그르치는 경우가 많은 이유입니다.

臣按: 先儒謂巽爲風, 而風者所以發揚天之號令, 風隨風而不逆, 此重巽之象也. 在上之君子, 體隨風之巽, 出而發號施令, 凡事必申復詳審, 一再命之然後, 見之行事, 則四方風動, 順而易入. 申命者, 所以致其戒於行事之先, 行事者, 所以踐其言於申命之後. 由是觀之, 人君詔令之出, 不可不詳審於未頒之前, 尤不可不踐行於既頒之後. 審之於前, 不可行者, 則不言也. 踐之於後, 既言之矣, 則不可不行也. 後世之詔, 惟其失於詳審, 輕爲條款, 故既行之後往往杌棿齟齬, 有所牽制妨礙, 而不可行焉. 此其詔令所以不見信於臣民, 有所頒布, 人率以虛言視之. 國家猝有急切之事, 因之而失機敗事者多矣.

52 손(巽)괘는 바람[風]이 … 실천하는 것이다: 《주역전의대전(周易傳義大全)》 〈손괘(巽卦)〉의 건안(建安) 구씨(丘氏) 구부국(丘富國)의 주(註)에 나온다.

《환괘(渙卦)》에서 말하였다.

구오는, 흩어지는[渙] 때에 땀을 내듯이 큰 호령을 발한다.

《渙》: 九五, 渙, 汗其大號.

정이(程頤)가 말하였다.

"군주와 신하가 덕을 합하여 굳세고 중정하며[剛中正] 손순(巽順)한 도로 흩어짐[渙]을 다스리니, 오직 인심에 협흡(浹洽)하게 함에 달려 있다. (인심에 협흡하면) 순종한다. 마땅히 호령을 민심(民心)에 젖어들게 하여 사람 몸의 땀이 사체(四體)에 젖어들듯이 하면 믿고 복종하여 따를 것이다. 이와 같이 하면 천하의 흩어짐[渙]을 구제할 수 있다."

程頤曰: "君臣合德, 以剛中正巽順之道, 治渙, 唯在浹洽於人心, 則順從也. 當使號令洽於民心, 如人身之汗浹於四體, 則信服而從矣. 如是, 則可以濟天下之渙."

주희가 말하였다.

"양강(陽剛) 중정(中正)으로 존귀한 지위에 있으니, 흩어지는 때를 당하여 그 호령을 널리 전할 수 있으면 흩어짐[渙]을 구제하여 허물이 없을 것이다. 구오는 손괘(巽卦)의 몸체이니, 호령(號令)의 상이 있다. '한(汗)'은 땀이 나오듯 하여 되돌아가지 못함과 같음을 이른다."

朱熹曰: "陽剛中正, 以居尊位. 當渙之時, 能散其號令, 則可以濟渙而無咎矣. 九五, 巽體, 有號令之象, 汗謂如汗之出而不反也."

주희가 또 말하였다.

"흩어지는[渙] 때에 땀을 내듯이 큰 호령을 발함에서, 호령을 산포할 때는 마치 땀이 수천 개의 모공(毛孔)에서 흘러나와 사방으로 흩어지듯 해야 한다. 인군의 호령은 인군의 마음으로부터 나와야 하니, 중심에서 바깥으로, 가까운 곳으로부터 먼 곳으로, 아무리 아득하고 먼 곳이라도 미치지 않는 데가 없으니, 사람 몸의 땀이 안에서 흘러나와 사체(四體)를 흠뻑 적시는 것과도 같다."

又曰: "渙汗其大號, 號令當教,[53] 而[54]汗之出千毛百竅中迸散出來. 人君之號令, 當出乎人君之中心. 由中而外·由近而遠, 雖至幽至遠之處, 無不被而及之, 亦猶人身之汗, 出乎中而浹于四體也."

신은 이렇게 생각합니다. 인군은 인심이 흩어질 때를 당해 이를 수렴하기 위해서는 큰 호령을 내지 않으면 안 됩니다. 그러므로 흩어질

53 教: 《주자어류(朱子語類)》 권73 〈역(易)〉 '환(渙)'괘의 다음 구절에 따라 '산(散)'으로 고쳐 번역하였다. "渙是散底意思. 物事有當散底: 號令當散, 積聚當散, 群隊當散. … 人之所當渙者, 莫甚於己私, 其次 … 其次便渙散其號令與其居積, 以用於人. …"

54 而: 가정본(嘉靖本)에는 '如'로 되어 있어 번역에서는 이를 따랐다.

때를 당하면 반드시 호령을 반포하되 마치 몸에서 땀이 나와 온몸을 흠뻑 적시듯이 한 연후에야 허물을 면할 수 있습니다. 당나라 덕종(德宗)의 봉천(奉天) 조서[55]와 송나라 고종(高宗)의 중흥(中興) 조서[56] 두 가지를 증험으로 들 수 있습니다.

臣按: 人君當人心渙散之時而欲收之, 非有大號令不可也. 故當渙之時, 必有號令之頒, 如身之出汗, 無處而不浹洽, 然後可以免咎也. 觀唐德宗奉天·宋高宗中興二詔可驗矣.

《서경》〈다방(多方)〉에서 주공이 말하였다.

"왕이 이렇게 말씀하셨다. '아! 너희 사방 나라와 여러 지방의 제후들에게 고한다.'"

---

55 봉천(奉天) 조서: 당나라 덕종(德宗, 재위 779~805) 건중(建中) 4년(783) 번진(藩鎭) 이희열(李希烈)이 반란을 일으키자 덕종은 경원절도사(涇原節度使) 요영언(姚令言)에게 토벌을 명하였으나 일부 군병들이 조정의 형편없는 대우에 격분하여 반란을 일으키고 경성(京城)을 약탈하였다. 덕종은 난리를 피해 봉천(奉天, 섬서)으로 파천하였으나, 반란군에 의해 추대된 주자(朱泚)가 봉천까지 추격하여 성을 공격하는 바람에 위기에 처했다가 구원병이 도착하여 가까스로 화를 면하였다. 봉천 파천 당시 한림학사(翰林學士) 육지(陸贄)가 덕종에게 나라의 위기를 자신의 허물로 돌리는 '죄기조서(罪己詔書)'를 내리도록 권하였는데, 교만한 장수와 사나운 병졸들도 이를 보고 감읍(感泣)하지 않는 이가 없었다고 한다.

56 중흥(中興) 조서: 남송 고종(1107~1187)은 휘종(徽宗)의 9자이자 흠종(欽宗)의 동생이다. 정강(靖康) 2년(1126) 휘종과 흠종이 금나라에 잡혀가자 남경에서 즉위하였으나 금군의 공격으로 각지를 전전하다가 소흥(紹興) 8년(1138) 임안(臨安, 지금의 杭州)에 수도를 정하였다. 그러나 고종은 금나라와의 화의(和議)를 주장하는 재상 진회(秦檜)를 중용하여 주전파 악비(岳飛) 등을 주살하고 금나라에 칭신(稱臣)하며 세공(歲貢)을 바쳤다. '중흥 조서'는 고종이 즉위 당시 반포한 송나라의 중흥을 선언하는 조서로 생각된다.

《書·多方》周公曰: "王若曰, 猷, 告爾四國多方."

여조겸(呂祖謙)[57]이 말하였다.

먼저 '주공왈(周公曰)'이라 말하고 다시 '왕약왈(王若曰)'이라 말한 것은 어째서인가? 주공이 왕의 명령을 전하는 것이지 주공 (자신의) 명령이 아니라는 것을 분명히 하기 위해서이다. 사방에 두루 고하는 것은 어째서인가? 은나라와 엄(奄)나라【엄(奄)은 회이(淮夷)의 일종이다.】가 여러 차례 반란을 일으키고 이들이 선동하여 반란으로 몰아간 족속들이 널리 존재하였으므로, 지금 비록 반란을 평정했다 해도 비유컨대 여러 가지 사악한 병의 잔재가 여전히 폐부에 남아 있어 언제 발작을 일으킬지 몰라 염려되는 것과 같다. 그러므로 '흩어지는 때에 큰 호령을 발하여' 주나라가 천명을 받게 된 공(功)과 전대에 이룬 사적, 그리고 정벌·주륙과 안집(安集)의 시말을 차례로 서술하여 사방으로 하여금 모두 함께 이를 듣게 하여 군중들의 의심을 크게 타파하고 혼란의 근원을 깊이 제거한 것은 대개 여기에 근거한다. 전쟁이 그치고 형벌

57 여조겸(呂祖謙, 1137~1181): 남송 무주(婺州) 금화(金華) 사람으로, 자는 백공(伯恭), 호는 동래선생(東萊先生)이다. 여대기(呂大器)의 아들이다. 효종(孝宗) 융흥(隆興) 원년(1163) 진사가 되고 다시 박학굉사과(博學宏詞科)에 합격했다. 저작랑(著作郎) 겸 국사원편수관(國史院編修官)을 거쳐 《휘종실록》 중수에 참여하고, 《황조문감(皇朝文鑒)》을 편찬 간행했다. 임지기(林之奇)와 왕응진(汪應辰) 등에 사사했으며, 주희(朱熹), 장식(張栻) 등과 사귀며 폭넓은 학식을 갖추었다. 저서에 《여씨가숙독시기(呂氏家塾讀詩記)》 32권, 《동래선생좌씨박의(東萊先生左氏博議)》 25권, 《여동래선생문집(呂東萊先生文集)》 40권, 《역대제도상설(歷代制度詳說)》 등이 있으며, 주희와의 공저(共著)인 《근사록(近思錄)》은 특히 유명하다.

을 쓰지 않은 지 40여 년, 그 또한 주공이 널리 훈계하여 고한 덕분이런가.

呂祖謙曰: "先曰'周公曰', 而復曰'王若曰', 何也? 明周公傳王命而非周公之命也. 徧告四方者, 何也? 殷奄【卽淮夷之一種】屢叛, 驅扇者廣. 今雖平殄, 譬諸餘邪遺疾猶或在肺腑間, 恐或有時而發也, 故渙發大號, 歷敘天命之功·前代之事·征誅安集之本末, 俾四方咸與聞之, 大破群疑, 深絕亂根, 蓋本於是. 兵寢刑措者四十餘年, 其亦訓誥之助歟."

신은 이렇게 생각합니다. 후세의 신하들이 왕의 말[王言]을 대신 전하는 것은 여기에 뿌리를 두고 있습니다. 국가에 불행히 형벌과 토벌, 정벌과 주륙의 사안이 있을 때 그 가부(可否) 사이에 있거나 형태가 비슷하여 의심을 받는 경우에는, 반드시 모든 것을 빠짐없이 상세히 밝혀서 천하에 반포하여 사람들 마음으로 하여금 나의 뜻이 향하는 곳을 환히 알게 하고, 사실에 근거하여 죄를 정하고 죄에 따라 형벌을 가함이 대체로 부득이하다는 것을 알도록 해야 합니다. 이렇게 하면 군중들의 의심이 풀리고 사람들 마음이 복종하게 되어 혼란의 뿌리가 영구히 단절되고 국시(國是)가 분명히 드러날 것입니다.

臣按: 後世人臣, 代傳王言, 蓋本諸此. 國家不幸而有刑討·征誅之事, 在可否之間·涉形似之疑者, 必須明白詳悉, 頒布天下, 使人心曉然知吾意嚮之所在, 因其情而定其罪, 隨其罪而加以刑, 蓋有不得已焉者. 如此則群疑釋而人心服, 亂根永絕, 而國是明著矣.

《서경》〈주관(周官)〉에서 왕이 말씀하셨다.

"아! 무릇 우리 관직을 소유한 군자들이여! 그대들이 맡은 직책을 공경히 행하고, 그대들이 내는 명령을 삼갈지어다. 명령을 내는 것은 오직 행하기 위함이요, 이를 되돌리려 함이 아니니, 공(公)으로 사(私)를 멸하면 백성들이 믿고 복종할 것이다."

《周官》王曰: "嗚呼, 凡我有官君子, 欽乃攸司, 愼乃出令, 令出惟行, 弗惟反. 以公滅私, 民其允懷."

채침(蔡沈)이 말하였다.

"'반(反)'은 내는 명령이 행해질 수 없어서 막히고 거슬리는 것을 말한다. 그대들이 맡은 직책을 공경히 행하고 그대들이 내는 명령을 삼가라고 말한 것은 명령을 내는 것은 그것을 행하고자 함이지, 막히고 거슬려 행하지 않고자 하는 것이 아니기 때문이다. 천하의 공리(公理)로 일신의 사정(私情)을 멸하면 명령이 행해져서 백성들이 공경히 믿고 진심으로 따르지 않는 자가 없으리라는 것을 말하였다."

蔡沈曰: "反者, 令出不可行而壅逆之謂. 言敬汝所主之職, 謹汝所出之令, 令出欲其行, 不欲其壅逆而不行也. 以天下之公理滅一己之私情, 則令行而民莫不敬信懷服矣."

신은 이렇게 생각합니다. 호령 가운데 중요한 것은 본디 군주로부터 나오지만, 여러 관부에서 그 속관들에게 지시사항을 조목조목 하달하는 것도 호령입니다. 그러므로 성왕(成王)이 백관들을 훈도(訓導)한 다음, 다시 존비(尊卑)와 대소(大小)의 관리들을 합하여 함께 훈계한 것입니다. 대저 조정의 정사는 위로부터 아래로 행해지고 안으로부터 바깥으로 행해지며 반드시 호령을 빌어 그것을 달성하는데, 호령을 내기 전에 반드시 삼가 깊이 살피고 자세히 헤아려 그것이 반드시 행할 수 있고 또 폐단이 없다는 것을 안 연후에 호령을 내야 합니다. 이미 호령을 낸 뒤에는 반드시 그것이 두루 시행되어도 지장이 없고 막히거나 거슬려서 되돌려지는 일이 없도록 해야 합니다. 그러나 호령을 내더라도 오직 공리(公理)로 사정(私情)을 멸한 후라야 가히 행해질 수 있고 되돌려지는 일이 없을 것입니다. 만약 사사로움이 이기고 공도(公道)가 미약하다면 장차 호령이 되돌려지고 거슬려져 행해질 수 없으니 또한 무슨 수로 백성들로 하여금 모두 공경히 믿고 진심으로 따르도록 하겠습니까?

臣按: 令之大者固出於君, 而百司庶府, 下其教條於其屬, 亦令也. 故成王既訓迪百官, 而又合其尊卑大小而同訓之焉. 夫朝廷之政, 由上而行之於下, 由內而行之於外, 必假命令以達之. 於其未出之前, 必須謹審詳度, 知其必可行而無弊, 然後出之. 既出之後, 必欲其通行而無礙, 不至於壅塞而反逆可也. 然其所出之令, 一惟以公理而滅私情, 然後可行而不反, 苟或私勝而公微, 則將反逆而不可行矣, 又何以使民咸敬信而懷服也哉?

《시경》〈대아(大雅) 억(抑)〉 편에서 말했다.

계책【모(謨)는 계책(謀)의 뜻이다.】을 크게 하고【우(訏)는 크다는 뜻이다.】 호령【명(命)은 호령(號令)이다.】을 살펴 정하며, 계획【유(猶)는 도(圖)의 뜻이다.】을 장구하게 하고, 때에 맞게【신(辰)은 시(時)의 뜻이다.】 고하네.

《詩·大雅·抑》之篇曰: 訏【大也】謨【謀也】定命【號令也】, 遠猶【圖也】辰【時也】告.

주희가 말하였다.

"우모(訏謨)는 계책을 크게 함[大謀]이다. 계책을 크게 한다는 것은 일신을 위한 계책이 아니라 천하에 대한 생각이 있음을 말한다. 정(定)은 자세히 살펴 정해서 바꾸거나 고치지 않는 것이다. 계획을 장구하게 한다[遠謀]는 것은 한때를 위한 계책이 아니라 장구히 이어갈 규모의 계책을 말한다. 신고(辰告)는 때에 맞게 포고한다는 뜻이다."

朱熹曰: "訏謨, 大謀也. 大謀, 謂不爲一身之謀而有天下之慮也. 定, 審定不改易也. 遠謀, 謂不爲一時之計, 而爲長久之規也. 辰告, 謂以時播告也."

신은 이렇게 생각합니다. 인군이 사방에 훈계를 보이고자 할 때는 반드시 그 계책을 크게 하는데, 이는 일신을 위해서가 아니라 반드시 천하를 위한 끝없는 염려가 그 안에 담겨 있기 때문입니다. 그 호령을 자세히 살펴 정하는 것은 이를 감히 가볍게 바꾸지 않고 반드시 한

번 정하면 바꿀 수 없는 제도를 만들기 위해서입니다. 이에 멀리 앞날을 내다보고 돌이켜보아, 원대한 계획을 깊이 생각하며, 끝마치는 바를 상고하고 가리는 바를 염려하며[58], 덜고 보태는 것을 그때그때 적당하게 하여 반드시 장구히 이어갈 계책이라 할 수 있은 연후에 때에 맞게 포고해야 할 것입니다. 이와 같이 하면 호령의 반포와 도모하는 일이 영원토록 폐단이 없을 것이고, 한때에 시행한 일이 백세토록 본보기가 될 수 있을 것입니다. 후세의 군주들은 계책이 얕고 행동이 경솔하여 쉽게 호령을 발포하는데, 말로는 할 수 있으나 시행할 수 없는 경우가 많고, 설사 시행할 수 있다 해도 다만 일시적으로 쓸 수 있을 뿐 오래도록 전할 수는 없습니다. 그리하여 아침저녁으로 계획을 뜯어고쳐 백성들이 준수할 바를 알지 못하니, 이 때문에 호령을 반포해도 백성들은 이를 대수롭지 않게 여기고, 하루아침에 갑작스러운 변고를 만나 편향을 바로잡고 위급한 상황을 구제하려 해도 아랫사람들은 그 이유를 알지 못해 왕왕 돌이킬 수 없는 상황에 이르기도 합니다. 아! 삼가지 않을 수 있겠습니까?

臣按: 人君欲示訓於四方也, 必廣大其謀謨, 不爲一身而必爲天下無終窮之慮; 審定其號令, 不敢輕易, 而必爲一定不可易之制. 於是乎長慮却顧, 深思遠圖, 稽其所終所蔽, 益之損之, 與時宜之, 必可爲久遠之

58 끝마치는 … 염려하며: 《예기(禮記)》 〈치의(緇衣)〉편에 "말을 하면 반드시 그 끝마치는 바를 염려하고, 행동을 하면 반드시 그 가리는 바를 상고한다.[故言必慮其所終, 而行必稽其所敝.]"라는 말이 있다. "말을 하면 반드시 그 끝마치는 바를 염려한다"는 것은 말에 행동이 따르지 않으면 공허하고 헛된 것이 될 것을 걱정하기 때문이다. "행동을 하면 반드시 그 가리는 바를 상고한다"는 것은 그 말류(末流)들이 혹 편벽될까 염려되기 때문이다.

規, 然後以時而播告之焉. 如此, 則夫號令之頒·圖惟之事永永無弊, 施之於一時者, 可以爲法於百世矣. 後世世主, 淺謀輕擧, 容易發爲號令, 可言而不可行者多矣. 縱有可行, 亦惟可用於一時, 不可詒之於久遠. 於是朝更夕改, 民不知所遵守, 是以號令之頒, 民視之以爲泛常, 一旦遇夫倉猝之變, 有所補徧救急, 而下人不知其所以, 而往往至於不可救藥. 吁, 可不謹哉!

《춘추곡량전(春秋穀梁傳)》에서 말하였다.[59]

천하를 주관하는 것은 하늘이다. 하늘을 계승한 자는 군주이다. 군주가 존재하는 것은 명령을 내리기 위해서이다. 신하된 자가 그 군주의 명령을 침범하여 사용하면 이는 신하답지 못한 것이다. 군주된 자가 그의 명령을 잃어버리면 이는 군주답지 못한 것이다. 군주가 군주답지 못하고, 신하가 신하답지 못하면 이것이 천하가 기울어지는 이유이다.

《春秋穀梁傳》曰: 爲天下主者, 天也. 繼天者, 君也. 君之所存者, 命也. 爲人臣而侵其君之命而用之, 是不臣也; 爲人君而失其命, 是不君也. 君不君·臣不臣, 此天下所以傾也.

신은 이렇게 생각합니다. 군주는 하늘을 대신하여 명령을 내는 자이

59 《곡량전》〈선공(宣公) 14년〉에 나온다.

고, 신하는 군주를 대신하여 명령을 행하는 자입니다. 군주가 명령을 낼 때에는 진실로 하늘의 도를 위배해서는 안 되고, 신하가 명령을 행할 때도 군주의 일을 침범해서는 안 됩니다. 만약 신하가 군주의 일을 침범하면 군주는 그 명령을 잃게 되고, 군주가 명령을 잃어버리면 하늘을 계승한 자라 하기에 부족하여 군주이지만 군주가 아니며, 신하가 군주의 명령을 침범하면 군주를 섬기는 것이 신하의 본분임을 모르는 자이므로 신하이지만 신하가 아닙니다. 인군이 하늘의 뜻을 이어 나라를 다스릴 때는 항상 경계하고 두려워하며, 경(敬)으로써 마음을 보전하고, 현명함으로 사리를 밝히며, 강한 의지로 사욕을 억제해야 합니다. 그래야만 신하가 두려워할 바를 알아 감히 나의 일을 침범하지 못할 것이니, 내가 천도를 계승하여 천하를 주재하는 이유는 그 위명(威命)이 다른 사람의 손에 넘어가거나 아래로 옮겨지지 않았기 때문입니다.

臣按: 君代天出命者也, 臣代君行命者也. 君出命, 固不可違天之道, 臣行命亦不可侵君之事. 苟臣侵君之事, 則君失其命矣, 君失其命, 則不足以繼天, 而君非君也, 臣侵君命, 則不知所以[60]事君, 而臣非臣矣. 人君繼天以出治, 恒必兢兢業業, 敬以存心, 明以燭理, 剛以制欲, 則臣下知所凜畏[61]而不敢侵吾之事, 而吾所以繼天道而主天下者, 其威命不至旁落而下移矣.

60 所以: 정덕본에 '以'로 되어 있으나 가정본의 '所以'가 문맥에 맞으므로 그에 따랐다.

61 凜畏: 정덕본과 가정본은 모두 '稟'으로 되어 있으나 京華出版社本에는 '凜畏'로 되어 있다. 문맥상 '凜畏'에 따랐다.

《예기(禮記)》〈치의(緇衣)〉에서 말하였다.

왕의 말이 처음에 실과 같으면 그것이 나와서 행해질 때에는 인끈[綬]처럼 굵어진다. 왕의 말이 처음에 인끈과 같으면 그것이 나와 행해질 때에는 상엿줄처럼 굵어진다.

《禮記》: 王言如絲, 其出如綸; 王言如綸, 其出如綍.

신은 이렇게 생각합니다. 왕자(王者)의 말은 마음속에 있을 때는 실처럼 가늘지만 그것이 나와서 행해질 때에는 굵기가 완전승(宛轉繩, 단옷날 여자들이 허리에 두르는 끈)만 해집니다. 처음에 나올 때는 굵기가 겨우 인끈만 하지만 그것이 나와서 멀어지면 멀어질수록 관을 끄는 상엿줄처럼 굵어집니다. 그렇게 된 까닭은 진실로 인군은 구중궁궐에 있으면서 만방을 다스리는 자이므로 한마디 한 말씀이 인군에게 있을 때는 비록 몹시 미약하더라도 그것이 밖으로 퍼져 나가면 천하 사람들이 해와 별의 광명처럼 우러르고 천둥과 벼락이 치듯 두려워하니 말이 멀리 가면 갈수록 더욱더 커지게 되는 것입니다. 그러한즉 인군이 호령을 반포하는 일을 삼가지 않을 수 있겠습니까?

臣按: 王者之言, 其在中也, 惟細如絲而已. 及其出也, 乃如宛轉繩之大焉; 其初出也, 僅大如綸而已, 及其出而益遠也, 乃如引棺之大索焉. 所以然者, 良以人君居九重之上, 爲萬方之主, 一言一話在人君雖若甚微者, 及其施之於外, 天下之人仰之如日星之明·畏之如雷霆之震, 去之愈遠而見之愈大焉, 然則, 人君號令之頒, 其可以不謹哉!

한나라 가산(賈山)[62]이 문제(文帝)에게 말하였다.

"신이 듣기에 산동에서는 관리들이 조령(詔令)을 포고할 때면 백성들은 비록 늙어 쇠약한 자나 허리가 꼬부라진 자라도 지팡이를 짚고 가서 듣는다고 합니다. 조금이라도 더 오래 살아서 덕으로 교화된 태평성세를 보기를 바라고 있습니다."

漢賈山言於文帝曰: "臣聞山東吏布詔令, 民雖老羸癃疾扶杖而往聽之, 願少須臾毋死, 思見德化之成."

신은 이렇게 생각합니다. 사마천은 《사기》를 지으면서 〈문제기(文帝紀)〉에 나오는 조서를 모두 "상왈(上曰)"이라고 칭하였는데 다른 본기(本紀)에서는 그렇게 하지 않았습니다. 아마도 문제의 조서가 모두 황제의 진실한 뜻에서 나왔다고 보았기 때문인 듯합니다. 위에서 진실로 느낀 바를 말하니 아래에서도 진실로써 응대합니다. 문제가 조서를 내릴 때를 보면 흔쾌히 여러 사람들의 말을 들어보고, 정말 그러한 실익이 있겠다 싶은 생각이 들어야 비로소 이를 위한 말을 실제로 꺼

62 가산(賈山, ?~?): 전한 영천(潁川) 사람으로 영음후(潁陰侯) 관영(灌嬰)의 기(騎, 驅從)였다. 문제(文帝) 때 진(秦)나라의 흥망을 비유로 들어 치란(治亂)의 도리를 언급한 〈지언(至言)〉이라는 글을 지어 올렸다. 현신(賢臣)을 쓰고 간언(諫言)을 받아들이며, 예의를 일으키고 요역(徭役)과 세금을 덜어 줄 것을 주장했다. 나중에 문제가 백성들이 사사로이 돈을 주조하는 것을 금지하는 도주전령(盜鑄錢令)을 폐지하자 다시 글을 올려 이를 강력히 반대하였다. 또 회남왕(淮南王)이 큰 죄를 지은 것이 없다면서 빨리 귀국하도록 해야 한다고 주장했다. 그 언사(言辭)가 매우 직설적이고 격렬했는데도 사리의 논증을 잘하여 문제는 처벌하지 않고 가납하였다. 그러나 끝내 관리로 등용하지 않아 영음후의 기로 늙고 말았다.

냅니다. 후세에는 조서를 내릴 때 대략 문학시종 대신이 조서를 기초하고 담당부서 관원이 그 가부를 의론하여 만들어지는데 모두 고사(故事)에 의거하여 작성하며 반드시 모두가 군주의 마음으로부터 나오는 것은 아닙니다. 이런 까닭에 그 말은 있지만 (실제로) 그 일은 없으며, 그 일은 있으나 그 효과는 없습니다. 사람들에게 직언을 해도 죄를 묻지 않겠다고 허락하고는 더욱 심하게 죄를 가하고, 백성들에게 결손 난 조세를 다시 징수하지 않겠다고 허락하고는 원래대로 징수합니다. 이 때문에 군주의 말이 백성들에게 신뢰받지 못하고, 백성들의 마음이 군주에게 신복하지 않으니 이것이 덕으로 교화된 태평성세가 문제(文帝) 시대에 미치지 못하는 이유입니다.

臣按: 司馬遷作《史記》, 於《文帝紀》凡詔皆稱"上曰", 而他紀則不然, 蓋以見文帝之詔, 皆出於帝之實意也. 上以實感, 故下以實應. 一見其詔書之下, 欣欣然相率以聽, 意必其眞有此實惠, 然後爲此實言也. 後世詔書之下, 率出於詞臣之視草·有司之議擬, 皆按故事而擧之, 未必皆出自上心也. 是以有其言, 無其事; 有其事, 無其效. 許人以直言不加罪, 而罪之愈甚; 許民以欠負不復徵, 而徵之如故. 是故上之言不信於民, 民之心不孚於上, 此德化之成所以有歉於文帝歟.

광무제(光武帝, 25~57) 때 이미 천하가 평정되어 안정에 힘썼는데 지방과 제후국에 직접 글을 써서 보낼 경우 하나의 첩(牒)[63]에 10행의 글자를

63 첩(牒): 고대 글씨를 쓰는 작은 목간.

쓰고 글씨를 작게 해서 문장을 완성하였으니, 근검절약의 기풍이 천하에 행하여졌다.[64]

光武時, 天下已定, 務用安靜, 以手跡賜萬國者一箚十行, 細書成文, 勤約之風行於天下.

당나라 육지(陸贄)가 덕종(德宗)의 봉천(奉天) 파천[65]을 따라갔을 때 아뢰었다.[66]

"지금 황제가 도성을 떠나 피난한 상황이니 폐하께서는 마땅히 자기 잘못을 통렬히 뉘우쳐 사람들 마음을 감동시켜야 할 것입니다." 덕종이 이에 따라 행재소에서 처음으로 조서를 내렸는데 비록 교만하고 사나운 장졸들이지만 눈물을 뿌리며 분발하지 않는 자가 없었다. 덕종이 경사에 돌아오자 이포진(李抱眞)[67]이 내조하여 아뢰기를 "폐하께서 산남(山南)에 계실 때 산동의 사졸들이 조서의 내용을 전해 듣고 감읍하여 신하의 절의를 떨치기를 바라지 않은 자가 없었으니 신은 적들이 평정할 상대도 못 된다는 것을 알겠습니다."

64 이미 천하가 … 행하여졌다: 《후한서》 권76 〈순리열전〉에 나온다.

65 앞의 각주 54) 봉천(奉天) 조서를 참고.

66 《구당서(舊唐書)》 권139 〈육지열전(陸贄列傳)〉에 나온다.

67 이포진(李抱眞, 733~794): 당나라 하서(河西) 사람으로 자는 태현(太玄)이다. 택주(澤州)·회주(懷州) 자사(刺史)를 거쳐 건중(建中) 원년(780) 소의절도사(昭義節度使)가 되었다. 요역을 줄이고 군대를 잘 훈련시켜 3년 만에 2만 명이나 되는 정병(精兵)을 길러내고 부고(府庫)를 충실하게 만들었다. 덕종 때 소의군(昭義軍)을 이끌고 반란을 일으킨 주도(朱滔)를 격파했는데 당시 천하에 제일가는 보병으로 일컬어졌다.

唐陸贄從德宗幸奉天, 嘗奏曰: "今乘輿播遷, 陛下宜痛自引過, 以感人心." 德宗從之, 故行在詔書始下, 雖驕將悍卒, 莫不揮涕激發. 及還京師, 李抱眞來朝, 奏曰: "陛下在山南時, 山東士卒, 聞書詔之辭, 無不感泣, 思奮臣節, 臣知賊不足平也."

신은 이렇게 생각합니다. 사람을 감동시키기 쉬운 것으로 말보다 쉬운 것은 없습니다. 그러므로 인군의 좋은 말씀 한마디는 비록 깊은 궁중 안, 구중궁궐에서 나오더라도 멀리 전국에서 그에 응하지 않는 자가 없으니, 하물며 군현과 제후국에 덕음(德音)을 선포하고 조령(詔令)을 반행함에 있어서야 더 말할 필요가 있겠습니까? 대저 위에서 마음으로부터 우러나오는 성의가 있으면 아래에서 반드시 감동하여 믿고 복종하는 효과가 있다는 것은 헛된 말이 아닙니다. 광무제의 근검절약하는 기풍이 천하에 행하여지고 덕종의 자신을 뉘우치는 조서가 사졸들을 감읍시키는 것을 보면 알 수 있습니다. 인군이 진실로 그 마음을 정성스럽고 참되게 하여 명령을 내리기 전에 자세히 살펴서 정하고, 조서를 기초하는 신하를 가려 쓰고, '흩어지는 때에 땀을 내듯이 큰 호령을 발하는[渙汗]' 신의를 지킬 수 있다면 비록 어리석은 사내나 교만하고 사나운 사졸, 포악하고 오만한 오랑캐라도 감동하지 않는 자가 없으니, 하물며 우직한 백성들이나 선량한 관리들이야 더 말할 필요가 있겠습니까?

臣按: 感人之易者, 莫易於言. 故人君一言之善, 雖於深宮之中·九重之上, 四海之遠莫不應之, 況以德音之宣布·詔令之頒行於郡國者哉! 夫上有由中之誠, 下必有感孚之效, 不徒然也. 觀光武勤約之風, 行於天下·德宗引過之詔, 感夫士卒, 可見矣. 人君誠能誠實其心, 審定其命, 擇視草之臣, 守渙汗之信, 則雖憃愚之夫·驕悍之卒·桀驁之虜, 亦無不感動者, 而況愚直之民·循良之吏乎?

당나라 태종(627~649)이 주위의 신하들에게 말하였다.[68]

"조령격식(詔令格式)이 일정하게 정해져 있지 않으면 인심이 미혹되는 경우가 많고, 간교하게 남을 속이는 일이 더욱 많이 생겨날 것이오. 《주역》에서 '흩어지는 때에 땀을 내듯 크게 호령을 발한다.[渙汗其大號.]'라고 하였으니, 호령의 시행은 몸에서 땀이 나오듯이 일단 한번 나오면 다시 되돌릴 수 없다는 것을 말한 것이오. 또 《서경》에 이르기를 '그대들이 내는 호령을 삼갈지어다. 호령을 내는 것은 오직 행하기 위함이요, 이를 되돌리고자 함이 아니다.'라고 하였소. 또 한나라 고조는 정사를 보느라 하루도 쉴 틈이 없었고, 소하(蕭何)[69]는 말단 관리 출신이지만 법을 제정한

---

68 《정관정요(貞觀政要)》 〈논사령(論赦令)〉 정관(貞觀) 11년(637)에 나온다.

69 소하(蕭何, ?~기원전 193): 전한 패현(沛縣) 사람이다. 하급 관리로 있다가 유방을 따라 함양에 입성, 가장 먼저 진(秦) 상부(相府)의 도적(圖籍) 문서를 입수해 전국 산천의 요새와 군현의 호구를 소상히 파악하여 왕조 경영의 기초를 마련하였다. 유방이 한중(漢中)에서 왕이 되자 승상에 올랐다. 초·한이 서로 대치할 때 관중(關中)을 지키면서 군대와 식량을 확보하여 제공하는 등의 공로로 유방 즉위 후 찬후(酇侯)에 봉해지고 식읍 7천 호를 하사받았으며, 일족 수십 명도 각각 식읍을 받았다. 고조와 함께 진희(陳豨)와 한신, 경포(黥布) 등을 제거한 뒤

후에는 법령이 일(一) 자를 긋듯 명쾌하다고 일컬어졌소. 지금 마땅히 그 뜻을 깊이 생각해 보고 경솔히 조령을 내어서는 안 될 것이며 조령의 반포는 반드시 자세히 살펴 정하여 영구적인 법식으로 삼아야 할 것이오."

唐太宗謂侍臣曰: "詔令格式, 若不常定, 則人心多惑, 奸詐盡生. 《周易》稱'渙汗, 其大號'. 施令若汗出於體, 一出而不復也. 又《書》曰'愼乃出令, 令出惟行, 弗惟反'. 且漢祖日不暇給, 蕭何起於小吏, 制法之後, 猶稱畫一. 今宜詳思此義, 不可輕出詔令, 必須審定, 以爲永式."

신은 이렇게 생각합니다. 태종의 이 말은 무릇 호령의 반포는 비단 천하에 조서를 내려 알리는 것뿐만이 아니라, 범부(凡夫)에 대해 한 가지 일을 시행하거나 한 가지 조목을 포고할 때에도 모두 경솔히 내서는 안 되고 반드시 자초지종을 자세히 살펴 정하여 영구적인 법규로 삼아야 한다는 뜻입니다.

臣按: 太宗此言, 則凡號令之頒, 不但詔告天下而已. 凡夫一事之施·一令之布, 皆不可輕出, 必委曲審定, 以爲久遠之規焉.

송나라 유안세(劉安世)[70]가 그의 군주【철종(哲宗)】에게 말하였다.[71]
"신이 일찍이 전적들을 상고하여 선왕의 도를 헤아려 보니, 비록 예악

상국(相國)에 제수되었다. 진나라의 법률을 정리하여 《구장률(九章律)》을 편찬했다.

형정(禮樂刑政)이 다스림의 도구라고는 하나 그것을 행하는 방법은 단지 명령에 있을 뿐입니다. 옛날에 남의 나라를 잘 진단하는 사람은 그 시대가 성세(盛世)인지 쇠세(衰世)인지 보지 않고 먼저 그 나라의 명령이 느슨한지 엄한지를 관찰하였고, 그 정사의 순수함과 결점을 논하기 전에 먼저 정령이 번잡한지 간략한지를 살폈다고 합니다. 오직 면밀히 생각하고, 계책이 훌륭하며, 명령의 발포를 함부로 하지 않고, 발포한 다음에는 반드시 그대로 실행하기를 금석처럼 견고하고 사시(四時)처럼 틀림없게 해야만 넓은 하늘 아래 이를 귀 기울여 듣고 솟구치듯 명령에 복종하지 않는 자가 없게 되는 것이니, 이것이 바로 성인이 만민을 고무하기 위해 의지하는 방법입니다. 전(傳)에 이르기를 '호령이 신중하면 군주를 우러러본다.'라고 하였고 또 말하기를 '나라의 안위는 호령을 내는 데 달려 있다.'라고 하였으니 이것은 모두 호령의 발포를 삼가고 신중히 해야 한다는 뜻입니다.

지금은 조정의 명령이 빈번히 변경되어 길어 봐야 1, 2년을 넘지 않고

70 유안세(劉安世, 1048~1125): 북송 대명(大名, 하북성) 사람으로 자는 기지(器之), 호는 원성(元城)이다. 신종 희녕(熙寧) 6년(1073) 진사가 되었으나 출사하지 않고 사마광(司馬光)에게 수학했다. 원우(元祐) 초년 사마광이 재상이 되자 추천을 받아 비서성정자(秘書省正字)가 되고, 또 여공저(呂公著)의 추천으로 우정언(右正言)이 되었으며, 계속 승진하여 좌간의대부(左諫議大夫)와 추밀도승지(樞密都承旨) 등을 지냈다. 성품이 강직하고 직간(直諫)을 잘하였다. 당시 신당(新黨)에 있던 장돈(章惇), 채확(蔡確), 범순인(范純仁)을 탄핵하기도 했다. 장돈이 재집권하자 영주(英州, 호남성)로 좌천되어 갔다가 해주(海州, 강소성)로 옮겨졌다. 휘종이 즉위하여 사면을 받고 형주[衡州, 호남 형양(衡陽)시]와 운주[鄆州, 산동 제령도(濟寧道)] 및 진정부[眞定府, 하북 정정(正定)]의 지주(知州)를 지냈다. 상수학(象數學)과 의리학(義理學)을 겸한 《주역》 연구를 주장했다. 저서에 《원성어록(元城語錄)》, 《진언집(盡言集)》, 《행록(行錄)》 등이 있다.

71 《속자치통감장편(續資治通鑑長編)》 권408 원우(元祐) 3년(1088), 우정언(右正言) 유안세가 말한 것으로 나온다.

가까이는 한 달 만에 끝날 때도 있으며, 심지어 아침에 명령을 시행했다가 저녁에 바뀌기도 하고, 앞에서 방금 조서를 반포했는데 뒤에 나온 호령에서 덜거나 제외되는 경우도 있습니다. 그러니 관리들은 지켜야 할 바를 알지 못하고 백성들은 따라야 할 바를 알지 못합니다. 그 폐단의 근원을 찾아보면, 대개 논의가 세심하지 못하고 사려가 깊지 못하여 인정에 미진한 바가 있고 사리에 통하지 못하는 바가 있어서이거나, 혹은 사사로이 좋아하고 싫어하는 것에 이끌리거나, 아첨하여 영합하는 말에 빠져 시비를 제대로 가리지 못하고 취사(取捨)에 근본이 없기 때문입니다. 그러므로 누군가 한 사람이 그것을 말하면 갑자기 어지럽게 조령(詔令)을 변경하곤 합니다. 바야흐로 평안하고 일이 없을 때 교만한 마음에서 백성을 하찮게 여기기를 이와 같이 한다면 위태롭고 급한 일이 있을 때 어찌 사람들의 신뢰를 얻을 수 있겠습니까? 엎드려 바라옵건대 예전의 일을 깊이 감계 삼아 지금의 사려를 신중히 해야 할 것입니다. 법도의 폐지와 설치, 정사의 답습과 개혁에 이르러서는 반드시 대신들로 하여금 공(公)을 위한 마음으로 계획을 협의하여 이로운 일과 병폐가 되는 일을 두루 자문하고 널리 비교하여 세심하게 가려내고 의리에 합당하게끔 힘써야 할 것입니다. 바꿀 만한 것을 바꾼다면 풍속에 어긋난다는 혐의도 없을 것이고, 지킬 만한 것을 지킨다면 인습에 대한 거리낌도 없을 것입니다. 조령(詔令)이 분명하고 간략하면 관리와 백성들이 믿고 복종하며 일이 오래도록 행해져 땀을 내듯이 발포한 호령이 되돌아오는 일이 없게 될 것입니다."

宋劉安世言於其君【哲宗】曰: "臣嘗考載籍, 以推先王之道, 雖禮樂刑政號爲治具, 而所以行之者, 特[72]在命令而已. 昔之善觀人之國者, 不視其世之盛衰, 而先察其令之弛張, 未論其政之醇疵, 而先審其令之繁簡. 惟其慮之既熟[73], 謀之已臧, 發之不妄, 而持以必行, 則堅如金石, 信如四時, 敷天之下莫不傾耳承聽, 聳動厭服, 此聖人所恃以鼓舞萬民之術也. 書曰: 『慎乃出令, 令出惟行, 弗惟反.』 易曰: 『渙汗其大號.』 傳曰: 『令重則君尊.』 又曰: 『國之安危在出令.』 凡此皆聖人慎重之意也. 臣伏睹朝廷命令變易頻數, 遠不過一二歲, 近或僅月而已, 甚者朝行而夕改, 亦有前詔未頒, 而後令釐除者, 吏不知所守, 民不知所從. 求其弊源, 蓋由講議未精, 思慮未審, 人情有所未盡, 事理有所未通, 或牽於好惡之私, 或溺於迎合之說, 是非無所辨, 取舍無所宗, 故一人言之, 而遽為之紛更也. 方平居無事之時, 輕慢如此, 緩急有事之際, 何以取信於人? 伏望聖慈深鑒前古之戒, 謹為今日之慮. 至於法度之廢置, 政事之因革, 必使大臣公心協謀, 博極利病, 廣覽詳擇, 務當義理. 更其所可更, 則不嫌於違俗; 守其所可守, 則無憚於襲故. 申敕門下, 無使徒為審讀, 以應故事, 其有措置失當, 前後謬戾者, 必舉封駁之職. 庶幾詔令清簡, 使民信服, 事可久行, 不至反汗."

신은 이렇게 생각합니다. 유안세의 이 말은 고금의 폐단의 정곡을 찌르고 있습니다. 천하 국가에 뜻을 둔 자들이 명령을 반포할 때 마땅히 감계로 삼아야 할 것입니다.

---

72 特: 정덕본에 '持'로 되어 있으나 가정본에는 '特'으로 되어 있다. 문맥에 따라 '特'으로 번역하였다.

73 《속자치통감장편(續資治通鑑長編)》 권408에는 "惟其慮之既熟, 謀之已臧"이라 되어 있다. 번역은 이에 따랐다.

臣按: 安世斯言, 切中古今之弊, 有志於天下國家者, 其於命令之頒, 要當以爲鑒戒.

범성대(範成大)[74]가 말하였다.[75]

"인군이 나라를 다스리는 방법은 자신의 명령이 여러 신하들을 진작시킬 수 있다는 것을 믿는 것뿐이다. 그러므로 명령이 중시되면 그 정령이 시행되고 명령이 경시되면 정사가 무너진다. 신하들이 군주의 명령을 마치 우레처럼 공경하여 감히 업신여기지 못하는 것은 대개 우리 군주의 나라 다스리는 방법이 거기에 달려 있기 때문이다. 이러한 이유에서 《예기(禮記)》〈곡례(曲禮)〉에서는 군명(君命)을 존경하는 신하가 취해야 하는 태도에 관해 특히 자세히 기술하였다. 인군이 깊은 구중궁궐에 있으면서도 만 리 밖에 있는 백성들을 감화시키는 것은 명령이 이르는 곳마다 바삐 달려 나와 받들기 때문이니, 명령이 사람들을 진동시키는 것이 이와 같다. 이 때문에 성왕(聖王)은 근신하고 두려워하여 명령을 내는 데 감히

74 범성대(範成大, 1126~1193): 남송 소주(蘇州) 오현(吳縣) 사람으로 자는 치능(致能), 호는 석호거사(石湖居士)이다. 고종 소흥(紹興) 24년(1154) 진사가 되고, 건도(乾道) 6년(1170)에는 굴욕적인 관계를 맺고 있던 금나라에 사신으로 가서 고압적인 자세에도 굴하지 않고 당당하게 임무를 수행하였다. 예부원외랑(禮部員外郎), 숭정원설서(崇政院說書)를 역임하고 순희(淳熙) 5년(1178) 재상인 참지정사(參知政事)에 올랐다. 그러나 몇 달 뒤 탄핵을 받아 파직되어 집에 머물렀다. 병이 들어 고향 석호로 물러나 은거하였다. 저서에 《석호거사시집(石湖居士詩集)》 34권, 《석호사(石湖詞)》 1권이 있고, 그 밖에 《오군지(吳郡志)》와 《계해우형지(桂海虞衡志)》, 《오선록(吳船錄)》 등이 있다.

75 송나라 위식(衛湜)의 《예기집설(禮記集說)》〈곡례 상(曲禮上)〉 "凡爲君使者, 已受命君言. 不宿于家, … 使者反, 則必下堂而受命."에 "오군범씨(吳郡範氏)"가 말한 것으로 나온다.

소홀히 하지 않고, 자세히 살펴서 경솔하게 발포하지 않으며, (발포한 뒤에는) 그것을 굳게 지켜 가볍게 바꾸지 않아서 천하 사람들로 하여금 공경을 다해 받아들이게 한다. 그렇게 되면 보고 들음에 의혹이 없을 것이고 그런 다음에야 정치의 공효가 이루어질 수 있다."

范成大曰: "人君所以爲國者, 恃其命令足以鼓舞群下而已. 命令重則其政擧, 命令輕則其事隳. 人臣敬君之命, 如雷霆之不敢侮, 蓋以吾君之所以爲國者在焉, 故《曲禮》序尊敬君命之說爲尤詳. 人君深居九重之中, 而化萬里之外, 命令所至, 奔走奉承, 其震動如此. 是以聖王兢兢業業, 不敢忽於出令, 審之而勿輕發, 守之而勿輕變, 使天下致敬而取, 則觀聽不惑, 而後治功可成也."

신은 이렇게 생각합니다. 범성대의 이 말은 〈곡례(曲禮)〉 편의 "군주의 사자(使者)는 일단 명령을 받으면, 군주의 말이 자신의 집에서 하루라도 지체하게 하지 않는다."라는 구절을 풀이한 것입니다. 〈곡례〉편은 신하로서 군주를 대신하여 명령을 발하는 경우에 대해 말하였고, 범성대는 군주로서 명령을 발하는 경우에 대해 말하였으니, 신하는 반드시 군주의 명령이 시행되도록 삼가야 하며 군주는 반드시 자신이 발하는 명령을 삼가야 합니다. 명령을 발하는 것도 경솔히 해서는 안 되고 예로써 삼가는 것도 소홀히 해서는 안 됩니다. 옛날의 제왕은 명령을 함부로 발하지 않았기에 일단 명령을 발하면 사람들이 반드시 이를 믿었고, 일을 함부로 일으키지 않았기에 일단 일을 일으키면 사람들이 반드시 그에 복종하였으니, 이것이 다스림의 공효가 쉽게 이루어질 수 있었던 이유이겠지요.

臣按: 范成大此言, 所以解《曲禮》曰; "凡爲君使者, 已受命, 君言不宿於家"也. 《曲禮》之言, 爲臣而發, 范氏之言, 爲君而發. 臣必敬君命之施, 君必謹己命之發. 命之發也不輕, 禮之敬也不忽. 古之帝王, 所以言不妄發, 發而人必信之; 事不妄擧, 擧而人必從之. 此其治功之成, 所以易易也歟.

이상은 호령의 반포를 삼갈 것을 논하였다.

以上論謹號令之頒

대학연의보
(大學衍義補)

—

권4

치국평천하의 요체[治國平天下之要]

조정을 바르게 함[正朝廷]

말을 아뢰는 길을 넓힘[廣陳言之路]

《서경(書經)》〈우서(虞書) 익직(益稷)〉에서 말하였다.

순(舜)임금이 말하기를 "이리 오너라. 우(禹)야! 너도 옳은 말[昌言]을 하라."라고 하였다.

《書·益稷》: 帝曰: "來, 禹. 汝亦昌言."

채침(蔡沈)[1]이 말하였다.

"창언(昌言)은 덕(德)이 성대한 말이다."

1 채침(蔡沈, 1167~1230): 《대학연의보》 권1 주) 11 참조.

蔡沈曰: "昌言, 盛德之言."

진력(陳櫟)[2]이 말하였다.

"순(舜)임금과 우(禹)가 선(善)을 좋아하는 마음이 끝이 없어서 당시에 창언(昌言)이 앞에 가득 찼는데도, 순임금은 오히려 열심히 듣기를 게을리하지 않았다. 지금 우에게 또한 고요(皐陶)가 창언(昌言)을 한 것처럼 하게 하였으니, 이는 순임금이 끝없이 선(善)을 좋아하는 마음이다."

陳櫟曰: "舜·禹好善之心無窮, 當時昌言滿前, 舜猶渴聞不倦, 方使禹亦如皐陶之昌言, 此舜好善無窮之心也."

신은 이렇게 생각합니다. 순임금이 고요에게 사람을 알고 백성을 편하게 하는 계책을 이미 말하게 하였고, 이어서 우(禹)를 불러 좋은 말[善言]을 말하게 하였습니다. 여기에서 성인의 마음은 일찍이 스스로

---

2 진력(陳櫟, 1252~1334): 송말원초 때 휘주(徽州) 휴녕(休寧) 사람이니, 자는 수옹(壽翁)이고 호는 정우(定宇) 또는 동부노인(東阜老人)이다. 송나라가 망하자 은거하여 학문과 제자 양성에 힘썼다. 학문 성향은 주희(朱熹)의 학문을 위주로 하면서 육구연(陸九淵)의 심학(心學)을 아울러 취하려 했다. 주희 및 제가의 설을 채집하고 자신의 견해를 덧붙여《상서집전찬소(尙書集傳纂疏)》를 저술했다. 그 밖의 저서에《사서발명(四書發明)》과《예기집의(禮記集義)》,《역조통략(歷朝通略)》,《근유당수록(勤有堂隨錄)》,《정우집(定宇集)》등이 있다.

성(聖)스럽다고 여긴 적이 없음을 볼 수 있습니다. 세상이 비록 이미 다스려졌어도 오히려 다스림을 바라는 마음이 있었고, 말이 비록 다 아뢰어졌어도 항상 듣기를 갈구하는 생각이 있었습니다. 이것이 순 임금의 시절에 임금은 덕(德)을 잃음이 없고, 일은 잘못된 행위가 없어서 백성들이 그 제자리를 잃음이 없는 것이군요!

臣按: 帝舜以皐陶旣陳知人安民之謨, 因呼禹使陳其善言. 此可見聖人之心, 未嘗自聖, 世雖已治而猶有願治之心, 言雖畢陳而恒有渴聞之念, 此帝世所以君無失德·事無過擧而民無失所者歟.

《서경(書經)》〈우서(虞書) 익직(益稷)〉에서 말하였다.

내가 도(道)에 어긋났을 때 네가 보필할 것이니, 너는 대면해서는 따르고 물러가서는 뒷말하지 말라.

予違汝弼, 汝無麵從, 退有後言.

채침(蔡沈)이 말하였다.

"위(違)는 어그러짐[戾]이다. 내가 도(道)에 어긋나고 어그러짐이 있으면 너는 마땅히 그 잘못을 보필하여 바로잡을 것이니, 너는 마주 보고서는 아첨하여 옳다고 하고서는 등을 돌려서 헐뜯어 그르다고 하지 말라고 한 것이다."

蔡沈曰: “違, 戾也. 言我有違戾於道, 爾當弼正其失, 爾無麵諛以爲是而背毁以爲非.”

여조겸(呂祖謙)[3]이 말하였다.

“순(舜)임금이 마음에 차지 않아서 신하들의 뒷말을 두려워한 것도 아니고, 용납하고 수용함이 지극하지 않아서 신하들이 뒷말하는 것도 아니다. 우(禹) 역시 임금을 속여 대면해서는 옳다고 하고서는 등을 돌려서 그르다고 하는 자가 아니다. 성인은 끊임없이 두려워하고 공경하니, 오직 자기 잘못이 들리지 않고 간언이 다 아뢰어지지 않음을 두려워한다. 그러므로 그것을 간절히 구하는 것이 이와 같다.”

呂祖謙曰: “舜非有慊而畏人之後言, 非容受未至而致人之後言, 禹又非欺君而爲麵是背非者. 聖人畏敬無已, 惟恐過之不聞·言之不盡, 故其求之之切如此.”

신은 이렇게 생각합니다. 순(舜)임금의 덕(德)과 유우(有虞)의 다스림은 만세토록 더할 것이 없습니다. 순임금의 행동이 어찌 도(道)에 어긋나겠습니까마는 오히려 신하들이 보필하여 바로잡기를 구하여, 마주 보고서는 간혹 서로 따르기만 하고 이미 물러난 후에는 또다시 말이

3 여조겸(呂祖謙, 1137~1181): 《대학연의보》 권3 주) 57 참조.

있을까 봐 더욱 두려워하였습니다. 후세의 임금 가운데 순임금의 만분의 일만 한 자도 없으니, 이미 잘못이 있는데도 오직 신하들에게서 말이 있을까 봐 두려워하였습니다. 한 명이라도 장소를 가리지 않고 간언하는 자가 있으면 번번이 배척하고 꾸짖었습니다. 차라리 신하들이 바로 앞에서 하는 아첨은 받아들이지만, 신하들이 등을 돌려서 하는 말은 근심하지 않았습니다. 이것이 그 잘못과 악행이 더욱 드러나고 다스림과 공적이 예전만 못하게 되는 이유이군요!

臣按: 帝舜之德·有虞之治, 萬世不可加焉者也, 舜之所行豈有背於道者哉? 而猶求臣下之弼正, 尤恐其麵前或相從順而旣退之後又複有言也. 後世人主無帝舜萬分之一, 己有過失惟恐臣下之有言, 一有麵折廷諍者斥責輒加之, 寧受人之麵諛而不恤人之背言, 此其過惡所以益彰而治效所以不古若歟.

《중용(中庸)》에서 말하였다.[4]

공자(孔子)가 말하기를 "순(舜)임금은 큰 지혜[大知]이실 것이다. 순임금은 묻기를 좋아하시고 쉬운 말[邇言]을 살피기 좋아하시되, 악(惡)을 숨겨주고 선(善)을 드러내시며, 양극단(兩極端)을 잡아 그 중(中)을 백성에게 적용하시니, 이 때문에 순임금이 되신 것이구나!"라고 하였다.

《中庸》: 子曰: "舜其大知也與. 舜好問而好察邇言, 隱惡而揚善, 執其兩

4 《중용(中庸)》에서 말하였다: 《중용(中庸)》 6장에 나온다.

端, 用其中於民, 其斯以爲舜乎!"

주희(朱熹)[5]가 말하였다.[6]

"순임금이 크게 지혜로운 사람이 되신 까닭은 자기 생각대로만 하지 않고 다른 사람에게서 취하셨기 때문이다. 쉬운 말[邇言]은 속된 말[淺近之言]인데도 오히려 반드시 살피셨으니, 하나라도 버려지는 선(善)이 없음을 알 수 있다. 그러나 그 선하지 못한 말은 숨겨 주고 퍼뜨리지 않으며 선한 말은 퍼뜨리고 숨기지 않아서, 광대(廣大)하고 광명(光明)함이 또 이와 같으셨으니, 사람들이 그 누가 선을 기꺼이 말해 주지 않겠는가. 양극단은 여러 논의가 같지 않음의 극치(極致)를 말한다. 모든 사물에는 다 양극단이 있으니, 작음[小]과 큼[大], 후함[厚]과 박함[薄]과 같은 것들이다. 선한 가운데에서도 또 그 양극단을 잡고서 헤아려 중(中)을 취한 뒤에 쓰셨으니, 그렇다면 자세하게 선택하고 지극하게 행한 것이다. 그러나 자신에게 있는 저울과 자[權度: 기준]가 정밀하고 간절하여 어그러지지 않은 자가 아니면 어찌 여기에 참여할 수 있겠는가."

朱熹曰: "舜之所以爲大知者, 以其不自用而取諸人也. 邇言者淺近之言, 猶必察焉, 其無遺善可知. 然於其言之未善者則隱而不宣, 其善者

5 주희(朱熹, 1130~1200): 《대학연의보》 권1 주) 2 참조.

6 주희(朱熹)가 말하였다: 《중용장구(中庸章句)》 6장에 나온다.

則播而不匿, 其廣大光明又如此, 則人孰不樂告以善哉? 兩端謂衆論不同之極致, 蓋凡物皆有兩端, 如小大·厚薄之類. 於善之中又執其兩端而量度以取中, 然後用之, 則其擇之審而行之至矣. 然非在我之權度精切不差, 何以與此."

맹자(孟子)가 말하였다.[7]

"우(禹)임금은 옳은 말을 들으면 절을 하셨다. 대순(大舜)은 이보다도 더 위대함이 있었으니, 선(善)을 다른 사람과 함께하시어 자신을 버리고 다른 사람을 따르시며 다른 사람에게서 취하여 선을 행함을 좋아하셨다."

孟子曰: "禹聞善言則拜, 大舜有大焉, 善與人同, 舍己從人, 樂取於人以爲善."

주희(朱熹)가 말하였다.[8]

"'우(禹)임금이 옳은 말[昌言]에 절하였다.'라고 하였으니,[9] 잘못하기 전에 자신을 굽혀서 천하의 선(善)을 받아들인 것이다. 순(舜)임금이 하신 것이 우임금보다 더 위대한 것은 선을 다른 사람과 함께해서 천

7 《맹자(孟子)》〈공손추 상(公孫丑上)〉에 나온다.

8 《맹자집주(孟子集註)》〈공손추 상(公孫丑上)〉에 나온다.

9 우임금이 … 하였으니: 《서경(書經)》〈우서(虞書) 대우모(大禹謨)〉에 나온다.

하의 선을 공적인 것으로 하여 사사롭게 여기지 않은 것이다. 자신이 선하지 못하면 그것에 얽매이고 아까워하는 바가 없이 버리고 다른 사람을 따르며, 다른 사람에게 선이 있으면 억지로 힘쓰지 않고 자신에게로 취하게 하였으니, 이것이 선을 다른 사람과 함께하신 조목이다."

朱熹曰: "禹拜昌言, 蓋不待有過而能屈己以受天下之善. 舜之所爲又有大於禹者, 善與人同, 公天下之善而不爲私也, 己未善則無所係吝而舍以從人, 人有善則不待勉強而取之於己, 此善與人同之目也."

신은 이렇게 생각합니다. 성인(聖人)이 성(聖)스러운 이유는 태어날 적 총명(聰明)을 받음에 남이 알지 못하는 것을 알 수 있기 때문이며, 온갖 선(善)을 갖춤에 남이 가지고 있지 못한 것을 가지고 있기 때문입니다. 제순(帝舜)이 자신의 지혜를 믿지 않고서 묻기 좋아하고 여러 사람에게서 살피며, 자신의 선은 버리고 여러 사람에게서 선을 기꺼이 취하셨습니다. 이는 대개 천하의 지혜를 지혜로 삼고 여러 사람의 선을 선으로 삼았기 때문입니다. 오직 여러 사람의 지혜를 알았기 때문에 그 지혜가 더욱 커졌고, 여러 사람의 선을 가질 수 있었기 때문에 그 선이 더욱 갖추어졌습니다. 지혜가 크고 선이 갖추어졌으니, 이것이 성인이 더욱 성스러운 이유이며 순임금이 모든 임금 가운데 훌륭한 제왕이 되는 이유입니다.

臣按: 聖人之所以聖者, 以其生稟聰明, 能知人之所不能知; 備有衆善,能有人之所不能有者也. 帝舜不恃其知而好問察於衆人, 舍己之善而樂取善於衆人, 是蓋能以天下之知爲知·衆人之善爲善者也. 惟其知衆人之知, 是故其知愈大; 有衆人之善, 是故其善愈備. 知大而善備, 此聖人所以益聖, 而舜所以爲百王之盛帝也歟.

《서경(書經)》〈하서(夏書) 윤정(胤征)〉에서 말하였다.

매년 맹춘(孟春)에 도인(道人)[10]【(道人은) 명령을 선포하는 관원이다.】이 목탁(木鐸)【(木鐸은) 입이 쇠이고 혀는 나무로 되어 있으니, 정교(政敎)를 베풀 때 여러 사람을 경계하는 물건이다.】을 가지고 도로를 순행하며 말하기를 "관원【(官은) 직책[職]으로써 말한 것이다.】과 스승【(師는) 도(道)로써 말한 것이다.】이 서로 바로잡고【규(規)는 임금의 득실(得失)을 직접 바로잡음이다.】 온갖 공인【공(工)은 백공(百工)이다.】들이 기예(技藝)의 일【(藝事는) 기예(技藝)의 일이다.】을 잡아서 간(諫)하라. 혹시라도 공손하지 않으면【(官師와 百工들이) 바로잡고 간하지 못하면 이를 일러 '공손하지 않다[不恭]'라고 한다.】 나라에 떳떳한 법이 있다."라고 하였다.

《書·胤征》曰: 每歲孟春, 遒人【宣令之官】以木鐸【金口木舌, 施政於時警衆之器】徇於路, 官【以職言】師【以道言】相規【規正人君之得失】, 工【工, 百工也】執藝事【技藝之事】以諫, 其或不恭【不能規諫是謂不恭】, 邦有常刑.

10 도인(道人): 《대학연의보(大學衍義補)》 정덕본(正德本)에는 "도인(道人)"으로 되어 있는데, 《서경(書經)》〈하서(夏書) 윤정(胤征)〉에는 "주인(遒人)"으로 되어 있다.

신은 이렇게 생각합니다. 삼대(三代)가 성대할 때 임금[人君]이 다스림에 오직 한 가지 행동이라도 혹시 삼가지 못할까, 한 가지 일이라도 혹시 거행되지 못할까, 한 명의 신하라도 혹시 적합한 사람이 아닐까 두려워하였습니다. 두려워하고 두려워하면서 그 아래에서 가르침을 구하고, 조정에서는 보필하는 신하가 아침저녁으로 가르침을 바쳐서 때에 따라 바로잡고 간하였습니다. 또 매해 맹춘(孟春)에 명령을 선포하는 관원이 목탁을 치면서 도로를 순행하게 하였으며, 직임이 있는 관원과 도덕을 갖춘 선생에게 모두 서로를 바로잡고 그 임금도 가르쳐 깨우치게 하였습니다. 이뿐만이 아니라 무릇 백공들에게 기예의 일을 잡아서 그 임금에게 간하지 않음이 없게 하였습니다.

악공[伶] 주구(州鳩)가 주 경왕(周景王)에게 재물을 다 쓰고 백성을 파하는 일에 대해 간언한 것,[11] 목수[匠師] 경(慶)이 노 장공(魯莊公)에게 기둥을 붉게 칠하고 서까래를 조각하는 일에 대해 간언한 것[12]과 같은 것이 이런 경우입니다. 대개 백공기예의 일에도 지극한 이치가 보존

---

11 악공[伶] 주구(州鳩)가 … 간언한 것: 주 경왕(周景王)이 무사(無射) 음률의 종을 주조하려 할 적에 악공이었던 주구(州鳩)가 간언하였다. 《국어(國語)》 권3 〈주어 하(周語下)〉에 나온다.

12 목수[匠師] 경(慶)이 … 간언한 것: 노 장공(魯莊公)이 환공(桓公) 사당의 기둥을 붉게 칠하고 그 서까래 끝을 조각하려 하였다. 목수[匠師] 경(慶)이 장공에게 말하기를 "성스러운 왕과 공으로서 과거에 봉해진 이들은 뒷사람에게 법을 남겨 놓아서 악에 빠지지 않게 하였다고 하니, 그들이 후세를 위하여 과거의 아름다운 명예를 밝혀 길이 후세에 살펴보게 하신 것입니다. 그러므로 유지하여 굳건하고 게으르지 않아 장구하였습니다. 이제 선군께서는 검소하였으나 임금께서는 사치하시니, 아름다운 덕이 멸할 것입니다."라고 하였다. 장공이 말하기를 "나는 다만 아름답게 하려 할 뿐이다."라고 하자, 대답하기를 "임금께 이익이 없고, 과거의 아름다운 덕이 멸할 것입니다. 저는 그러므로 그만두는 것이 좋을 듯하다고 말씀드리는 것입니다."라고 하였으나, 장공은 듣지 않았다. 《국어(國語)》 권4 〈노어 상(魯語上)〉에 나온다.

되어 있으니, 이치가 가는 곳마다 있지 않은 곳이 없으므로 말이 아주 작다고 하여 소홀히 할 수 없는 것입니다.

臣按: 三代盛時, 人君爲治惟恐一行之不或謹, 一事之不或擧, 一臣之或非其人, 䰟䰟焉以求誨於其下, 非徒朝廷之上·輔弼之臣朝夕納誨·隨時規諫而已也, 又於每歲孟春之月使宣令之官振木鐸以徇於道路之間, 使夫官之有職任者·師之有道德者鹹相規正, 胥敎誨於其君焉. 不特此也, 於凡百工之人莫不使之執其技藝之事以諫諍於其君, 如伶州鳩諫周景王之匱財罷民·匠師慶諫魯莊公之丹楹刻桷是已, 蓋百工技藝之事至理存焉, 理無往而不在, 故言無微而可忽也.

〈열명(說命)〉에서 말하였다.

이에 세워 재상을 삼아서 임금이 그 좌우에 두셨다. 임금이 명하기를 "아침저녁으로 가르쳐 나【(台는) 나[我]이다.】의 덕(德)을 도우라."라고 하였다.[13]

《說命》: 爰立作相, 王置諸其左右, 命之曰: "朝夕納誨, 以輔台【我也】德."

채침(蔡沈)이 말하였다.

"이 이하는 부열(傅說)에게 명한 말이다. 아침저녁으로 가르치게 하

13 〈열명(說命)〉에서 … 하였다: 《서경(書經)》 〈상서(商書) 열명 상(說命上)〉에 나온다.

라는 것은 좋은 말을 올리지 않을 때가 없는 것이다. 맹자(孟子)가 말하기를 '등용한 인물을 이루 다 꾸짖을 수 없으며, 잘못된 정사를 이루 다 흠잡을 수 없다. 오직 대인(大人)이어야 임금 마음 가운데 그릇된 것을 바로잡을 수 있다.'라고 하였다.[14] 고종(高宗)이 이미 부열(傅說)을 정승으로 삼아 사부의 직책에 두고, 또 아침저녁으로 가르치게 하여 자신의 덕(德)을 도우라고 명하였으니, 근본을 알았다고 말할 만하다."

蔡沈曰: "此下命說之辭. 朝夕納誨者, 無時不進善言也. 孟子曰: '人不足與適也, 政不足與間也, 惟大人爲能格君心之非.' 高宗旣相說, 處之以師傅之職, 而又命之朝夕納誨, 以輔台德, 可謂知所本矣."

여조겸(呂祖謙)이 말하였다.

"고종(高宗)은 도(道)를 봄에 밝았기 때문에 잠시라도 현인(賢人)의 말이 없어서는 안 됨을 안 것이다."

呂祖謙曰: "高宗見道明, 故知頃刻不可無賢人之言."

《서경(書經)》 〈상서(商書) 열명(說命)〉에서 말하였다.

만약 쇠[金]라면 너를 사용하여 숫돌[礪]을 삼으며, 만약 큰 내를 건넌다

14 맹자(孟子)가 … 하였다: 《맹자(孟子)》 〈이루 상(離婁上)〉에 나온다.

면 너를 사용하여 배[舟]와 노[楫]를 삼으며, 만약 그해에 큰 가뭄이 든다면 너를 사용하여 장맛비[霖雨]【3일 동안 비가 내리는 것을 장맛비[霖]라 한다.】를 삼을 것이다.[15]

若金用汝作礪, 若濟巨川用汝作舟楫, 若歲大旱用汝作霖雨【三日雨爲霖】.

채침(蔡沈)이 말하였다.

"고종(高宗)이 사물을 소재로 하여 간절하게 부열(傅說)의 가르침을 바란 것을 비유하였으니, 세 말이 비록 같은 뜻인 것 같지만 한 구절이 더할수록 의미가 깊다."

蔡沈曰: "高宗托物以喻望說納誨之切, 三語雖若一意, 然一節深一節也."

왕안석(王安石)[16]이 말하였다.

15 만약 … 것이다: 《서경(書經)》 〈상서(商書) 열명 상(說命上)〉에 나온다.

16 왕안석(王安石, 1021~1086): 송나라 무주(撫州) 임천(臨川) 사람이니, 자는 개보(介甫)고, 소자(小字)는 환랑(獾郎)이며, 호는 반산(半山)이다. 희녕(熙寧) 2년(1069) 참지정사(參知政事)가 되어 변법을 강력하게 주장한 것이 신종의 뜻과 일치해 개혁정책을 시행하게 되었다. 삼사조례사(三司條例司)를 설치해 재정과 군사 제도를 정비하면서 부국강병(富國强兵)의 방안을 모색했다. 청묘법(青苗法)과 시역법(市易法), 모역법(募役法), 보갑법(保甲法), 보마법(保馬法)을 실시했으며, 과거(科擧)와 학교 제도를 개혁했다. 7년(1074) 사마광(司馬光)과 문언박(文彦博), 한기(韓琦) 등의 강력한 반대에 부딪혀 재상 자리를 사직하고 강녕부로 옮겼다. 저서에 《왕임천선생집(王臨川先生集)》과 《주관신의(周官新義)》, 《상서신의(尙書新義)》, 《시경신의(詩經新義)》, 《시의구침(詩義鉤沈)》, 《도덕경주(道德經注)》 등이 있다.

"숫돌[礪]은 자신을 이루게 함이요, 배와 노[舟楫]는 어려움을 구제하기 위함이요, 장맛비[霖雨]는 백성에게 은택을 베풀기 위함이다."

王安石曰: "作礪使成己, 舟楫使濟難, 霖雨使澤民."

《서경(書經)》〈상서(商書) 열명(說命)〉에서 말하였다.

네 마음을 열어【(啓는) 엶[開]이다.】 내 마음에 대도록【(沃은) 물 댐[灌漑]이다.】 하라.[17]

啓【開也】乃心, 沃【灌漑也】朕心.

채침(蔡沈)이 말하였다.

"네 마음을 열라는 것은 마음을 열어 숨김이 없는 것이요, 내 마음에 대라는 것은 내 마음에 대어서 흡족하게 하는 것이다."

蔡沈曰: "啓乃心者, 開其心而無隱; 沃朕心者, 漑我心而厭飫."

《서경(書經)》〈상서(商書) 열명(說命)〉에서 말하였다.

만약 약(藥)이 독하여 어지럽지 않으면【약을 마시고 독에 취한 것을 일러 어지

17 네 마음을 … 하라: 《서경(書經)》〈상서(商書) 열면 상(說命上)〉에 나온다.

러움[瞑眩]이라고 한다.】 병이 낫지 않으며【류(瘳)는 나음[愈]이다.】, 만약 맨발로 갈 때 땅을 살피지 않으면 발이 상할 것이다.

若藥弗瞑眩【飮藥而毒謂之瞑眩】, 厥疾弗瘳【愈也】; 若跣弗視地, 厥足用傷.

채침(蔡沈)이 말하였다.

"어지럽지 않음은 신하의 말이 입에 쓰지 않음을 비유한 것이며, 땅을 살피지 않음은 나의 행실을 살피지 않음을 비유한 것이다."

蔡沈曰: "弗瞑眩, 喻臣之言不苦口也; 弗視地, 喻我之行無所見也."

왕염(王炎)[18]이 말하였다.

"자신에게 잘못이 있을 때에 입에 쓴 말이 아니면 약으로 쓸 수 없고, 자신이 밝지 않을 때에 깨우치는 말이 아니면 행하게 할 수 없을 것이다."

王炎曰: "己之有失, 非說之苦口不能藥; 己之不明, 非說之開導不能行."

18 왕염(王炎, 1137~1218): 송나라 휘주(徽州: 강서성) 무원(婺源) 사람으로 자는 회숙(晦叔) 또는 회중(晦仲)이고, 호는 쌍계(雙溪)다. 장식(張栻)이 강릉(江陵)을 다스릴 때 그의 현명함을 듣고 막부(幕府)에 들게 했다. 경사(經史)에 정통했고, 주희(朱熹)와 절친했다. 시문에도 뛰어났으며, 저서가 대단히 많았다. 저서에 《쌍계집(雙溪集)》과 《독역필기(讀易筆記)》, 《상서소전(尙書小傳)》 등이 있었고, 《역해(易解)》를 저술하다가 마치지 못하고 죽었다.

신은 이렇게 생각합니다. 고종(高宗)이 이에 부열(傅說)을 세워 재상으로 삼아 그의 좌우에 둔 것은 다른 일을 할 겨를은 없어도 먼저 그에게 아침저녁으로 가르치게 해서 자신의 덕(德)을 도우라고 명한 것이니, 근본을 알았다고 말할 만합니다. 그를 좌우에 둔 것은 부열에게 자신이 가는 곳마다 있지 않은 곳이 없도록 함입니다. 아침저녁으로 가르치게 한 것은 부열에게 언제나 말하지 않음이 없도록 함입니다. 소망이 간절하여 심지어 쇠에게 숫돌과, 큰 내에 배·노와, 큰 가뭄의 장맛비에 비유하여 자신에게 반드시 재상의 가르침이 도움이 됨을 드러내었으니, 그 간절함이 이와 같은데도 오히려 사물로 비유하였습니다. 심지어는 입에 쓴 약과 맨발로 걸음에 또 몸의 병과 발의 상처로 비유하였으니, 그가 부열에게 바란 것이 더욱 간절한데도 오히려 상황으로써 말하였습니다. 이른바 네 마음을 열어 내 마음에 대라는 말은 임금과 신하 사이에 마음이 서로 부합하여, 메마른 토양이 강하(江河)의 습윤함을 받아들여 점점 젖어 들어가 그렇게 되는 까닭을 알지 못하면서 그러하게 되는 것과 같습니다. 고종이 재상에게 가르침을 구함에 그 간절함이 이와 같으니, 이것이 은(殷)나라를 아름답게 하고 안정시켜[19] 삼대(三代)의 훌륭한 임금이 된 이유이군요!

19 은(殷)나라를 … 안정시켜: 아름답게 하고 안정시킨다는 것[嘉靖]은 예악(禮樂)과 교화(敎化)가 편안히 살고 생업을 즐기는 가운데 성대한 것이다. 《서경(書經)》〈주서(周書) 무일(無逸)〉에 "고종 때에는 오랫동안 밖에서 수고로워 이에 소인(小人)들과 함께 행동하였습니다. 그러다가 일어나 즉위하시어 곧 양음(亮陰)에서 3년 동안 말씀하지 않았으나 말씀하면 화(和)하였으며, 감히 황녕(荒寧)하지 아니하여 은나라를 아름답게 하고 안정시켜 작고 큰 사람에 이르기까지 이에 혹시라도 원망하는 이가 없었습니다. 그러므로 고종(高宗)의 향국(享國)이 59년이었습니다."라고 하였다.

臣按: 高宗爰立傅說作相, 置諸其左右, 未遑他事, 首命之以朝夕納誨以輔己德, 可謂知所本矣. 置之於左右, 是欲說無處而不在也; 誨之於朝夕, 是欲說無時而不言也. 望之切至, 喻之以金之礪·川之舟楫·大旱之霖雨, 以見己之必資於相臣之納誨, 其切有如此者. 然猶以物爲比也, 至若譬之以苦口之藥·跣足之行, 則又以身之所病·足之所傷者爲喻, 其望於說者益切矣. 然猶以形言也, 至其所謂啓心·沃心之言, 是欲君臣之間心心相契, 有如土壤之焦而受江河之潤, 其漸涵浸漬而入, 有莫知其所以然而然者矣. 高宗求誨於相臣其切如此, 此其所以嘉靖殷邦而爲三代之令王也歟.

《서경(書經)》〈상서(商書) 열명(說命)〉에서 말하였다.

부열(傅說)이 임금에게 대답하기를 "나무는 먹줄을 따르면 바르고, 임금은 간언을 따르면 성(聖)스러워지니, 임금께서 성스러우시면 임금이 명령하지 않아도 신하들이 받드는데, 누가【(疇는) 누구[誰]이다.】 감히 임금의 아름다운 명령에 공경히 순종하지 않겠습니까."라고 하였다.[20]

說復於王曰: "惟木從繩則正, 後從諫則聖. 後克聖, 臣不命其承, 疇【誰也】敢不祗若王之休命?"

20 부열(傅說)이 … 하였다: 《서경(書經)》〈상서(商書) 열명 상(說命上)〉에 나온다.

채침(蔡沈)이 말하였다.

"나무가 먹줄을 따름은 임금이 간언을 따름을 비유한 것이니, 간언을 절대로 받아들이지 않아서는 안 됨을 밝힌 것이다. 그러나 고종은 마땅히 자신에게 말이 받아들여지기를 구해야지, 신하에게 진언하기를 요구할 필요는 없다. 임금이 과연 아뢰는 말을 따르면 신하들은 비록 임금이 명령하지 않더라도 오히려 받드는데 하물며 이처럼 명령하니, 누가 감히 아름다운 명령을 공경히 순종하지 않겠는가."

蔡沈曰: "木從繩喻後從諫, 明諫之決不可不受也. 然高宗當求受言於己, 不必責進言於臣. 君果從諫, 臣雖不命猶且承之, 況命之如此, 誰敢不敬順其美命乎?"

신은 이렇게 생각합니다. 이는 바로 부열(傅說)이, 고종(高宗)이 간언을 하라는 명령에 답하여 말한 것입니다. 선대의 유학자가 말하기를 "간언을 따르는 것은 임금이 성(聖)스러워지는 방법이고, 신하가 말을 아뢰는 기틀이다."라고 하였습니다. 고종(高宗)이 다른 사람에게 도움을 받고자 하였으므로 가르치게 하는 것으로 그 신하에게 요구하였는데, 부열(傅說)은 도리어 임금 자신에게 구하게 하였으므로 간언을 따르라는 방법을 그 임금에게 바란 것입니다. 임금에게 간언하는 것은 재상[相臣]의 직분이고, 간언을 따르는 것은 임금[人君]의 도(道)입니다.

臣按: 此乃傅說答高宗納誨之命言之也. 先儒有言, 從諫者人君作聖之功·人臣進言之機也. 高宗欲資之於人, 故以納誨責其臣; 傅說使反求諸己, 故以從諫之道望其君. 納誨者相臣之職, 從諫者人君之道也.

《서경(書經)》〈상서(商書) 열명(說命)〉에서 말하였다.

임금이 말하기를 "아름답다! 부열(傅說)아. 너의 말은 행할 수 있겠다【(服은) 행함이다.】. 네가 좋은 말을 하지 않았더라면 내가 듣고서 행하지 못하였을 것이다."라고 하였다.[21]

王曰: "旨哉, 說. 乃言惟服【行也】, 乃不良於言, 予罔聞於行."

채침(蔡沈)이 말하였다.

"옛사람은 좋은 음식에 대해 반드시 맛있다[旨]라고 말하였으니, 반드시 맛으로 말한 것이다. 고종(高宗)이 부열(傅說)이 말한 것을 찬미하여 '행할 수 있으니, 가령 네가 좋은 말을 하지 않았더라면 내가 들어 행한 것이 없었을 것이다.'라고 한 것이다."

蔡沈曰: "古人於飮食之美者必以旨言之, 蓋有味其言也. 高宗讚美說之所言, 謂可服行, 使汝不善於言則我無所聞而行之也."

21 임금이 … 하였다: 《서경(書經)》〈상서(商書) 열명 중(說命中)〉에 나온다.

《서경(書經)》〈상서(商書) 열명(說命)〉에서 말하였다.

부열(傅說)이 절하고 머리를 조아리며 말하기를 "알기가 어려운 것이 아니라 행하기가 어렵습니다. 임금이 어렵지 않다고 여기신다면 진실로 선왕(先王)이 이룩하신 덕(德)에 합해질 것이니, 제가 말씀드리지 않는다면 허물【(咎는) 죄(罪)이다.】이 있을 것입니다."[22]

說拜稽首曰: "非知之艱, 行之惟艱. 王忱不艱, 允協於先王成德, 惟說不言有厥咎【罪也】."

채침(蔡沈)이 말하였다.

"고종(高宗)이 막 부열(傅說)이 말한 것을 음미하자, 부열이 말하기를 '귀에 얻어들음이 어려운 것이 아니고 몸에 행함이 어렵습니다. 임금이 진심으로 믿어서 또한 어렵지 않다고 여기시면 진실로 성탕(成湯)이 이룩하신 덕(德)에 부합해질 것입니다. 이러한데도 제가 오히려 말씀드리지 않으면 죄가 있을 것입니다.'라고 하였다."

蔡沈曰: "高宗方味說之所言, 而說以爲得於耳者非難, 行於身者爲難. 王忱信之亦不爲難, 信可合成湯之成德. 說於是而猶有所不言, 則有其罪矣."

---

22 부열(傅說)이 … 것입니다: 《서경(書經)》〈상서(商書) 열명 중(說命中)〉에 나온다.

신은 이렇게 생각합니다. 고종(高宗)이 부열(傅說)에게 말할 것을 바랐으나 부열은 고종에게 힘써 행할 것을 권하였습니다. 부열의 뜻은, 임금이 행할 수 있는데도 부열이 말하지 않으면 잘못은 부열에게 있고, 부열이 이미 말하였는데도 임금이 행하지 않는다면 잘못이 임금에게 있고 부열에게 있지 않다고 하였습니다. 아! 고종과 같은 사람은 간언을 구하는 데에 간절하였다고 말할 만하고, 부열과 같은 사람은 임금을 섬기는 데에 충성스럽다고 말할 만합니다. 그러므로 그 임금과 신하가 서로 말한 것을 갖춰 실어서 만세(萬世)의 법(法)으로 보인 것입니다.

臣按: 高宗望傅說以有言, 而說勸高宗以力行. 說之意以爲, 王能行而說不言則咎在說, 說能言而王不行則咎在王不在說也. 嗚呼, 若高宗者可謂切於求諫, 而傅說者可謂忠於事君者矣. 故備載其君臣相與之辭以示萬世之法.

《시경(詩經)》〈소아(小雅) 우무정(雨無正)〉 3장에서 말하였다.

아 하늘아【(如何昊天은) 하늘을 부르면서 호소하는 것이다.】, 법도가 될 만한 말【(辟言은) 법도가 될 만한 말이다.】을 믿지 못하는가. 저들처럼 가는【(邁는) 감[往]이다.】 길에는 이를 곳이 없으리라.

《詩·小雅·雨無正》其第三章曰: 如何昊天【呼天而訴之也】, 辟言【法言也】不信. 如彼行邁【往也】, 則靡所臻.

소식(蘇軾)[23]이 말하였다.

"군자가 하늘에 부르짖고 고하기를 '어찌하여 법도의 말을 왕이 끝내 수긍하여 믿지 못하는가. 다른 사람들과 같이 제멋대로 방자하게 행하여 돌아갈 것을 잊는다면 나는 그들이 이를 바를 알지 못하겠다.'라고 하였다."

蘇軾曰: "君子呼天而告之曰: 奈何哉, 法度之言, 王終莫肯信者, 如人恣行而忘反, 我不知其所至矣."

보광(輔廣)[24]이 말하였다.

---

23 소식(蘇軾, 1037~1101): 북송 미주(眉州) 미산(眉山) 사람이다. 자는 자첨(子瞻)·화중(和仲)이고, 호는 동파거사(東坡居士)·설당(雪堂) 등을 썼다. 소순(蘇洵)의 아들이고 소철(蘇轍)의 형으로 대소(大蘇)라고도 불렸다. 송나라 최고의 시인이며, 당송팔대가(唐宋八大家)의 한 사람이다. 왕안석(王安石) 신법(新法)의 불편함을 지적한 글을 올렸다가 항주통판(杭州通判)으로 전출되었다. 철종(哲宗)이 즉위하면서 등주지주(登州知州)로 재기하고 한림학사겸시독(翰林學士兼侍讀) 등에 올랐다. 황태후의 죽음으로 신법당이 다시 세력을 잡자 해남도(海南島)로 유배되었고, 휘종(徽宗)의 즉위로 석방되어 돌아오다가 강소성 상주(常州)에서 죽었다. 철학적 요소가 짙은 새로운 시경(詩境)을 개척했다. 대표작 〈적벽부(赤壁賦)〉는 불후의 명작으로 널리 애창되고 있다. 저서에 《동파칠집(東坡七集)》, 《동파지림(東坡志林)》, 《동파악부(東坡樂府)》, 《구지필기(仇池筆記)》, 《논어설(論語說)》 등이 있다.

24 보광(輔廣): 남송 조주(趙州) 사람이다. 자는 한경(漢卿)이고, 호는 잠암(潛庵)이며, 보규(輔逵)의 아들이다. 부은(父恩)으로 보의랑(保義郎)이 되고, 충훈랑(忠訓郎)에 임명되었다. 처음에는 여조겸(呂祖謙)에게 배웠지만 뒤에 주희(朱熹)를 사사했다. 가정(嘉定) 초 조정에 글을 올려 시비성패(是非成敗)의 상황에 대해 거듭 강조했다. 나중에 귀향하여 전이서원(傳貽書院)을 지으니 사람들이 전이선생(傳貽先生)이라 불렀다. 저서에 《어맹학용답문(語孟學庸答問)》, 《사서찬소(四書纂疏)》, 《육경집해(六經集解)》, 《시동자문(詩童子問)》, 《통감집의(通鑑集義)》 등이 있었는데, 대개 없어졌다.

“법도의 말을 듣고 행하면 공적의 효과가 드러나고 도달하는 바가 있을 것입니다. 지금 이미 법도의 말을 듣지 않는다면 미친 것같이 사납게 날뛰고 망령된 행동을 하는 것과 같으니, 역시 장차 어찌 도달할 수 있겠습니까.”

輔廣曰: “法度之言聽而行之, 則績效隨見, 有所底止. 今旣不聽法度之言, 則如猖狂妄行者亦將何所底止哉?”

《시경(詩經)》〈소아(小雅) 우무정(雨無正)〉 4장에서 말하였다.

전쟁【(戎은) 전쟁이다.】이 일어나도 악행을 물리지 않고, 기근이 들어도 선행에 나아가지【(遂는) 나아감이다.】 않아서 일찍이 임금을 가까이 모신【(𧜵禦는) 임금을 가까이에서 모심이다.】 우리 신하들만이 더욱 근심하여【(憯憯은) 걱정하는 모양이다.】 날로 초췌해진다【(瘁는) 병이다.】. 모든 신하는 수긍하여 아뢰지【(訊은) 고함이다.】 아니하며, 말을 들으면 대꾸만을 하고 참소하는 말에는 물러난다.

其四章曰: 戎【兵也】成不退, 饑成不遂【進也】. 曾我𧜵禦【近侍也】, 憯憯【憂貌】日瘁【病也】. 凡百君子, 莫肯用訊【告也】. 聽言則答, 譖言則退.

주희(朱熹)가 말하였다.

“전쟁이 이미 일어났지만, 왕이 악행을 하는 것을 물리지 않고 기근이 이미 일어났지만, 왕이 선해지지 않아서, 우리 신하들이 더욱 근심하여 날로 초췌하게 하였다. 모든 신하는 수긍하여 왕에게 아뢰는 자가 없으니, 비록 왕이 의문이 있어 그 말을 듣기를 원하여도 역시 대꾸만 할 뿐이지 감히 속에 있는 말을 다 하지 않았다. 참소하는 한 마디 말이라도 신하 자신에게 미치면 모두 물러나 떠나가서 이른 아침부터 늦은 저녁까지 왕 앞에 있기를 즐겨 하지 않았다. 그 뜻을 말하자면 '왕이 비록 선하지 않다고 하더라도 군신(君臣)의 의리(義理)로 볼 때 어찌 이처럼 근심하지 않을 수 있겠는가【(恝은) 근심이 없는 모습이다.】.'라고 한 것이다."

朱熹曰: "言兵寇已成而王之爲惡不退, 饑饉已成而王之遷善不遂, 使我䞇禦之臣憂之而慘慘日瘁也. 凡百君子莫肯以是告王者, 雖王有問而欲聽其言則亦答之而已, 不敢盡言也. 一有譖言及己則皆退而離居, 莫肯夙夜朝夕於王矣. 其意若曰, 王雖不善, 而君臣之義豈可若是恝【無憂貌】乎?"

주선(朱善)[25]이 말하였다.

"말을 들으면 대꾸를 하는 것으로 임금에게 고하지만 정성을 다하

25 주선(朱善, 1314~1385): 강서(江西) 풍성(豊城) 사람이다. 자는 비만(備萬)이고, 호는 일재(一齋)다. 주선계(朱善繼)라고도 한다. 경학을 학생들에게 가르쳤고, 원나라 말에는 전쟁을 피해 은거했다. 홍무(洪武) 초에 남창교수(南昌敎授)가 되고, 8년(1375) 정시제일(廷試第一)로 급제해 한림원(翰林院) 수찬(修撰)에 올랐다. 글을 잘못 올려 요동(遼東)으로 유배를 갔다가 도착하기 전에 사면받아 귀향했다. 나중에 재기하여 문연각대학사(文淵閣大學士)까지 역임했다. 저서에 《시경해이(詩經解頤)》, 《사집(史輯)》, 《일재집(一齋集)》, 《요해집(遼海集)》 등이 있다.

지 않고, 참소하는 말을 들으면 물러나는 것으로 자신을 숨겨서 화를 피하는 것에 이른다. 이 사람은 임금을 사랑하는 것이 자신을 두텁게 사랑하는 것만 못하고, 나라를 근심하는 것이 집안을 깊게 근심하는 것만 못하다. 군신(君臣)의 대의(大義)로 볼 때 그 책임지는 것에 부끄러움이 없을 수 있겠는가."

朱善曰: "聽言則答謂告君不盡其誠也, 譖言則退謂隱身遠避其禍也. 斯人也, 愛君不如愛身之厚, 憂國不如憂家之深, 其自爲計則得矣, 而以君臣之大義責之能無愧乎?"

《시경(詩經)》〈소아(小雅) 우무정(雨無正)〉 5장에서 말하였다.

슬프다. 말을 잘하지 못함이여. 혀로 말을 낼 뿐만이 아니라 몸이 이에 병들도다【(瘁는) 병이다.】. 좋겠구나【(哿는) 좋음이다.】. 말을 잘함이여. 교묘한 말은 물과 같이 흘러서 자기 몸을 편하게 하는구나.

其五章曰: 哀哉不能言, 匪舌是出, 維躬是瘁【病也】. 哿【可也】矣能言, 巧言如流, 俾躬處休.

주희(朱熹)가 말하였다.

"충직한 말을 하는 사람은 그 시대의 이른바 말을 잘하지 못하는 사람이다. 그러므로 다만 입에서 쉽게 내지 못할 뿐만이 아니라 마침내 그 몸을 병들게 하였다. 아첨하는 사람의 말은 그 시대의 이른바 말을 잘하는 사람이다. 그러므로 그 말을 교묘히 하여 물과 같이 흐르게 하여 막히는 바가 없으니, 그 몸이 안락한 곳에 처하게 된다. 대개 혼란한 시기의 어리석은 임금은 충직한 말을 싫어하고 아첨하는 종류의 말을 좋아함이 이와 같다."

朱熹曰: "言之忠者, 當世之所謂不能言者也, 故非但出諸口而適以瘁其躬. 佞人之言, 當世所謂能言者也, 故巧好其言如水之流, 無所凝滯而使其身處於安樂之地. 蓋亂世昏主, 惡忠言而好諛佞類如此."

신은 이렇게 생각합니다. 이 시는 선대의 유학자가 바른 대부(大夫)가 거처하는 곳을 떠난 뒤를 말하고 있습니다. 설어(暬語)의 신하【지금의 임금을 가까이 모시는 신하와 같다.】는 임금의 좌우에 있지만 임금을 직접 보면서 생각한 것을 다 말하지는 않습니다. 당시의 공(公)·경(卿)·대부(大夫)라는 사람들은 말을 할 수는 있었지만 수긍하는 말을 하지 않고, 임금이라는 사람은 그 말에 책임지지 않으려 할 뿐만 아니라 말한 사람은 도리어 병이 되었습니다. 말이 입에서 나오자마자 죄가 이미 자신에게 더해집니다. 저들은 녹봉과 작위를 지키기 위하여 입을 다물고 말을 하지 않았습니다. 마땅히 말해야 하는 사람들은 직언하지 못하고 마땅히 말하지 않아도 되는 사람들은 도리어 교묘하게 말을 늘어놓아 비위를 맞춥니다. 그 자신이 안일한 곳을 스스로 선택하고 그 스스로 셈법으로 본다면 얻은 점이 있지만 우리 임금은 어떻게 하겠습니까. 이 시가 지어진 이유입니다.

임금은 평소 한가로울 적에 시험 삼아 그 시의 말을 통해 당시의 일을 살폈습니다. 반대로 조정과 신하들 내에서 구해 본다면 기꺼이 나라를 위하여 말하는 자가 누구이겠습니까. 시에서 이른바 '말을 들으면 대꾸만을 하고 참소하는 말에는 물러난다.'라는 것은 오늘날 신료 중 역시 이러한 부류가 있기 때문이 아니겠습니까. 이른바 '슬프다. 말을 잘하지 못함이여. 혀로 말을 낼 뿐만이 아니라 몸이 이에 병들도다. 좋겠구나. 말을 잘함이여. 교묘한 말은 물과 같이 흘러서 자기 몸을 편하게 하는구나'라고 한 것은 우리에게 오늘날 역시도 이와 같은 상황에 있는 것이 아니겠습니까. 우리 신하 중에도 역시 말을 하여 병들게 되고 재앙과 근심을 받은 자가 있지 않겠습니까. 그 사이에 또한 말하는 것을 즐기지 않아서 스스로 그 자신을 편안한 지경에 처하게 한 자도 있지 않겠습니까. 무릇 종일토록 우리 임금 앞에서 모여 듣기만 하는 자들이 그 응대하고 뜻을 받들어 따르는 것이 시인이 말한 "교묘한 말은 물과 같이 흐른다."가 아님을 어찌 알겠습니까.

이 중에서 한 가지라도 있다면 반드시 그 하는 바를 되돌려야 합니다. 무릇 안에서 임금을 모시는 신하와 밖에서 공경(公卿), 모든 관리, 백성까지 모두 진언을 하게 해야 합니다. 말하는 사람은 상을 주고 쉴 곳을 얻지만, 말을 하지 않는 사람은 죄가 있어서 몸이 이에 병듭니다. 위대한 주(周)나라의 말년과 하루아침에 쇠하고 어지러워지는 세상에 익숙해지게 해서는 안 됩니다. 그러면 조정에서는 안으로 막히고 겉으로 가려지는 근심이 없고, 종사(宗社)는 위태롭고 망하는 화(禍)를 면할 수 있을 것입니다.

臣按: 此詩, 先儒謂正大夫離居之後, 抃禦之臣【若今之近侍】在君左右而不得盡言親見, 當時之爲公·卿·大夫者可以言而不肯言, 而爲之君者非徒不責其言，有所言者反以之爲病，言才出諸口，罪已加其身．彼夫緘默以保祿位者，當言者不能直言，不當言者乃巧爲之辭說，以取容自處其身於安佚之地，其自爲計則得矣，如吾君何？此詩所以作也．人君居淸燕之時，試因詩言以察時事，反而求諸朝廷之間·臣僚之內，其肯盡言爲國者誰歟？詩所謂“聽言則答，譖言則退”，無乃今日臣僚中亦有類此者歟？所謂“哀哉不能言，匪舌是出，維躬是瘁．哿矣能言，巧言如流，俾躬處休”，在吾今日亦有此等情態否歟？吾之臣子無乃亦有出言以爲病而受禍患者歟？其間亦或有不肯出言而自處其身於休逸之地者歟？凡其終日翙翙於吾殿陛之前得於聞聽者，安知其所以應對承順者，非詩人所謂巧言如流者歟？有一於此，則必反其所爲，使凡內而抃禦·外而公·卿與夫百官·庶姓皆得以盡言，言者有賞而得以處休，不言者有罪而維躬是瘁，毋使一旦馴致夫衰亂之世，如成周之季，然則朝廷無壅蔽之患而宗社免危亡之禍矣．

《시경》〈대아(大雅) 판(板)〉에서 말하였다.

옛 선인【(先民은) 옛날의 현인이다.】들이 말하기를 나무꾼【(芻蕘는) 땔나무하는 사람이다.】에게라도 물으라고 하였다.

《大雅·板》之篇曰：先民【古之賢人也】有言，詢於芻蕘【采薪者】．

신은 이렇게 생각합니다. 옛사람이 나무꾼에게까지 물어보라고 한 까닭은 진실로 속된 말[淺近之言]이라도 지극한 이치가 보존되어 있으니, 속된 말이라고 하여 소홀히 해서는 안 됩니다. 아! 나무꾼이라도 그 말이 오히려 버릴 수 없는 것이 있는데도 하물며 공경(公卿)과 모든 관리겠습니까.

臣按: 古人所以詢問及於芻蕘者, 誠以淺近之言至理存焉, 不可以其淺近而忽之也. 吁, 以采薪之夫而其言猶在所不棄, 況公·卿百執事乎?

《시경(詩經)》〈대아(大雅) 상유(桑柔)〉 10장에서 말하였다.

이러한 성인은 보고 말하는 것이 백 리 밖을 내다보거늘, 저 어리석은 사람은 도리어 미쳐서 화(禍)를 좋아하나니, 말을 못 하는 것이 아니지만 어찌하여 이렇게 두려워하는가.

《桑柔》第十章曰: 維此聖人, 瞻言百裏. 維彼愚人, 覆狂以喜. 匪言不能, 胡斯畏忌.

주희(朱熹)가 말하였다.

"성인은 기미를 밝게 알아서 보고 말하는 것이 먼 곳까지 살피지 않음이 없다. 어리석은 사람은 화(禍)가 장차 이르는 것도 알지 못하여 도리어 미쳐서 좋아하니, 지금 일하는 사람들이 대개 이와 같다. 내가 말을 잘하지 못하는 것은 아니지만, 이처럼 두려워하는 것은 어째서인가. 왕이 사나워서 사람들이 감히 간하지 못함을 말한 것이다."

朱熹曰: “聖人炳於幾先, 所視而言者, 無遠而不察. 愚人不知禍之將至, 而反狂以喜, 今用事者蓋如此. 我非不能言也, 如此畏忌何哉? 言王暴虐, 人不敢諫也.”

신은 이렇게 생각합니다. 화란(禍亂)이 이르는 것은 반드시 기미가 있으니, 진실로 지혜와 사려를 갖춘 사람은 모두 드러나기 전에 그것을 알 수 있습니다. 임금[人君]은 직언(直言)을 용납하여 받아들이고, 저 식견이 있는 자는 모두 위에서 말할 수 있게 하여 그들에게 미리 방비해야 하는 바를 알아서 일찍 막는다면 화란이 일어나지 않을 것입니다. 남보다 윗자리에 있는 사람이 오히려 같은 시대의 사람에게 두렵고 꺼리게 하여 감히 말하지 못하게 하는 것은 아니지 않습니까. 맹자(孟子)가 말하기를 “인(仁)하지 않음에도 더불어 말할 수 있다면, 어찌 나라와 집안이 패망하는 일이 있겠는가.”라고 하였습니다.[26] 아! 인(仁)하지 않음에도 더불어 말할 수 있다면 오히려 패망하는 화는 면할 수 있으니, 하물며 아직 인(仁)하지 않음에 이르지 않은 사람이겠습니까.

臣按: 禍亂之至必有幾先, 苟有智勇者皆能知之於未形之先, 人君容受直言, 彼有見者皆得以言之於上, 使其知所以預備而早防之, 則禍亂不作矣. 爲人上者, 其尙毋使一世之人畏忌而不敢言哉. 孟子曰: “不仁而可與言, 則何亡國敗家之有.”吁, 不仁而可與言, 尙免亡敗之禍, 況未至

26 맹자(孟子)가 … 하였습니다: 《맹자(孟子)》 〈이루 상(離婁上)〉에 나온다.

於不仁者哉?

《좌전(左傳)》에서 말하였다.

양공(襄公) 14년 사광(師曠)[27]이 말하기를 "하늘이 백성을 내고서 임금을 세운 것은 그 임금에게 백성을 다스려 천성을 잃지 않게 하기 위함이고, 임금을 세우고서 재상[貳]【(貳는) 경좌(卿佐: 군주를 보좌하는 대신)이다.】을 둔 것은 그 재상에게 임금을 보좌하고 보호하여 법도를 넘지 못하게 하기 위함입니다. 그러므로 천자에게는 공(公)이 있고 제후에게는 경(卿)이 있으며, 경에게는 측실(側室)【(側室은) 지자(支子)의 관원[官]이다.】이 있고 대부에게는 이종(貳宗)【(貳宗은) 종자(宗子)를 보좌하는 자[副貳]이다.】이 있으며 사에는 붕우(朋友)가 있고, 서민[庶人]·장인[工]·상인[商]·하인[皁]·종[隸]·목동[牧]·마부[圉]에게도 모두 친근한 사람이 있어, 서로 보좌하여 선행이 있으면 칭찬하고 과오가 있으면 바로잡으며, 환란이 있으면 구제하고 실패하면 개혁하게 하였으니, 왕으로부터 이하로 각각 부형(父兄)과 자제(子弟)가 있어 그 정령의 득실을 살펴【(察은) 그 득실을 살핌이다.】 잘못을 보완하게【(補는) 허물[愆過]을 개선함이다.】 한 것입니다.

---

27 사광(師曠): 춘추 시대 진(晉)나라 사람이다. 자는 자야(子野)다. 진평공(晉平公) 때 악사(樂師)를 지냈다. 전하는 말로 태어날 때부터 장님이었는데, 음률(音律)을 잘 판별했고 소리로 길흉(吉凶)까지 점쳤다고 한다. 제(齊)나라가 진나라를 침공했는데, 새소리를 듣고 제나라 군대가 이미 후퇴한 것을 알아냈다. 평공이 큰 종을 주조했는데 모든 악공이 음률이 정확하다고 했지만 그만 그렇지 않다고 판단했다. 나중에 사연(師涓)이 이 사실을 확인했다. 《금경(禽經)》을 지었다고 전해진다.

사관은 기록[書]【(書는) 태사(太史)가 임금[君]의 행위를 기록하는 것을 말한다.】하고 소경은 시를 읊고 악인[工]【(工은) 악공[樂人]이다.】은 잠간(箴諫)을 음송하며, 대부(大夫)는 바로잡고 타이르며[規誨] 사(士)는 (임금의 과실을 대부에게) 전하며, 서민들은 비방하고 상인들은 시장에서 득실을 비평하며 백공은 기예를 바칩니다.

그러므로 《하서(夏書)》에서 '주인(遒人: 국가의 명령을 전달하는 관리)이 목탁을 흔들며 도로를 순행하면서, 「관사는 서로 경계하고 공인은 기예를 가지고 간하라.」는 명을 선포한다.'라고 하였습니다.[28] 정월 맹춘이 되면 이때 주인이 도로를 순행하며【관리[遒人]가 도로를 순행하는 일이 있다.】 목탁을 흔드는 일이 있는 것은 사람들이 상도를 벗어난 임금의 과실을 간하게 하기 위함입니다. 하늘이 백성을 사랑하는 것이 지극하니 어찌 한 사람(임금)에게 백성의 위에서 방자하게 사악한 짓을 멋대로 하여 천지의 성(性)을 버리도록 놓아두겠습니까? 절대로 그렇지 않을 것입니다."라고 하였다.[29]

《左傳》: 襄公十四年, 師曠曰: "天生民而立之君, 使司牧之勿使失性, 有君而爲之貳【卿佐】, 使師保之勿使過度, 是故天子有公·諸侯有卿·卿置側室【支子之官】·大夫有貳宗【宗子之副貳者】·士有朋友·庶人工商皁隸牧圉皆有親昵, 以相輔佐也. 善則賞之, 過則匡之, 患則救之, 失則革之, 自王以下各有父兄子弟以補【補其愆過】察【察其得失】其政. 史爲書【謂太史君擧則書】, 瞽爲詩, 工【樂人】誦箴諫, 大夫規誨, 士傳言, 庶人謗, 商旅於市, 百工獻藝, 故《夏

28 《하서(夏書)》에 … 하였습니다: 《서경(書經)》〈하서(夏書) 윤정(胤征)〉에 나온다.
29 《좌전(左傳)》에서 … 하였다: 《춘추좌씨전(春秋左氏傳)》 노양공(魯襄公) 14년에 나온다.

書》曰: '遒人以木鐸徇於路, 官師相規, 工執藝事以諫.' 正月孟春, 於是乎有之, 諫失常也【有遒人徇路之事】. 天之愛民甚矣, 豈其使一人肆於民上, 以從其淫而棄天地之性? 必不然也."

신은 이렇게 생각합니다. 사광이 처음에 "하늘이 백성을 내고서 임금을 세운 것은 그 임금에게 백성을 다스려 천성을 잃지 않게 하기 위함"이라고 말하고, 마지막에 "하늘이 백성을 사랑하는 것이 지극하니 어찌 한 사람(임금)에게 백성의 위에서 방자하게 사악한 짓을 멋대로 하여 천지의 성(性)을 버리도록 놓아두겠습니까?"라고 하였습니다. 이 말로 말미암아 그것을 보면, 사람의 생김은 비록 귀함과 천함이 있으나 모두 천지의 성(性)을 받았음을 볼 수 있습니다. 그러나 사람마다 본래부터 가지고 있는 바를 모두 따를 수 없고, 간혹 옳음을 잃어버리는 데 이릅니다. 이 때문에 하늘이 여러 사람 가운데 한 사람을 세워서 만민의 통치자로 삼아서 그 성(性)을 잃지 않도록 했습니다. 이를테면 이 숭고하고 부귀한 자리를 그에게 주어서 방자하게 백성의 위에서 자기가 하고 싶은 바를 제멋대로 하게 하는 것은 진실로 아닙니다. 만일 이렇다면 이는 천지의 성(性)을 버리는 것이니 하늘의 뜻이 어찌 이것과 같겠습니까.

이 때문에 천명을 받고 백성의 위에 있는 자는 항상 조심하고 삼가며 오직 백성이 그 성(性)을 잃는 이것만을 두려워하고, 부지런히 좋은 말을 구하는 데 힘써야 합니다. 때때로 어디서나 바로잡고 타이르는 것과 경계해서 간하는 것의 유익함을 취하고, 오직 천지가 낸 사람의 성(性)을 버리는 것과 천명을 지워서 임금을 세운 뜻을 저버리는 것과 하늘이 백성을 사랑하는 마음을 어그러뜨리는 것을 두려워해야 합니다.

臣按: 師曠始曰"天生民而立之君, 使司牧之勿使失性", 終曰"天之愛民甚矣, 豈其使一人肆於民上, 以從其淫而棄天地之性". 由是言觀之, 可見人之生也雖有貴賤, 皆稟天地之性, 然人人不能皆循其所固有而或至於失之, 是以上天於衆人之中立其一人以爲萬民之牧, 使不失其性焉. 非固假是崇高富貴之位以畀之, 使其恣肆於民上以快其所欲也, 若是則是棄天地之性矣. 天意豈若是哉? 是以受天命居民上者, 兢兢業業惟民失其性是懼, 孜孜汲汲以求善言, 隨時隨處而資規誨·箴諫之益, 惟恐棄天地生人之性, 負天命立君之意, 悖上天愛民之心.

《국어(國語)》에서 말하였다.

주나라 여왕(厲王)이 가혹한 정치를 하자 백성들이 왕을 비방하였다. 왕이 노하여 위나라의 무당[衛巫]【(衛巫는) 위나라의 무당이다.】을 구해 와서 비방하는 자를 감시하게【(監은) 살핌이다.】 하였다. (무당이) 비방한 사람을 보고하면 그를 죽여 버리니 백성들이 감히 말을 못 하고 길에 다니면서 눈짓으로 하였다【감히 말을 하지 못하고 눈으로 서로 볼 뿐이다.】. 왕이 기뻐하며 소공(召公)에게 말하기를 "내가 능히 비방을 그치게 하니 감히 말을 하지 못하는구나."라고 하였다. 소공이 말하기를 "이는 막은 것이니【(障은) 막음[防]이다.】, 백성들의 입을 막는 것은 흐르는 냇물을 막는 것보다 폐해가 심합니다. 흐르는 냇물이 막혔다가 터지면 필시 많은 사람을 다치게 되는

데, 백성도 이와 같습니다. 이 때문에 하천을 치수하는 자는 잘 흐르도록 터서 소통시키고 백성을 다스리는 사람은 드러내 놓고 말을 하도록 하는 것입니다. 그러므로 천자가 정사를 처리할 때 공경(三公과 九卿)에서 열사(列士: 上士·中士·下士의 통칭)까지는 시(詩)【(詩는) 그것을 풍자하는 시이다.】를 바치고, 소경【(瞽는) 눈이 없는 자이다.】 악사[瞽]는 악보【(典은) 악보[樂典]이다.】를 바치고, 사(史)【(史는) 기록을 주관하는 자이다.】는 고대의 전적(典籍)을 바치고, 사(師: 小師로서 樂官)【(師는) 지위가 낮은 자[小師]이다.】는 잠언(箴言)【(箴은) 잘못을 경계하고 꾸짖음이다.】을 올리고, 눈동자 없는 소경(瞍)【(瞍는) 눈동자가 없는 자를 수(瞍)라고 한다.】은 풍간(諷諫)하는 시【(賦는) 공(公)·경(卿)·열사(烈士)가 올린 시이다.】를 낭송하고, 눈동자 있는 소경[矇]【(矇는) 눈동자는 있지만 볼 수 없는 자이다.】은 잠언을 외며【(誦은) 거문고에 맞추어 부르는 노래와 글 쓰고 시 읊으며 훈계하여 간하는 말이다.】, 백공(百工: 각종 手工藝人)은 간언(諫言)을 올리고【(百工諫은) 백공이 각기 재주를 가지고 간하는 일이다.】, 평민들은 거리의 여론을 남을 통하여 간접 전달하고【서인(庶人)은 낮아서 직접 전달할 수 없고 그 말을 전해서 왕에게 전달한다.】, 근신(近臣)은 마음을 다해 바로잡아 타이르고【가까이서 모시는 신하는 바로잡는 것을 다한다.】, 왕의 종친과 인척은 돕고 감찰하며【(親戚補察은) 부형과 종속(宗屬)이 그 잘못을 살피고 개선한다.】, 소경【(瞽는) 악사(樂師)이다.】 태사(太師: 소경으로 樂官의 長)와 태사(太史) 【(史는) 태사(太史)이다.】는 (음악과 예법으로) 가르치고, 나이가 많은 사부【기(耆)·애(艾), 노(老)는 스승[師傅]의 종류이다.】는 수양하는 말을 하게 한 뒤에 왕이 이를 헤아려서 취사하고 시행합니다. 이러므로 모든 일이 잘 시행되어 사리에 어긋나지 않게 됩니다."라고 하였다.[30]

---

30 《국어(國語)》에서 … 하였다: 《국어(國語)》〈주어 상(周語上)〉에 나온다.

《國語》: 周厲王虐, 國人謗王. 王怒, 得衛巫【衛國之巫】, 使監【察也】謗者, 以告則殺之. 國人莫敢言, 道路以目【不敢發言, 以目相視而已】. 王喜, 告召公曰: "吾能弭謗矣, 乃不敢言." 召公曰: "是障【防也】之也. 防民之口甚於防川, 川壅而潰, 傷人必多, 民亦如之. 是故爲川者決之使導, 爲民者宣之使言. 故天子聽政, 使公卿至於列士獻詩【詩以諷之】, 瞽【無目者】獻典【樂典也】, 史【掌書者】獻書, 師【小師也】箴【箴刺缺失】, 瞍【無眸子曰瞍】賦【賦公·卿·列士所獻之詩】, 矇【有眸子而無見者】誦【弦歌諷誦箴諫之語】, 百工諫【百工各執其技事以諫】, 庶人傳語【庶人卑不能直達, 傳其語以達王也】, 近臣盡規【近侍之臣盡其規正】, 親戚補察【父兄·宗屬補察其過】, 瞽【樂師也】·史【太史也】教誨, 耆·艾修之【耆·艾, 老者, 師傅之屬】, 而後王斟酌焉, 是以事行而不悖."

신은 이렇게 생각합니다. 소공이 여왕(厲王)을 위해 고한 바는 이것이 곧 삼대 성왕이 구언하고 납간하는 실제의 자취이기 때문입니다. 삼대의 왕이 반드시 사람마다 모두 현명한 성인은 아니지만 잘 다스려짐으로 후세에 좇아가려고 해도 미칠 수 없었던 까닭은, 진실로 마땅히 이 시기에는 사람마다 말을 해서 전후좌우에 감히 말하지 못하는 사람이 없지 않으니 문장과 기예가 규정에 맞지 않음이 없기 때문입니다. 좋으면 그것을 권해서 반드시 행하고, 그렇지 않으면 그것을 막아서 반드시 그치게 했습니다. 조짐이 조금이라도 있으면 이미 막아서 잘못이 드러나 밖에서 들리지 않고, 이 때문에 정치는 어그러진 일이 없고 국가는 비방하는 말이 없어서 천하가 화평한 다스림을 누리게 되었던 것입니다.

臣按: 召公之所以爲厲王告者, 是卽三代盛王所以求言納諫之實跡也. 三代之王未必人人皆賢聖也, 而其所以爲治後世輒推之以爲不可及者, 誠以當是之時人人得言, 左右前後無非敢言之人, 詞章曲藝無非規正之具, 善則勸之以必行, 否則沮之而必止. 幾方萌而已遏, 過不著而外聞, 是以政無悖事·國無謗言而天下享和平之治, 有以也夫.

한 문제(漢文帝) 2년에 조서를 내렸다.

"짐이 들으니 하늘이 백성을 내고서 임금을 두어서 그들을 기르고 다스리게 하였는데, 임금이 덕이 없고 정치가 균등하지 못하면 하늘이 재앙을 보여 주어서 다스려지지 못한 것을 경계한다. 마침내 11월 그믐에 일식이 있었는데 때마침 하늘의 재앙이 크다는 것을 보았다. 짐은 종묘를 얻어서 지키는데 작고 미약한 몸으로 사민(士民)에게 의탁해서 임금의 지위에 있으니, 천하의 다스려짐과 다스려지지 못함이 나 한 사람에게 달려 있으니 오직 두세 집정은 나의 고굉과 같다. 짐은 아래로는 여러 백성을 다스리고 기를 수 없고 위로는 삼광(三光: 日月星)의 밝음에 누가 되어 그 부덕함이 크다. 이로 인하여 짐의 과실과 식견이 미치지 못한 바를 다 생각하는 데 이르니, 짐에게 고하기를 바란다. 급거와 현량방정으로 직언을 힘껏 간해서 짐의 미치지 못함을 구제하라."

漢文帝二年, 詔曰: "朕聞之, 天生民爲之置君以養治之, 人主不德·布政不均則天示之災以戒不治. 乃十一月晦, 日有食之, 適見於天災孰大焉. 朕獲保宗廟, 以微眇之身托士民君王之上, 天下治亂在予一人, 惟二三執政猶吾股肱也. 朕下不能治育群生, 上以累三光之明, 其不德大矣. 令至其悉思朕之過失及知見之所不及, 丐以啓告朕, 及擧賢良方正能直言極諫者以匡朕之不逮."

신은 이렇게 생각합니다. 이것은 후세의 임금이 재이(災異)로 인해 처음으로 구언한 경우입니다. 문왕(文王)이 일식으로 인해 이 조서를 내리니 뒤에 모두 일식을 만나거나 무릇 지진, 산사태, 홍수와 가뭄, 돌림병과 같은 것도 모두 조서를 내려서 구언을 하니 마침내 고사가 되었습니다. 이것 역시 임금이 하늘의 경계를 몹시 삼가는 하나의 단서입니다. 천하 국가의 일은 언제나 재해로 인해서 사람들이 가리키는 득실을 말하니, 임금은 때때로 그의 잘못과 식견이 미치지 못하는 것을 들어서 알고, 있으면 그것을 고치고 없으면 더욱 힘쓴다면 천하 국가가 다스려지지 않음이 있겠습니까.

臣按: 此後世人主以災異求言之始. 自文帝因日食下此詔, 後凡遇日食與夫地震·山崩·水旱·疾疫之類, 皆下詔求言, 遂爲故事. 此亦人君克謹天戒之一端. 天下國家之事, 每因災害皆許人指言得失, 則人君時時得以聞過失與其知見之所不及, 有則改之, 無則加勉, 則天下國家其有不治也哉?

한 문제(漢文帝)가 조회 때마다 낭(郎)과 종관(從官)들이 상소를 올리면 일찍이 한 번도 연(輦)을 멈추고 그 말을 받아들이지 않은 적이 없었다. 말이 쓸 만한 것이 못되면 그것을 내버려두고, 말이 쓸 만한 것은 그것을 채택하고 한 번도 좋다고 말하지 않는 일이 없었다.[31]

文帝每朝, 郎從官上書疏, 未嘗不止輦受其言. 言不可用置之, 言可用采之, 未嘗不稱善.

신은 이렇게 생각합니다. 삼대 이하에 제왕 가운데 현명하다고 일컬어지는 자는 문제(文帝)입니다. 왕의 좋은 정치는 한 가지 단서에서 그치는 것이 아니지만 간언 받아들이기를 좋아하는 것은 특히 성스러운 덕입니다. 후세의 임금은 임금에게 올리는 글도 진실로 한 번도 안 본 것이 있는데, 하물며 감히 그 연의 행차를 멈추게 하더라도 그것을 듣고자 하겠습니까. 쓸모 있는 것은 반드시 옳게 여겨 사용하지 않고, 쓸모없는 것은 번번이 죄를 더하니, 마음은 그 선을 알지만 입은 그것을 아니라고 하는 경우도 있거니와 하물며 본래 선하지 않고 선을 칭하는 것이겠습니까. 아! 문제와 같은 경우는 영원토록 제왕의 모범이라고 말할 수 있습니다.

臣按: 三代以下, 稱帝王之賢者文帝也. 帝之善政非止一端, 而好言納諫尤其盛德焉. 後世人主於封章之入固有未嘗一經目者, 況敢犯其行輦而欲其止而受之乎? 可用者未必肯用, 不可用者輒加之罪, 心知其善而口非

31 한 문제(漢文帝)가 … 없었다: 《자치통감(資治通鑑)》 권13 〈효문제(孝文帝) 2년〉에 나온다.

之者亦有矣, 況本不善而稱其善乎. 吁, 若文帝者, 可謂百世帝王之師矣.

한 문제(漢文帝)가 또 일찍이 조서를 내렸다.[32]

"옛날에 천하를 다스리는 데는 조정에 진선(進善)의 정(旌)과 비방의 나무가 있었다.[33] 다스리는 도리를 막힘이 없이 통하게 하여 간하는 사람을 오게 하려는 것이었다. 이제 법에는 비방과 요사스러운 말의 죄라는 것이 있으니, 이것이 여러 신하에게 감히 마음을 다하여 말할 수 없게 하고, 황상도 과실을 들을 수 없게 한 것이니, 장차 어떻게 먼 곳에 있는 현량한 사람을 오게 할 것인가? 그러니 이를 없앤다."

帝又嘗下詔曰: "古之治天下, 朝有進善之旌·誹謗之木, 所以通治道而來諫者也. 今法有誹謗妖言之罪, 是使衆臣不敢盡情而上無由聞過失也, 將何以來遠方之賢良? 其除之."

호인이 말하였다.

"요망한 말을 하지 못하게 하는 법령을 처음 만들었을 때에는 반드시 '백성들을 동요시키고 뭇사람들을 미혹시켜서 간사한 자들이 해

32 《자치통감(資治通鑑)》 권13 〈효문제(孝文帝) 2년〉에 나온다.

33 진선(進善)의 정(旌)에서 정은 깃발로 요(堯)가 이를 세워서 사방에서 백성들이 좋은 방법을 올리게 한 것인데, 말할 것이 있는 사람은 이 정 아래에서 이야기하였다. 비방의 나무도 요가 세운 것으로 교량의 옆에 판을 두어 정치의 잘못을 쓰게 한 것이다.

치고 난을 일으킬 뜻이 있다.'는 이유 때문이었을 것인데, 그 잘못되었을 때에는 포악한 군주와 권력을 잡은 신하들이 이 이름을 빌려서 중외(中外)를 두렵게 하여 언로(言路)를 막았다. 그러므로 가의(賈誼)[34]가 '충성스럽게 간하는 자를 비방한다 이르고, 깊이 생각하여 계책을 세우는 자를 요망한 말을 한다 이른다.'라고 한 것이다. 대저 충신은 임금을 위해서 충성과 깊은 계략을 다하니 그 말이 반드시 임금 자신에게 아주 적절하며, 일어나지 않은 일을 살피고 위태롭고 망하는 경계를 아뢰어서 눈앞에 가까이 있는 것에서 그치지 않는다. 소인(小人)으로 그것을 보고 말하기를 '이는 다만 임금의 잘못을 드러내어 충직을 속이는 것이다. 아직 일어나지 않은 일과 위급하고 망하는 형국을 네가 어찌 그것을 알 수 있겠는가. 거의 비방과 요사스러운 말일 뿐이다.'라고 하였다. 이 책문이 이미 시행되자 조정 안과 밖의 사람들이 입을 다물고 혀를 묶어 두어서 임금이 그 잘못을 듣지 못하고 위태롭고 망하는 데에 빠져들지만 깨닫지 못한다. 대저 충성스러운 간언과 깊은 생각을 비방과 요사스러운 말로 삼으면 사슴을 가리켜 말이라고 하고, 들에 나는 새를 가리켜 난새라고 하는 것이고, 메뚜기가 생겨났는데도 (메뚜기는) 좋은 곡식을 먹지 않는다고 말하고, 흉년인데도 길에 굶어 죽은 사체가 없다고 말하는 것이다. 무릇 현명함과 그렇지 않음[賢否], 옳음과 그름[是非], 잘 다스려짐과 어지러움[治亂], 잘하는 것과 잘못함[得失]은 모두 이치에 반하고 도를 속이며 트집을 잡아서 그것을 반대로 말해서 세상과 임금을 속여서 위태롭고 망하는 데

34 가의(賈誼, 기원전 200~기원전 168): 중국 전한(前漢) 문제(文帝) 때의 학자·정치가이다. 유학과 오행설에 기초한 새로운 제도(制度)의 시행을 주장했으나 원로(元老) 대신들의 미움을 사 좌천되었다가 요절했다. 《좌씨전훈고(左氏傳訓詁)》, 《신서(新書)》, 《복조부(鵩鳥賦)》 등이 있다.

빠지게 하니 그 죄는 어찌 다만 비방과 견주겠으며, 그 요사스러운 말을 하는 것은 또한 (그 죄가) 크지 않겠는가. 아! 문제(文帝)가 이 명령을 제거하여서 나라가 오래도록 유지되었던 것이 분명하다.

胡寅曰: "妖言令之始設也, 必謂其搖民惑衆, 有奸宄賊亂之意. 及其失也, 則暴君·權臣假此名以警懼中外, 塞言路也. 故賈誼論秦曰: '忠諫者謂之誹謗, 深計者謂之妖言.' 夫忠臣爲上盡忠深計, 其言必剴切君身, 探未然之事, 陳危亡之戒, 不止於近在目前者. 自小人觀之曰: '是特揚君過以賣直, 其未然之事·危亡之形, 汝安得知之? 殆誹謗妖言耳.' 此策旣行, 使中外之人鉗口結舌, 人君不聞其過, 淪於危亡而不悟. 夫旣以忠諫深計爲誹謗妖言, 則指鹿爲馬·指野鳥爲鸞, 蝗生則曰不食嘉穀, 歲饑則曰路無餓殍, 凡賢否是非·治亂得失, 一切反理詭道, 倒言而逆說之, 欺惑世主, 使淪於危亡, 其罪豈特誹謗之比, 其爲妖也不亦大乎? 嗚呼, 文帝除此令, 其享國長世宜哉."

신은 이렇게 생각합니다. 진(秦)나라의 법에는 비방과 요사스러운 말을 금지하는 것이 있었는데 이에 이르러 문제가 비로소 그것을 제거하였습니다. 문제(文帝)가 그것을 이미 제거하였는데, 후세의 신하가 말을 올려서 비방과 요사스러운 말의 죄로 연루되었으니 어찌합니까. 이것이 망한 진나라의 자취를 그대로 따르는 것입니다.

臣按: 秦法有誹謗妖言之禁, 至是文帝始除之. 吁, 文帝旣除之矣, 後世人臣上言而乃猶坐以誹謗妖言之罪, 何哉? 是襲亡秦之跡也.

한 문제(漢文帝) 15년에 조서를 내렸다.

"옛날 대우(大禹)는 현사를 힘써 구하여 베풂이 방외(方外)에 미쳤다. 사극(四極)의 안에서 배와 수레가 이르는 곳과 인적이 미치는 곳에는 명을 듣지 않음이 없게 하여 그 미치지 못하는 곳을 도왔다. 가까운 곳에 있는 자는 그 밝음을 바치고, 멀리 있는 자는 그 총명함을 통하여 선(善)을 돕고 힘을 합쳐서 천자를 도왔다. 이 때문에 대우가 실덕이 없어서 하나라가 오랫동안 번창할 수 있었다. 고황제가 친히 큰 해로움과 어지러움을 제거하고 아울러 영웅호걸들을 세워 관사(官師)로 삼아 고치도록 말하게 하여 천자의 부족함을 돕고 한 나라 종실을 도와 지탱하게 하였다. 지금 짐이 천하의 바름을 얻어 종묘의 제사를 이었으나, 짐이 이미 부덕하고 또 불민하여 총명함을 밝힐 수 없고 지혜는 다스리기에 부족하니, 이는 대부들에게 드러나 알려진 바이다. 그러므로 유사에 말하여 제후왕, 삼공, 구경 및 주군리에게 각각 그 뜻(임금이 뜻)을 가지고 현량을 뽑아서 국가의 대체를 밝히고 인사의 처음과 끝을 통하게 하며, 직언과 극간을 잘하는 자들이 각각 몇 사람씩 있을 테니 장차 짐이 미치지 못한 바를 바로잡으라. 몇몇 대부들의 행동은 이 세 가지 방법에 합당하니 짐이 몹시 가상하게 여긴다. 그러므로 조정에 대부를 등용하여 친히 짐의 뜻을 유시한다. 대부가 세 가지 방법의 요체를 올려 오래된 짐의 부덕, 관리의 불평, 정사의 불선, 백성의 불녕 이 네 가지의 잘못에 이르기까지 모두 그 뜻을 말하며 숨기는 바가 없게 하라. 위로는 선제의 종묘에 올리고 아래로는 만민의 이익을 흥하게 하여 편에 드러내서 짐이 친히 볼 수 있게 하라."

十五年, 詔曰: "昔者大禹勤求賢士, 施及方外, 四極之內, 舟車所至·人跡所及靡不聞命, 以輔其不逮. 近者獻其明, 遠者通厥聰, 比善戮力以翼天子, 是以大禹能亡失德, 夏以長亘. 高皇帝親除大害·去亂從, 竝建豪英以爲官師, 爲諫爭輔天子之闕而翼戴漢宗也. 今朕獲執天下之正, 以承宗廟之祀, 朕旣不德, 又不敏, 明弗能燭而智不能治, 此大夫之所著聞也, 故詔有司, 諸侯王·三公·九卿及主郡吏各帥其誌, 以選賢良明於國家之大體·通於人事之終始及能直言極諫者各有人數, 將以匡朕之不逮. 二三大夫之行當此三道, 朕甚嘉之, 故登大夫於朝, 親諭朕誌. 大夫其上三道之要及永惟朕之不德·吏之不平·政之不宣·民之不寧四者之闕, 悉陳其誌, 毋有所隱, 上以薦先帝之宗廟, 下以興萬民之休利, 著之於篇, 朕親覽焉."

신은 이렇게 생각합니다. 후세의 임금이 책문을 내어 책사에게 구언하는 시초입니다. 문제가 이 조서를 내린 후로부터 후세에 임금이 전시에 친림하여 시문(試問)하는 것이 대개 여기에 근본합니다. 이 역시 인주가 구언하는 하나의 단서입니다. 그러나 오직 고사만 따를 뿐이지, 그 진실로 국가의 대체를 밝히고 인사의 시종을 통하게 하고 직언과 극간을 할 수 있는 자를 구하여 임금의 부덕과 관리의 불평과 정사의 불선과 백성의 불녕을 상소하게 한다는 이와 같은 조서를 내린 경우는 아마도 드뭅니다. 만에 하나 그러한 경우가 있다 하더라도 그 말을 듣고 받아들여 그것이 시행에 드러나게 한 경우는 더욱 드뭅니다. 심한 것은 도리어 그 말이 간절하고 충직함으로 인하여 그들을 물리쳤으니 당 문종이 유연에 대한 것 같은 경우입니다. 오직 송 인종 때에 고관(考官)이 소철의 대책이 간절하고 직언하여 그를 물리치고자 하였으나, 인종이 말하기를 "짐은 직언으로써 사람을 취하고 직언으로써 그를 버리는데 다른 사람들이 나에 대해 어떻게 말하겠는가"라고 하였습니다. 이 말은 후세의 임금이 책사에게 구언하는 모범이 될 만합니다.【이것이 책사에게 구언하는 것이다.】

臣按: 此後世人主發策策士求言之始. 自文帝下此詔後, 後世臨軒策士蓋本諸此, 是亦人主求言之一端也. 然惟應故事而已, 求其眞能明國家之大體·通人事之始終及能直言極諫, 疏君之不德·吏之不平·政之不宣·民之不寧如此詔者, 蓋鮮矣. 萬一有之, 能聽納其言而見之於施行者尤爲鮮焉. 甚者反因其言之切直而黜退之, 如唐文宗之於劉蕡者焉. 惟宋仁宗時, 考官以蘇轍對策切直欲黜之, 仁宗曰: "朕以直言取人而以直言棄之, 人其謂我何?" 斯言也, 可以爲後世人主策士求言之法【此因策士求言】.

당 고조(唐高祖) 때에 손복가(孫伏伽)[35]는 대궐에 이르러 세 가지의 일로써 간언을 올리니 황제가 크게 기뻐하였다. 이로 인하여 고조(高祖)가 배적(裵寂)에게 말하기를 "수(隋)나라 말기에 도(道)가 없어서 위아래 사람들이

35 손복가(孫伏伽): 패주(貝州) 무성인(武城人)이다. 당 무덕(武德) 초에 세 가지 일을 상언(上言)하여 고조의 총애를 받았으며, 정관(貞觀) 14년(640)에는 대리경(大理卿)이 되고 후에는 섬주자사(陝州刺史)를 역임하였는데, 현경 3년(658)에 졸하였다.

서로 어리석어 임금은 교만하고 자만하며 신하는 오직 아첨만을 하였으니, 윗사람은 자신의 잘못을 듣지 않고 아랫사람은 충성을 다하지 않았다. 이때 사직이 기울어 위태로워지고 황제 자신은 필부의 손에 죽게 되었다. 짐이 어지러움을 다스려 반정(反正)하고 사람들을 편안하게 할 것을 생각하였으며, 자주 마음을 비워 맞이하여 만나고 옳은 말을 듣기를 원했다. 그러나 오직 이강(李綱)[36]만이 그나마 충성을 다하였고 손복가(孫伏伽)는 성실하고 곧다고 할 만한데, 다른 사람들은 오히려 나쁜 풍조를 따라 머리를 숙일 뿐이니 어찌 짐이 바라는 것이겠는가."라고 하였다.

唐高祖時, 孫伏伽詣闕以三事上諫. 帝大悅, 因謂裴寂曰: "隋末無道, 上下相蒙, 主則驕矜, 臣惟諂佞, 上不聞過, 下不盡忠, 至使社稷傾危, 身死匹夫之手. 朕撥亂反正, 念在安人, 比每虛心接待, 冀聞讜言, 然惟李綱差盡忠款, 伏伽可謂誠直, 餘人猶踵弊風, 俯首而已, 豈朕所望哉?"

신은 이렇게 생각합니다. 고조(高祖)는 창업의 군주입니다. 그러므로 이전 시대가 망하게 된 이유를 알았습니다. 이른바 위아래 사람들이 서로 어리석어 임금은 교만하고 자만하며 신하는 오직 아첨만을 하였으니, 윗사람은 자신의 잘못을 듣지 않고 아랫사람은 충성을 다하지 않아 이때 이르러[37] 사직이 기울어 위태로워지고 황제 자신은 필

36 이강(李綱, 547~631): 수(隋)나라 사람으로 본명은 이원(李瑗)이고, 자는 문기(文紀)이다. 당(唐)나라의 명신(名臣)이다. 북주(北周)에서 제왕헌참군사(齊王憲參軍事), 수나라에서 태자세마(太子洗馬)를 지냈고, 당나라에서 예부상서(禮部尚書) 겸 태자첨사(太子詹事), 태자소사(太子少師) 등을 역임했다. 사후에 개부의동삼사(開府儀同三司)로 추증하고, 시호는 정(貞)이다.

부의 손에 죽게 되었던 것입니다. 이 몇 마디 말은 말세 군신(君臣)의 폐해에 적절하게 해당하니, 그것을 읽는 사람들을 두려워하게 만듭니다. 천하와 국가를 소유한 자는 생각하지 않을 수 있겠습니까.

臣按: 高祖創業之君, 故知前代所以致亡之道. 所謂上下相蒙, 主驕矜而臣諂佞, 上不聞過, 下不盡忠, 至使社稷傾危, 身死匹夫之手, 此數言者切中末世君臣之弊, 讀之使人凜然, 有天下國家者可不念哉!

당 태종(唐太宗)이 옆에 있는 신하들에게 말하기를 "대저 신하들이 제왕을 대할 때에 뜻을 따르고 거스르지 않는 자가 많고, 감언으로 비위를 맞추려고 한다. 짐이 지금 물음을 던져 나의 잘못을 듣고자 하니 경들은 모름지기 나의 잘못을 말하라."라고 하였다. 장손무기(長孫無忌)[38] 등이 모두 말하기를 "폐하의 성스러운 교화가 태평을 이루었으니 신들은 그 잘못을 보지 못하였습니다."라고 하였다. 유계(劉洎)가 말하기를 "폐하의 교화는 만고(萬古)에 뛰어나니 진실로 장손무기 등의 말과 같습니다. 그러나

---

37 이때 이르러: 《대학연의보(大學衍義補)》 정덕본(正德本) 구준의 글에는 "지사(至使)"로 되어있는데, 앞에 있는 본문에는 "지시(至是)"로 되어있다. 구준의 글이 앞의 본문을 인용한 것이기에 앞의 본문을 따른다.

38 장손무기(長孫無忌, 594?~659?): 당나라 낙양(洛陽) 사람으로 자는 보기(輔機)이다. 당(唐)나라 초기의 대신(大臣)이자 능연각(淩煙閣) 24공신(功臣) 중에 수장(首長)이다. 선조는 선비족(鮮卑族) 척발씨(拓跋氏)로 북위(北魏) 황족(皇族) 출신이며, 뒤에 장손씨(長孫氏)로 개명했다. 모친은 고씨(高氏)로 한족(漢族)이다. 이세민(李世民)을 보좌하여 당나라 건립에 큰 공을 세웠다. 개국(開國) 일등 공신(功臣)으로 제국공(齊國公), 조국공(趙國公)으로 봉해졌다. 무황후(武皇後, 무측천)가 집권할 때에 허경종(許敬宗)의 무고로 말미암아 검주(黔州)로 유배 가다가 자결했다.

요사이 글을 올려서 폐하의 뜻에 부합하지 않는 자가 있으면 혹 바로 앞에서 죄를 끝까지 캐물어서 부끄러워하여 물러나지 않는 경우가 없으니, 진언(進言)을 장려하는 방법이 아닙니다."라고 하였다. 황제가 말하기를 "경의 말이 옳다. 마땅히 경의 말 때문에 고치겠다."라고 하였다.[39]

太宗謂侍臣曰: "夫人臣之對帝王多順旨而不逆, 甘言以取容. 朕今發問欲聞己過, 卿等須言朕愆失." 長孫無忌等鹹曰: "陛下聖化致太平, 臣等不見其失." 劉洎曰: "陛下化高萬古, 誠如無忌等言, 然頃上書有不稱旨者, 或麵加窮詰, 無不慚退, 非獎進言者之路." 帝曰: "卿言是也, 當爲卿改之."

신은 이렇게 생각합니다. 사람들의 일반적인 마음은 조금이라도 과실이 있으면 항상 남이 말을 하는 것을 두려워하고, 조금이라도 의심이 나면 번번이 더욱더 의심하고 따집니다. 하물며 만승(萬乘)의 지위에 있는 임금이겠습니까. 태종이 물음을 던져 자신의 잘못을 알고자 하여 신하들에게 그 잘못을 말할 것을 요구하였으니, 영원토록 제왕의 모범이 될 만합니다.

그다음 대를 이은 임금인 고종(高宗) 또한 그 신하들에게 말하기를 "지난날 선왕을 곁에서 모실 때에 5품 이상의 관리들이 일을 논하는 것을 보면 간혹 조정[仗下]에서 대면하여 아뢰고, 간혹 글을 올려 아뢰니 온종일 논하는 자들이 끊이지 않았다. 어찌 지금 일이 없겠는가. 공들은 어째서 말하지 않는가. 지금부터 마땅히 자주 일을 논하여 만

39 당 태종(唐太宗)이 … 하였다: 《구당서(舊唐書)》 권74 〈유계열전(劉洎列傳)〉에 나온다.

약 대면하여 아뢸 수 없으면 각기 맡은 것을 글을 올려 답하라."라고 하였습니다.

헌종(憲宗) 또한 신하들에게 말하기를 "짐이 《정관정요(貞觀政要)》를 읽어 보니 태종(太宗)의 신묘한 정신과 위엄으로도 매번 하나의 일이라도 작은 실수가 있으면 여러 신하가 간언을 올리기를 서너 번 되풀이하였다. 하물며 짐은 부족하고 어리석어 스스로 매번 일이 사리에 맞지 않으니, 경들은 모름지기 열 번씩 논하고 한두 번에 그치지 말라."고 하였습니다. 아! 두 황제의 말이 이와 같으니 어찌 태종의 자손에 대한 가르침[詒謀]이 훌륭했기 때문이 아니겠습니까. 그러므로 그 후손들이 보고 감동하여 떨쳐 일어나 모범으로 삼을 수 있었습니다.

臣按: 人之常情, 少有過失恒懼人言, 稍涉疑似輒加怪責, 況萬乘之君乎? 太宗發問欲知己過, 責臣下言其愆失, 可以爲百世帝王之法矣. 厥後繼體之君高宗亦謂其臣曰: "往日侍奉膝下, 見五品以上論事或有仗下, 麵奏或有進狀, 論者終日不絕, 豈今時無事, 公等何不言也? 自今以後宜數論事, 若不能麵奏, 任各進狀." 憲宗亦謂其臣曰: "朕讀《貞觀政要》, 以太宗神武, 每有一事少涉過差, 群臣進諫者往複數四, 況朕寡昧, 自今每有事不得中者, 卿須十論, 不得一二而已." 吁, 二帝之言若此, 豈非太宗詒謀之善, 故其子若孫得於觀感而興起效法也哉?

당 태종(唐太宗)이 위징(魏徵)에게 묻기를 "임금이 어떻게 하면 현명하고 어떻게 하면 어리석은가?"라고 하자, 위징이 대답하기를 "두루 들으면 현명한 것이고 치우쳐 믿으면 어리석은 것입니다. 예전에 요(堯) 임금은 백성에게 거리낌 없이 물었기 때문에 유묘(有苗)[40]의 악행은 위에서 들을 수 있었고, 공공(共工), 곤(鯀), 환두(驩兜)의 악행도 가릴 수 없었습니다. 진 이세(秦二世)는 조고(趙高)만을 믿어서 망이(望夷)의 화(禍)가 일어났고,[41] 양 무제(梁武帝)는 주이(朱異)[42]만을 믿어서 대성(臺城)에서 모욕을 받았고, 수 양제(隋煬帝)는 우세기(虞世基)만을 믿어서 팽성각(彭城閣)의 변란을 당했습니다. 이 때문에 임금이 여러 사람의 이야기를 아울러 듣고 널리 받아들인다면 높은 직책의 신하라도 가리워지지 않으며 아랫사람들의 마음이 위로 소통할 것입니다."라고 하였다. 황제가 말하기를 "좋다."라고 하였다.

太宗問魏徵曰: "人主何爲而明, 何爲而暗?" 對曰: "兼聽則明, 偏信則暗. 昔堯淸問下民, 故有苗之惡得以上聞, 共·鯀·兜不能蔽也. 秦二世偏信趙高, 以成望夷之禍; 梁武帝偏信朱異, 以取台城之辱; 隋煬帝偏信虞世基, 以致彭城閣之變. 是故人君兼聽廣納, 則貴臣不得壅蔽而下情得以上通也." 帝曰: "善."

---

40 유묘(有苗): 전설 속에 나오는 4흉(凶)의 하나이다.

41 진 이세(秦二世)는 … 일어났고: 진의 2세 황제인 호해(胡亥)는 망이궁(望夷宮)에서 죽었다.

42 주이(朱異, 483~549): 남조 양(梁)나라 오군(吳郡) 전당(錢塘) 사람으로, 자는 언화(彦和)이다. 명산빈(明山賓)에게 배웠고, 경사(經史)와 잡예(雜藝)에 정통했다. 군주의 마음을 잘 꿰뚫어 보아 양무제(梁武帝)의 신임을 받았다. 서성(西省)에 있으면서 태학박사(太學博士)를 겸했다. 산기상시(散騎常侍)로 옮기고 시중(侍中)과 중령군(中領軍)에까지 이르러 30여 년 동안 기밀(機密)을 관장했다. 태청(太淸) 원년(547) 후경(侯景)이 항복을 요청하자 황제에게 이를 받아들이도록 권했다. 동위(東魏)와 화의할 것을 주장하니 무제가 수용했다. 후경이 그를 토벌한다는 명분 아래 거병하여 반란을 일으켰다. 건강(建康)이 포위당하자 분기를 이기지 못하고 병에 걸려 죽었다. 《예기(禮記)》와 《주역(周易)》에 정통했고, 저서에 《예역강소(禮易講疏)》와 《의주(儀注)》 등이 있다.

신은 이렇게 생각합니다. 삼대 이하로 간언을 좋아하는 임금은 당 태종(唐太宗)이 첫째로 일컬어집니다. 육지(陸贄)[43]가 일찍이 예로 들어서 임금[당 덕종(唐德宗)]에게 말하기를 "태종은 허심탄회하게 받아들이는 것을 다스리는 근본으로 삼고, 직언을 나라를 빛내는 것으로 여겼습니다. 잘못을 직간하는 자가 있으면 반드시 천둥벼락과 같은 위엄을 거두어서 현명한 말을 장려하여 받아들였습니다. 봉서(封書)로 의견을 올리는 자가 있으면 반드시 마음대로 하고자 하는 뜻을 버리고 직접 조서를 써서 칭찬하였습니다. 그러므로 잘못이 있으면 반드시 알 수 있었고, 알고서는 반드시 고쳐서 천하가 태평하게 다스려지는 교화에 이르렀고, 요순(堯舜)과 이름을 나란히 하는 데에 거의 이르렀습니다."라고 하였습니다. 이 말은 후세의 임금들이 마땅히 취하여 모범으로 삼아야 할 것입니다.

臣按: 三代以下, 好諫之君以唐太宗爲稱首. 陸贄嘗舉以告其君曰: "太宗以虛受爲治本, 以直言爲國華, 有麵折廷諍者必爲霽雷霆之威而明言獎納, 有上封獻議者必爲黜心意之欲而手敕褒揚, 故得有過必知, 知而必改, 存致雍熙之化, 沒齊堯舜之名. 此後世人主所當取法者."

43 육지(陸贄, 754~805): 당나라 소주(蘇州) 가흥(嘉興) 사람으로 자는 경여(敬輿)이다. 대종(代宗) 대력(大曆) 6년(771) 진사(進士)가 되고, 박학홍사과(博學鴻詞科)에 올랐다. 건중(建中) 4년(783) 주차(朱泚)가 반란을 일으키자 덕종을 따라 봉천(奉天)으로 달아나 조서(詔書)를 지었는데, 문장이 간절하여 무부한졸(武夫悍卒)조차 읽고 눈물을 흘리며 감동하지 않는 사람이 없었다. 재상으로 있을 때 폐정(弊政)을 없애고, 가혹한 세금을 폐지했다. 순종(順宗) 때 죽었고, 시호는 선(宣)이다. 저서에 《육씨집험방(陸氏集驗方)》 50권이 있고, 《시문별집(詩文別集)》 15권이 있었지만 전하지 않는다. 《한원집(翰苑集)》 등도 있다.

당 태종(唐太宗)은 정신과 풍채가 뛰어나고 강하여 여러 신하가 나아가 알현할 적에 모두 어떻게 행동할지를 몰랐다. 태종(太宗)이 이를 알고서 매번 일을 아뢰는 사람을 보고는 반드시 말과 안색을 편하게 함으로써 바르게 간언하는 것을 듣기를 바랐다. 일찍이 공경들에게 말하기를 "사람이 스스로 그 모습을 보고자 하면 반드시 투명한 거울이 필요하고, 임금이 스스로 그 잘못을 알고자 하면 반드시 충신을 기다려야 한다. 만일 임금이 (신하의) 간하는 말에 너그럽지 못하고 스스로 현명하다고 여기면 그 신하는 아첨하여 (임금의) 뜻을 따르게 된다. 임금이 이미 나라를 잃는다면 신하도 어찌 스스로 온전할 수 있겠는가. 우세기(虞世基)[44]같은 자들이 수 양제(隋煬帝)에게 아첨하여 섬기면서 부귀를 보존하려고 하였는데, 양제(煬帝)가 이미 시해되니 우세기도 역시 주살되었다. 공들은 마땅히 경계하는 일로 삼아야 하며, 일에 득실(得失)이 있으면 말을 다할 것을 아끼지 말라."라고 하였다.

太宗神采英毅, 群臣進見皆失擧措, 太宗知之, 每見人奏事必假以辭色, 冀開規諫. 嘗謂公卿曰: "人欲自見其形必資明鏡, 君欲自知其過必待忠臣. 苟其君愎諫自賢, 其臣阿諛順旨, 君旣失國, 臣豈能自全? 如虞世基等諂事煬帝以保富貴, 煬帝旣弑, 世基亦誅. 公輩宜用爲戒, 事有得失無惜盡言."

신은 이렇게 생각합니다. 가산(賈山)[45]이 한 문제(漢文帝)에게 말하기를

---

44 우세기(虞世基, ?~616): 회계(會稽) 여요(餘姚) 사람으로 자가 무세(茂世)이며 아우 우세남(虞世南)과 함께 문명(文名)을 날렸는데, 〈초도강(初渡江)〉, 〈영낙동(零落桐)〉, 〈만비조(晩飛鳥)〉 등의 시가 있다.

"천둥과 벼락이 침에 꺾이지 않는 것이 없고 만균(萬鈞: 30萬斤)의 무게로 누름에 엎어지지 않는 것이 없으니, 지금 임금의 위엄은 다만 천둥과 벼락만이 아니고 권세의 위중(威重)함은 다만 만 균일 뿐이 아닙니다. 언로를 열어 간언을 구하여 안색을 화하게 하여 받아들이고 그 말을 써서 그들 자신을 현달하게 하는데도, 선비들이 오히려 두려워하여 감히 스스로 다하지 못합니다. 또 하물며 욕심을 따르고 방자하고 사납게 하는 태도에서 어찌 그 잘못을 들을 수 있겠습니까. 위엄으로 진동하고, 위중함으로 누른다면 비록 요순(堯舜)의 지혜와 맹분(孟賁)[46]의 용맹이 있어도 어찌 꺾이지 않는 자가 있겠습니까. 이와 같다면 임금이 허물을 들을 수 없어서 사직이 위태로울 것입니다."라고 하였습니다. 지금 살펴보면 태종(太宗)께서 매번 신하들이 일을 아뢸 때 말과 안색을 너그럽게 하여 그들에게 다 말할 수 있게 하고 두려움이 없게 하였으니 대체로 가산(賈山)의 말에 부합됩니다. 후세의 임금들은 신하들이 다 말하는 것을 두려워하여 사나운 안색과 엄한 위세로 임하는 자들이니, 대체로 태종과는 차이가 큽니다. 그 가운데에서 말세의 군신을 예로 들어 경계로 삼아서 신하들이 득실(得失)이 있는 경우를 만날 때 다 말할 것을 아끼지 않도록 하게 하였으니, 그 말이 간절하여 세상의 경계가 될 만합니다.

---

45 가산(賈山): 《대학연의보》 권3 주) 62 참조.

46 맹분(孟賁): 전국 시대 위(衛)나라 사람이자, 제(齊)나라 사람이라고도 한다. 용력지사(勇力之士)로, 하육(夏育)과 이름을 나란히 했다. 대단한 완력과 용기를 지닌 인물로, 소의 생뿔을 잡아 뽑아낼 수 있었다. 땅에서는 맹수와 마주쳐도 두려워하지 않는 용기를 지녔고, 물속에서는 교룡(蛟龍)과의 싸움도 피하지 않았다고 한다. 화가 났을 때는 두 눈이 옆으로 찢어져 기세가 사람을 질리게 했다. 길을 가거나 물을 건널 때 아무도 그와 선두를 다투지 못했다. 맹열(孟說)이라고도 한다. 진무왕(秦武王)의 사랑을 받던 역사(力士)라고도 한다.

臣按: 賈山告漢文帝有曰: “雷霆之所擊無不摧折者, 萬鈞之所壓無不糜滅者, 今人主之威非特雷霆也, 勢重非特萬鈞也. 開道而求諫, 和顏色而受之, 用其言而顯其身, 士猶恐懼而不敢自盡, 又況於縱欲恣暴, 惡聞其過乎? 震之以威, 壓之以重, 則雖有堯舜之智·孟賁之勇, 豈有不摧折者哉? 如此則人主不得聞其過, 社稷危矣.” 今觀太宗每於臣下奏事而假以辭色, 使之得以盡言而無懼, 蓋有合於賈山之說, 其視後世人主恐臣下盡言厲色嚴威以臨之者, 蓋霄壤矣. 中舉末世君臣爲戒, 欲其臣下遇有得失毋惜盡言, 其言儆切, 可爲世戒.

육지(陸贄)가 그 임금[당 덕종(唐德宗)]에게 말하였다.

“옛말에 이런 것이 있습니다. 뜻을 따르는 것에서 사랑이 생겨나고, 뜻을 거스르는 것에서 미움에 이르는 것입니다. 그러므로 신하들은 모두 뜻을 따르기를 다투고 뜻을 거스르는 것을 피하니, 집안을 잊고 국가를 위하며 자신을 버리고 임금을 돕는 자가 아니라면 누가 안색을 범하고 꺼리고 싫어하는 것을 언급하면서 한마디 말을 건의하고 한마디 주장을 열 수 있겠습니까.

이 때문에 현명하고 훌륭한 임금은 이와 같은 것을 알아서 간언을 구하기를 미치지 못하는 것같이 하고 재빨리 선(善)을 받아들이며, 성실하고 곧은 자를 가상하게 여기고, 폭로하고 범하는 자를 의롭게 여기며, 어리석고 천한 자를 용서하고 사납고 속이는 자를 용납합니다. 이어 교만하고 사치함이 쉽게 불어나서 충성스럽고 성실한 말이 들리지 않을 것을 염려합니다.

이에 감히 간하는 북을 설치하고, 선(善)을 알리는 깃발을 세우고, 경계하고 삼가는 소고[鞀]를 드리우고, 사과(司過)를 맡은 선비를 세웠으나 오히려 이루어지지 않음을 걱정하여 또 관제(官制)로 설치하여 간언을 일상적인 것으로 삼았습니다.

이 때문에 사관[史]이 쓰고, 소경[瞽]은 시를 외고, 악공[工]은 잠간(箴諫)을 외우고, 대부(大夫)는 바로잡아 타이르고[規誨], 사(士)는 말을 전하고, 서인(庶人)은 비방합니다. 오히려 게으를 것을 두려워하여 매년 맹춘(孟春)에 주인(遒人)이 목탁을 가지고 길에서 소리 질러서 떨치고 놀라게 하여 말하기를 '관사가 서로 바로잡고, 백공(百工)들이 기예의 일을 잡아서 간하라. 혹시라도 공손하지 않으면 나라에 떳떳한 법이 있다.'[47]고 하였습니다.

그러나 밝고 지혜로운 자가 아니면 직언을 구할 수 없고, 성덕(聖德)이 아니면 허물을 구할 수 없으니 직언을 구하면 그 지혜가 더욱 커지고 허물을 구하면 그 덕이 더욱 빛나게 됩니다.

생각건대 쇠퇴하여 어지러운 조정과 어리석고 미혹된 임금이라면 반드시 잘못을 구하기를 피하고 직언에 분노하여, 아첨을 충성을 바치는 것으로 여기고 고치도록 말하는 것을 악을 드러내는 것으로 여겨서 원망이 나라 전체에 넘치고, 귀로는 듣고자 하지 않으며, 더러운 덕[腥德]이 하늘에 미치나 마음은 깨달음을 구하지 않아 전복되는 것에 이르러도 잘못을 알지 못하여 뜻이 혼미해져서 곧 이 지경에 이르렀습니다.

그러므로 현명한 자는 넓게 받아들여 덕을 이루고, 어리석은 자는 제멋대로 써서 자신을 망하게 합니다. 성공과 실패의 길이 천고(千古)에 서로 이어져 있어서 패망의 전철을 밟는 자는 전복되지 않음이 없고, 성공

---

47 맹춘(孟春)에 … 떳떳한 법이 있다: 《서경(書經)》 〈하서(夏書) 윤정(胤征)〉에 나온다.

의 길을 밟는 자는 창성하지 않음이 없습니다. 스스로 마땅히 하계(夏癸)[48]와 은신(殷辛)[49]이 간언을 막고 잘못을 꾸민 사특함은 바로잡고, 우(禹) 임금과 탕(湯) 임금이 좋은 말에 절하고 잘못을 고치는 성실함을 따릅니다. 선비들이 어질고 어리석음에 관계없이 모두 마땅하게 등용하고, 말이 크고 작음에 관계없이 모두 힘써 조정에 부르며, 진실로 거스르는 혐의와 달고 쓴 것을 꺼리는 것이 있어서는 안 됩니다. 대저 임금은 여러 사람의 지혜를 지혜로 삼고 여러 사람의 마음을 마음으로 삼아서, 항상 한 명의 사람이라도 뜻을 다하지 않고 하나의 일이라도 이치를 얻지 못함을 근심하여 부지런히 찾아서 받아들여서 오직 선(善)만을 구해야 합니다. 어찌 다만 간언을 따르는 것만 소홀히 하지 않을 뿐이겠습니까. 이에 충고하는 말[謗言]을 구하고 많은 사람의 입에 오르내리는 말[輿誦] 을 듣는 데까지 이르렀습니다. (그래서) 순무(葑菲)의 뿌리가 나쁘더라도 (잎을 먹을 수 있으므로) 캐지 않았기에[50] 영화가 버려지지 않았고, 꼴 베고 나무하는 사람도 천하다고 하여 묻지 않는 법이 없었으므로 숨은 은사들이 반드시 올 수 있었습니다. 진 문공(晋文公)이 사람들의 말을 들어서 패업이 홍하였고, 순(舜)임금이 비방의 나무를 설치하여 임금의 덕이 넓어졌으니 이것은 진실로 성현의 높은 자취입니다. 폐하께서는 어째서 꺼리십니까."라고 하였습니다.

또 말하기를 "순임금이 쉬운 말[邇言]을 살폈기 때문에 성인의 교화를 이룰 수 있었고, 진 문공(晋文公)이 많은 사람의 입에 오르내리는 말을 들

48 하계(夏癸): 중국 고대 하(夏)의 마지막 왕인 걸(桀)의 이름이다.

49 은신(殷辛): 중국 고대 은(殷)의 마지막 왕인 주(紂)의 이름이다. 상신(商辛)이라고도 한다.

50 순무(葑菲)의 … 않았기에: 《시경》 〈패풍(邶風) 곡풍(谷風)〉에 나온다.

었기 때문에 패업의 공을 넓힐 수 있었습니다. 〈대아(大雅)〉에는 나무꾼에게 자문하였다는 말이 있고,[51] 〈홍범(洪範)〉에는 서인에게 물어야 한다는 뜻이 있습니다.[52] 이는 성현이 이치로 삼는 것은 여러 마음에 자문하는 것을 힘써서 감히 작은 것을 소홀히 하지 않고, 감히 불쌍한 백성[鰥寡]을 업신여기지 않는 것입니다. 큰소리치더라도 증명되지 않은 것은 반드시 쓰지 않고, 질박한 말이라도 이치에 합당한 것은 반드시 어기지 않습니다. 뜻을 따르는 자가 반드시 그러한 것은 아니고, 마음을 거스르는 자가 반드시 틀린 것은 아닙니다. 남과 다른 자가 반드시 옳은 것은 아니고, 다수와 함께하는 자가 반드시 그릇된 것은 아닙니다. 말이 졸렬하고 반응이 빠른 자가 반드시 어리석은 것은 아니고, 말이 달콤하고 이익을 중요시하는 자가 반드시 지혜로운 것은 아닙니다. 이것은 모두 사실로써 살피고, 결과로써 고려하는 것이니 그 쓰임은 다름이 아니라 오직 선(善)에 달려 있다면 천하의 이치를 다하고 천하의 마음을 볼 수 있습니다.

신이 매번 사서(史書)를 읽으니 어지러웠던 때는 많고 잘 다스려졌던 때는 적은 것을 보며 안타까움을 품고 일찍이 시험 삼아 생각해 보았습니다. 제 생각으로는 아랫사람은 충성을 원하지 않음이 없고, 윗사람은 다스림을 구하지 않음이 없으나 아랫사람은 매번 윗사람이 잘 다스리지 않음을 걱정하고, 윗사람은 매번 아래에서 충성하지 않음을 괴로워하니 이런 것은 어째서입니까. 윗사람과 아랫사람의 뜻이 통하지 않기 때문입니다.

아랫사람의 뜻은 윗사람에게 도달하기를 원하지 않음이 없고, 윗사람

51 대아(大雅)〉에는 … 있고: 《시경》 〈대아(大雅) 판(板)〉에 나온다.

52 〈홍범(洪範)〉에는 … 있습니다: 《서경》 〈주서(周書) 홍범(洪範)〉에 나온다.

의 뜻은 아랫사람에서 지혜를 구하지 않음이 없습니다. 그러나 아랫사람은 항상 윗사람에게 이르기 어려움을 괴로워하고 윗사람은 항상 아랫사람을 알기 어려운 것을 괴로워하니 이는 어째서입니까. 아홉 가지 폐단이 사라지지 않기 때문입니다.

아홉 가지 폐단은 윗사람에게 해당하는 것이 여섯 가지이고, 아랫사람에게 해당하는 것이 세 가지입니다. 남을 이기기를 좋아하고[好勝人], 허물을 듣는 것을 부끄러워하고[恥聞過], 말재주만을 부리고[騁辨給], 총명함을 자랑하고[衒聰明], 위엄을 사납게 부리고[厲威嚴], 고집부리기를 자행하니[恣强愎] 이 여섯 가지가 임금의 폐단입니다. 아첨하고[諂諛], 형세를 관망하고[顧望], 두려워하고 나약한 것[畏愞], 이 세 가지는 신하의 폐단입니다.

윗사람이 이기는 것을 좋아하면 반드시 아첨하는 말을 즐기고, 윗사람이 잘못을 듣기를 부끄러워하면 반드시 직간을 듣기를 꺼리게 됩니다. 이와 같다면 아첨하는 아랫사람은 임금의 뜻만을 따르게 되어 충성스럽고 적합한 말을 올리지 않습니다.

윗사람이 말재주를 부리면 반드시 말로써 남을 꺾고, 윗사람이 총명함을 자랑하면 반드시 사람들이 자기를 속이지 않나 억측합니다. 이와 같다면 형세를 관망하는 아랫사람이 스스로 편하게 여겨 절차탁마[切磨]의 말을 다하지 않을 것입니다.

윗사람이 위엄을 사납게 부리면 반드시 마음을 낮추어 사물을 대하지 않고, 윗사람이 고집부리기를 자행하면 허물을 끌어서 바로잡는 말을 받아들이지 않습니다. 이와 같다면 두려워하고 연약한 아랫사람이 죄를 피하여 인정과 도리[情理]의 말이 펴지지 않을 것입니다.

대저 영토가 광대하고 백성은 많은데 궁궐이 깊으며 경계가 막혀 있기 때문에, 어진 자[黎獻] 이상으로 지존의 광경을 본 자는 억조(億兆)에 한 명도 없었습니다. 나아가 볼 수 있게 된 자들 가운데에 접견하여 의논할 수 있었던 자도 또한 천만에 하나도 없었습니다. 다행히 접견할 수 있어도 오히려 그사이에 아홉 가지 폐단에 빠져 있다면 윗사람과 아랫사람의 뜻이 소통하는 것은 드물 것입니다."

陸贄言於其君【德宗】曰: "古語有之, 順旨者愛所由來, 逆意者惡所從至, 故人臣皆爭順旨而避逆意, 非忘家爲國·捐身成君者, 誰能犯顏色·觸忌諱, 建一言·開一說哉? 是以哲後興王知其若此, 求諫如不及, 納善如轉圜, 諒直者嘉之, 訐犯者義之, 愚淺者恕之, 狂誕者容之. 仍慮驕汰之易滋而忠實之不聞也, 於是置敢諫之鼓·植告善之旌·垂戒愼之鞀·立司過之士. 猶懼其未也, 又設官制以言爲常, 由是有史爲書, 瞽爲詩, 工誦箴諫, 大夫規誨, 士傳言, 庶人謗. 尙恐其怠也, 每歲孟春, 遒人以木鐸徇於路而振警之, 官司相規, 工執藝事以諫, 其或不恭, 邦有常刑. 然非明智不能招直言, 非聖德不能求過行, 招直則其智彌大, 求過則其德彌光. 惟衰亂之朝·暗惑之主, 則必諱其過行·忿其直言, 以阿諛爲納忠, 以諫諍爲揚惡, 怨溢於下國而耳不欲聞, 腥德達於上天而心不求悟, 迨乎顚覆猶未知非. 情之昏迷乃至於是, 故明者廣納以成德, 暗者獨用而敗身, 成敗之途千古相襲, 與敗同轍者罔不覆, 與成同軌者罔不昌, 自當矯夏癸·殷辛拒諫飾非之愿, 協大禹·成湯拜言改過之誠, 士無賢愚鹹宜錄用, 言無大小皆務招延, 固不可有忤逆之嫌·甘辛之忌也. 夫君人者以衆智爲智, 以衆心爲心, 恒恐一夫不盡其情, 一事不得其理, 孜孜訪納, 惟善是求, 豈但從諫不咈而已哉, 乃至求謗言·聽輿誦. 葑菲不以下體而不采, 故英華靡遺; 芻蕘不以賤品而不詢, 故幽隱必達. 晉文聽輿人之誦而霸業興, 虞舜設誹謗之木而帝德廣, 斯實聖賢之高躅, 陛下何疾焉?" 又曰: "虞舜察邇言故能成聖化, 晉文聽輿誦故能恢霸功.《大雅》有詢於芻蕘之言,《洪範》有謀及庶人之義, 是則聖賢爲理, 務詢衆心, 不敢忽細微, 不敢侮鰥寡. 侈言無驗不必用, 質言當理不必違, 遜於誌者不必然, 逆於心者不必否, 異於人者不必是, 同於衆者不必非, 辭拙而效速者不必愚, 言甘而利重者不必智. 是皆考之以實·慮之以終, 其用無他, 惟善所在, 則可以盡天下之理·見天下之心. 臣每讀史書, 見亂多治少, 因懷感歎, 嚐試思之, 竊謂爲下者莫不願忠, 爲上者莫不求治, 然而下每苦上之不治, 上每苦下之不忠, 若是者何? 兩情不通故也. 下之情莫不願達於上, 上之情莫不求知於下, 然而下恒苦上之難達, 上恒苦下之難知, 若是者何? 九弊不去故也. 所謂九弊者, 上有其六而下有其三, 好勝人·恥聞過·騁辨給·衒聰明·厲威嚴·恣強愎, 此六者君上之弊也; 諂諛·顧望·畏愞, 此三者臣下之弊也. 上好勝必甘於佞辭, 上恥過必忌於直諫, 如是, 則下之諂諛者順旨而忠實之語不聞矣; 上騁辨給必勦說而折人以言, 上衒聰明必臆度而虞人以詐, 如是, 則下之顧望者自便而切磨之辭不盡矣; 上厲威必不能降情以接物, 上恣愎必不能引咎以受規, 如是, 則下之畏愞者避罪而情理之說不申矣. 夫以區域之廣大·生靈之衆多·宮闕之重深·高卑之限隔, 自黎獻而上獲睹至尊之光景者逾億兆而無一焉, 就獲睹之中得接言議者又千萬無一, 幸而得接者猶有九弊居其間, 則上下之情所通鮮矣."

신은 이렇게 생각합니다. 후세의 신하 가운데 임금에게 간언을 잘하는 사람은 육지(陸贄)만 한 자가 없으며, 육지의 이 상소는 임금이 직언을 듣고 간언을 받아들이는 도리를 논한 것에 남음이 없으니, 신이 삼가 이 편에 상세하게 실었습니다.

이 편의 말미를 삼가 살펴보면 또 말하기를 "잘 다스려짐과 어지러움의 교훈은 이전의 명철한 사람들이 갖추어 말하였고, 편안함과 위태로움의 효험은 역대에 일찍이 시험되었습니다. 옛 경전에 다 있으니 본보기로 삼아 증명하기에 충분합니다. 그 조치하고 시행하는 것은 폐하께서 잘 살펴 선택하는 데에 달려 있을 뿐입니다.

삼가 아랫사람을 대하는 길을 넓히고, 선(善)을 장려하는 문을 열며, 간언을 받아들이는 마음을 넓히고, 성심으로 대하는 아름다움을 권면하기를 바랍니다. 아랫사람을 예로써 대우하고 온화한 것으로 비춰 주며, 마음을 비워서 그 말을 다하게 하고 뜻을 바르게 하여 그 이치를 살핍니다. 말재주로 남에게 맞서지 않고, 명철함으로 스스로 자랑하지 않으며, 먼저 깨우친 것으로 재능이라고 여기지 않고, 억측하는 것을 지혜로 여기지 않으며, 좋아하고 싫어하는 것을 드러내어 아첨을 끌어내지 않고, 목소리와 안색을 크게 하는 위엄을 보이지 않아야 합니다."라고 하였습니다.

또 말하기를 "간언을 받아들일 때는 잘못을 보완하는 것을 마음으로 삼고, 잘못을 구하는 것을 급선무로 삼고, 그 잘못을 잘 고치는 것을 선(善)으로 삼고, 그 잘못을 들을 수 있는 것을 현명함으로 삼아야 합니다. 그러므로 간언하는 자가 많으면 내가 간언을 좋아할 수 있다는 것이 드러나고, 간언이 강직하면 내가 용납할 수 있다는 것을 보이게 됩니다.[53] 간언하는 자의 거친 비방은 내가 용서할 수 있다는 것이

---

53 간언이 … 됩니다: "간언이 강직하면 내가 용납할 수 있다는 것을 보이게 됩니다[諫者直示我之能賢]"에서 《대학연의보(大學衍義補)》 정덕본(正德本)에는 "현(賢)"으로 되어 있는데, 《대학연의보(大學衍義補)》 사고전서본에는 "용(容)"으로 되어 있다. 여기서는 사고전서본을 따른다.

분명해지고, 간언하는 자의 누설은 내가 그것을 따를 수 있는 것을 드러냅니다. 여기에 하나라도 해당한다면 모두 크고 훌륭한 덕이 될 것입니다."라고 하였습니다.

이 말은 진실로 만세의 임금이 말을 듣고 간언을 받아들이는 데에 귀감이니, 신이 다시 말을 더할 것은 없습니다. 청하건대 이것으로써 폐하[九重]에게 올립니다.

臣按: 後世人臣之善諫其君者無如贄, 贄之此疏論人君聽言納諫之道無餘蘊矣. 臣謹詳載於篇, 伏睹其篇末, 又曰: "理亂之戒, 前哲備言之矣; 安危之效, 曆代嘗試之矣. 舊典盡在, 殷鑒足征, 其於措置施爲, 在陛下明識所擇耳. 伏願廣接下之道, 開獎善之門, 弘納諫之懷, 勵推誠之美. 其接下也, 待之以禮, 煦之以和, 虛心以盡其言, 端意以詳其理, 不禦人以給, 不自衒以明, 不以先覺爲能, 不以臆度爲智, 不形好惡以招諂, 不大聲色以示威." 又曰: "其納諫也, 以補過爲心, 以求過爲急, 以能改其過爲善, 以得聞其過爲明. 故諫者多, 表我之能好; 諫者直, 示我之能容; 諫者之狂誣, 明我之能恕; 諫者之漏泄, 彰我之能從. 有一於斯, 皆爲盛德." 斯言也誠萬世人君聽言納諫之龜鑒, 臣不複他有所言, 請卽是以爲九重獻.

송 태조(宋太祖)[54] 건륭(建隆) 2년(961)에 조서를 내려 명령하였다.

54 송나라 태조(太祖, 927~976): 재위 960~976. 이름은 조광윤(趙匡胤)이다. 5대 10국의 마지막 왕조인 후주(後周)의 근위군 장군이 되었다. 후주의 세종(世宗)이 죽고 어린 황제가 제위에

매월 내전에 기거(起居)하는 백관은 차례로 전대(轉對: 돌아가면서 면대함)하고 아울러 시정(時政)의 득실(得失)을 지적하여 말하라. 일이 급한 것이 있으면 때가 아니어도 각(閣)에 들어와서 장(章)을 올리고 차대(次對)를 기다리지 않아도 됨을 허락한다.

宋太祖建隆二年, 詔令每月內殿起居百官以次轉對, 竝指陳時政得失, 事有急切, 許非時入閣上章, 不候次對.

송 고종(宋高宗)[55]이 조서를 내렸다.

"이제부터 행재소(行在所: 황제의 임시처소)에서 백관은 수레[日輪]에 일일이 대면하여 짐이 마땅히 허심탄회하게 그 말을 듣겠다."

高宗詔: "自今後, 行在百官日輪一員麵對, 朕當虛寧以聽其言."

오르게 되자, 장군들이 조광윤을 옹립하여 송(宋)이 건국되었다[진교(陳橋)의 변(變), 960]. 송 태조는 통일전쟁을 단행하여 중국을 거의 재통일하였고, 과거를 개혁하여 황제가 직접 과거를 주관하도록 하였다. 그의 집권기간에 절도사와 호족 세력이 약화되고 사대부가 성장하였다. 사후 동생인 조광의(趙光義)가 제위를 계승하여 태종(太宗)이 되었다.

55 송 고종(宋高宗, 1107~1187): 재위 1127~1162. 이름은 조구(趙構)이다. 북송의 8대 황제 휘종(徽宗)의 9남으로, 마지막 황제 흠종(欽宗)의 동생이다. 1126년에 흠종은 금(金)의 침입으로 포로가 되었다[정강의 변]. 이에 조구는 남쪽으로 도망쳐 1127년에 제위에 오르고 임안(현재의 항주)을 도읍으로 삼았다[남송(南宋)]. 계속되는 금의 침입을 악비(岳飛), 한세충(韓世忠) 등의 활약으로 막을 수 있었으나, 이후 주화론자인 진회(秦檜)가 재상이 되어 화평 조약이 체결되었다. 1162년에 고종은 퇴위를 선포하여 태상황이 되었고, 양자인 조진(趙愼)이 효종(孝宗)으로 즉위하였다.

신은 이렇게 생각합니다. 당(唐)나라 사람들에게도 전대(轉對)의 제도가 있었고, 송 태조(宋太祖)도 그것을 따라 백관이 차례로 전대하는 것을 허락하였으니, 마침내 한 시대의 법이 되었습니다. 송나라가 끝날 때까지 임금은 그 신하를 친하게 여기고 신하는 그 임금을 가까이하여, 말하고 논하는 사이에 서로 닿을 수 있었고 위아래의 뜻이 소통할 수 있었습니다. 천하의 일과 백성의 뜻을 두루 알 수 있었을 뿐만 아니라 무릇 신하들의 재주의 높고 낮음과 학식의 얕고 깊음과 심술(心術)의 간사하고 바름 또한 마침내 여기에서 드러날 수 있었습니다.

臣按: 唐人有轉對之制, 宋太祖因之許令百官以次轉對, 遂爲一代之法. 終宋之世, 君得以親其臣, 臣得以近其君, 言論之間得以相接, 上下之情得以交通, 非惟得以周知天下之事·下民之情, 而凡臣下才器之高下·學識之淺深·心術之邪正亦終於是得以見焉.

송 철종(宋哲宗)[56]이 즉위하여 사마광(司馬光)[57]을 제일 먼저 불렀다. (사마

56 송 철종(宋哲宗, 1076~1100): 북송의 7대 황제(재위 1985~1100)로 이름은 조후(趙煦)이다. 9살에 제위에 올라 조모인 선인태후(宣仁太后)가 수렴청정하였다. 애초에 왕안석(王安石)의 신법(新法)을 반대했던 그녀는 구법(舊法)파인 사마광을 재상으로 등용하였다. 하지만 사마광이 곧 사망하고 1093년 선인태후가 병사하자 신법파가 재등용되었다. 철종의 치세 동안 신법파와 구법파의 당쟁은 계속되었고, 송의 국력은 약화되었다. 철종은 아들 없이 일찍 죽어 동생인 조길(趙佶)이 즉위하여 휘종이 되었다.

57 사마광(司馬光, 1019~1086): 자는 군실(君實), 호는 우수(迂叟) 또는 속수선생(涑水先生)이고, 시호는 문정(文正)으로 섬주(陝州) 하현(夏縣) 출신이다. 작위가 온국공(溫國公)이어서 사마온공(司馬溫公)이라고도 한다. 1038년에 진사(進士)가 되었다. 신종(神宗) 즉위 후 왕안석(王安石)이 신법(新法)을 시행하자 그에 반대하여 구법(舊法)파의 영수가 되었다. 신종 대에는 실각하

광이) 그 임금에게 고하기를 "《주역(周易)》에 '하늘과 땅이 섞이면 태(泰)이고, 섞이지 않으면 비(否)'라고 하였습니다. 임금과 아버지는 하늘이고 신하와 백성은 땅입니다. 이 때문에 임금이 마음을 굽혀 찾아 묻고 신하가 정성을 다하여 임금을 받들어서 착한 일을 하도록 권하고 악한 일을 하지 않도록 간하면, 온갖 정사가 실현되어 잘 다스려지며 나라가 편안해질 것입니다. 임금이 귀에 거슬리는 말을 미워하고 신하가 몸을 편안히 하는 계책만 도모하면 백성들의 뜻이 가려지고 백성들의 마음이 돌아설 것입니다.

요즘의 사대부들은 구차하게 영합하고 비위를 맞추는 것을 지혜롭다고 하고 곧은 말과 바른 의론을 어리석다고 합니다. 이것은 백성들의 뜻이 가려져 위로 소통하지 못하고, 임금의 은혜가 막혀 아래로 도달하지 않아서 이루어진 것입니다. 백성들은 근심하고 괴로워하여 마음과 머리가 아프지만 위에서는 알 수가 없고, 현명한 임금이 근심하고 근면해서 아침 일찍부터 저녁 늦게까지 정사에 힘쓰지만 아래에서는 하소연할 곳이 없습니다. 공(公)과 사(私)가 모두 곤란하여 도적이 번성하는데도 오히려 하늘[上帝]의 도움에 힘입어 그해에 큰 기근이 들지 않았고, 조종(祖宗)이 남긴 계책 덕분에 사람들은 별다른 뜻을 품지 않았습니다. 그렇지 않다면 천하의 형세가 한심하게 되지 않을 수 있겠습니까.

신의 어리석은 생각으로는 오늘날의 마땅한 급선무는 명백하게 조서를 내려 언로(言路)를 크게 넓혀 관직이 있는 사람과 없는 사람을 가리지 않고 응당 조정의 잘못과 민간의 괴로움을 아는 자가 아울러 실상을 올

여 낙양(洛陽)에 은거했으나, 철종 즉위 후 재상에 발탁되어 신법을 폐지시켰으나 8개월 만에 사망하였다. 《자치통감(資治通鑑)》을 저술하였다.

리고 상소하며, 뜻을 다해 다 말하게 하는 것만 한 것이 없습니다. 도읍에서는 등문고원(登聞鼓院)[58]에 의견을 내어 낮 동안에 들어오도록 하고, 지방에서는 주군(州軍)에서 의견을 내면 주문에 덧붙여 보내니, 모두 부본(副本)으로 추궁하거나 강제로 억압하고 물리쳐서는 안 됩니다. 폐하께서 정사를 돌보고 남는 여가에 대략 살펴주시어서 그 의리가 정밀하고 마땅한 것은 곧 그 말을 시행하고 그 사람을 드러내어 뽑습니다.

그다음은 그 장점을 취하고 단점을 버리는데, 어리석고 비루하여 취할 만한 것이 없는 자는 주문을 돌려보내고 파직하고는 또한 죄를 더하지 않습니다. 이와 같으면 훌륭한 말이 날로 바쳐져서 여러 의견이 감춰진 것이 없으니, 폐하께서 비록 구중궁궐에 계시더라도 사방의 일이 마치 손바닥을 가리키는 것 같고 조치와 시행이 오직 그 원하는 대로 될 것입니다. 이는 잘 다스려지고 편안해지는 근원이고 태평스러워지는 기반입니다. 여러 신하 가운데 만약 방해하고 어렵다고 하는 자의 경우 그 사람은 반드시 간악하여 다른 사람이 지적하여 아뢰는 것을 두렵게 만들어 오로지 그 총명함을 가려 막고자 하니, 이는 살피지 않을 수 없습니다." 라고 하였다.

哲宗初卽位, 首召司馬光, 至告其君曰: "《周易》天地交則爲《泰》, 不交則爲《否》. 君父天也, 臣民地也, 是故君降心以訪問, 臣竭誠以獻替, 則庶政修治·邦家乂安. 君惡逆耳之言, 臣營便身之計, 則下情壅蔽, 衆心離叛. 近年士大夫以偷安苟容爲智, 危言正論爲狂, 是致下情蔽而不上通, 上恩壅而

58 등문고원(登聞鼓院): 등문고(登聞鼓)를 둔 관사이다. 조정(朝廷)에 북을 달아 놓고 신민(臣民)이 진정할 때에 두드렸다 한다.

不下達, 閭閻愁苦痛心疾首而上不得知, 明主憂勤宵衣旰食而下無所訴. 公私兩困, 盜賊已繁, 猶賴上帝垂休, 歲不大饑, 祖宗貽謀, 人無異誌, 不然則天下之勢可不爲之寒心乎? 臣愚以爲, 今日所宜先者莫若明下詔書, 廣開言路, 不以有官無官之人, 應有知朝政闕失及民間疾苦者, 竝許進實封狀, 盡情極言. 在京則於鼓院投下, 晝時進入; 在外則於州軍投下, 附遞奏聞, 皆不得取責副本, 強有抑退. 陛下於聽政之暇略賜省察, 其義理精當者卽施行其言而顯擢其人, 其次取其所長舍其所短, 其狂愚鄙陋無可采取者報聞罷去亦不加罪. 如此則嘉言日進, 群情無隱, 陛下雖深居九重, 四海之事如指諸掌, 擧措施爲惟其所欲, 乃治安之原·太平之基也. 群臣若有沮難者, 其人必有奸惡畏人指陳, 專欲壅蔽聰明, 此不可不察."

신은 이렇게 생각합니다. 철종이 처음 다스릴 때 낙양에서 사마광을 불러 그에게 급선무를 물었는데, 사마광이 먼저 이 상소를 올리고 또 "잘 다스려지고 편안해지는 근원과 태평스러워지는 기반이 여기에 있다"라고 말했습니다. 신이 가만히 생각건대, 사마광의 이 상소는 다만 당시의 임금이 마땅히 알아야 할 뿐만 아니라 실로 만세의 임금이 마땅히 알아야 합니다. 신은 일찍이 이를 인하여 통합하여 논하였습니다.

말은 마음의 소리입니다. 사람의 마음에 쌓인 것이 있으면 반드시 말을 빌려서 드러냅니다. 제왕 가운데 요(堯) 임금만 한 임금이 없으니 요 임금은 말로써 사람을 시험하는 원칙으로 삼았습니다. 성현 가운데 공자만 한 자가 없으니 공자는 말로써 사람을 알아보는 근본으로 삼았습니다. 이와 같다면 말이 말이 되는 것이 그 크게 관계되는 것이 이와 같은 바가 있습니다. 이 때문에 예로부터 제왕은 이미 스스로 그 말하는 것을 삼갔고 더욱 반드시 다른 사람들의 말을 구하여 자신의 돕는 것으로 삼고 다른 사람들의 말로 인하여 자신의 거울로 삼았습니다. 좋은 말이 들리면 절을 하고 좋은 말을 들으면 받아들여, 겸손한 말로 이끌어 나오게 하고 두터운 예로 부르며, 많은 지방에서 오게 하고 널리 묻기를 다하며, 부드러운 낯빛과 기쁜 기색으로 받아들이고 큰마음과 넓은 도량으로 그것을 용납합니다.

혹은 과목(科目)을 이른바 직언(直言)과 극언(極言) 같은 것으로 하고, 혹은 관직에 이른바 습유(拾遺)와 보궐(補闕)과 같은 것을 설치합니다. 혹은 재앙으로 인하여 조서를 내려 구언하고, 혹은 환난으로 인하여 자기를 책망하여 (현인을) 찾습니다. 혹은 윤대의 제도를 만들어 사람마다 스스로 진달할 수 있게 하고, 혹은 등문고(登聞鼓)를 만들어 일마다 위로 들릴 수 있게 하니, 천하의 말을 구하지 않는 것이 없어서 천하의 다스림을 이루고 천하의 정(情)이 통하였습니다.

이 때문에 진언(陳言)함에 훌륭한 자는 상을 주어 그것을 권면하니, 《시전(詩傳)》에 "나라를 일으키는 임금은 간쟁하는 신하를 상준다"[59] 라는 것이 이 경우입니다. 마땅히 해야 하는 말을 하지 않는 자는 형벌을 만들어 그것을 경계하니, 《서경(書經)》에 "신하가 바로잡아 주지 않으면 그 형이 묵형(墨刑)에 해당한다."[60]는 것이 이 경우입니다. 말이 비록 단점을 꼬집어 내는 게 지나쳐 감내할 수 없게 하는 자가 있어도

---

59 나라를 … 상준다: 《국어(國語)》 〈진어(晉語)〉에 나온다.

60 신하가 … 해당한다: 《서경(書經)》 〈상서(商書) 이훈(伊訓)〉에 나온다.

또한 용납하여 그것을 수용하고 죄를 더하지 않으니, 사서(史書)에 "간쟁하는 신하를 죽이면 그 국가는 반드시 망한다."라는 것이 이 경우입니다.

대저 이와 같으면 훌륭한 말이 묻혀 있지 않아 군덕(君德)의 닦여짐의 여부, 조정의 잘못[闕失], 신하의 현명함과 아첨함, 민생의 기쁨과 슬픔이 모두 말을 통해 위에 도달합니다. 우환을 염려하여 예방하는 계책을 마련하여서 일이 그릇되고 난 뒤에 후회하는 뉘우침이 없는 경우에 천하와 국가가 위태롭고 망하는 걱정은 영원히 없을 것입니다.

옛날에 진 평공(晉平公)[61]이 숙향(叔向)[62]에게 묻기를 "나라의 근심 가운데 어느 것이 제일 큰가?"라고 하자, 대답하기를 "대신(大臣)은 녹만 타 먹고 극진히 고치도록 말하지 않고, 소신(小臣)은 죄를 두려워하여 감히 말하지 않아 백성의 뜻이 위에 소통할 수 없으니, 이것이 큰 근심입니다."라고 하였습니다. 아! 근심 가운데 큰 것을 말한다면, 어찌 언로가 소통하지 않아 그 근심이 반드시 위태롭고 망하는 데에 이르는 것이 아니겠습니까. 이 때문에 천하의 근심은, 임금이 위태롭고 망하는 지경에 처하여도 스스로 알지 못하고 신하들이 망하는 화를 알아도 감히 말하지 않는 것보다 큰 것이 없습니다. 다른 사람보

---

61 진 평공(晉平公): 춘추시대 진(晉)의 31대 임금(재위 기원전 557~기원전 532)으로 이름은 표(彪)이다.

62 숙향(叔向): 진(晉)의 정치가로 성(姓)은 희(姬), 씨(氏)는 양설(羊舌) 이름은 힐(肸) 또는 숙힐(叔肸)이고, 자가 숙향이다. 진의 도공(悼公), 평공(平公), 소공(昭公) 세 군주를 섬겼다. 평공의 사부가 되며, 정(鄭)의 자산(子産), 제(齊)의 안영(晏嬰)과 더불어 춘추시대의 명현으로 손꼽힌다.

다 윗자리에 있는 자는 진실로 말을 아뢰는 길을 넓히고 말을 용납하는 도량을 넓히며, 말이 선한 자는 상을 주고 말이 그릇된 자는 죄를 주지 않으며, 마땅히 말해야 하는 것에 말하지 않는 자는 벌준다면 대신이 녹만 받아먹는 데에 이르지 않고 소신이 죄를 두려워하는 데에 이르지 않으니, 백성들의 뜻이 위로 소통할 것입니다. 천하와 국가에 또 어찌 위태롭고 망하는 근심이 있겠습니까. 그러므로 잘 다스려지고 편안해지는 근원과 태평스러워지는 기반이 여기에 있다고 말한 것입니다. 바라건대, 오직 임금께서는 유념하십시오.

臣按: 哲宗初政, 召司馬光於洛, 問光所當先者, 光首上此疏, 且以謂治安之原·太平之基在此. 臣竊以爲, 光之此疏非獨當時人君所當知, 實萬世人君所當知者也. 臣嚐因是而通論之, 言者心之聲也, 人心有所蘊必假言以發之. 帝王莫如堯, 堯以言爲試人之則; 聖賢莫如孔子, 孔子以言爲知人之本. 是則言之爲言, 其所關係之大有如此者, 是以自古帝王既自謹其所言, 尤必求人之言以爲己助, 因人之言以爲己鑒. 聞則拜之, 聽則納之, 卑辭以誘之, 厚禮以招之, 多方以來之, 博問以盡之, 和顏悅色以受之, 大心宏度以容之, 或爲之科目如所謂直言·極諫者, 或爲之設官如所謂拾遺·補闕者, 或因災眚而下詔以求, 或因患難而責己以訪, 或爲輪對之制使人人得以自達, 或設登聞之鼓使事事得以上聞, 無非求天下之言, 以成天下之治, 以通天下之情. 是以陳言而善者則立賞以勸之, 傳曰"興王賞諫臣"是也; 當言不言者則制刑以威之,《書》曰"臣下不匡其刑墨"是也; 言雖過於訐直有所不堪忍者, 亦容以受之而不加之以罪, 史曰"殺諫臣者其國必亡"是也. 夫如是, 則嘉言罔攸伏, 君德之修否·朝廷之闕失·臣下之賢佞·民生之休戚, 皆因言以達之於上, 有以爲思患豫防之計而不至於噬臍無及之悔, 則天下國家永無危亡之患矣. 昔晉平公問於叔向曰: "國家之患孰爲大?" 對曰: "大臣持祿而不極諫, 小臣畏罪而不敢言, 下情不得上通, 此患之大者." 嗚呼, 患而謂之大, 豈非言路不通其患必至於危亡也哉? 是故天下之患莫大於人君處危亡之地而不自知, 人臣知危亡之禍而不敢言. 爲人上者誠能廣陳言之路, 弘容言之量, 言之善者有賞, 言之非者無罪, 當言而不言者有罰, 則大臣不至於持祿, 小臣不至於畏罪, 而下情上通矣. 天下國家又豈有危亡之患哉? 故曰治安之原·太平之基在此, 伏惟聖明留意.

이상 말을 아뢰는 길을 넓힘이다.

以上廣陳言之路

찾아보기

저자 소개

구준(邱濬, 1420~1495)

중국 명(明)나라의 유학자, 정치가이다. 자는 중심(仲深), 호는 경대(瓊臺). 구준(丘濬)으로도 쓴다. 현재의 하이난성[海南省] 출신이다. 경제(景帝) 경태(景泰) 5년(1454) 과거에 급제하였다. 한림원(翰林院)의 서길사(庶吉士)로 뽑혀 지리지인 《환우통지(寰宇通志)》, 《영종실록》 편찬에 참여하였다. 예부상서를 지냈고 이어 《헌종실록》 편찬에 참여했으며 문연각 대학사(文淵閣大學士)를 역임했다.

남송 시대 성리학자 진덕수(眞德秀, 1178~1235)의 《대학연의(大學衍義)》를 보충해 《대학연의보(大學衍義補)》 160권을 저술하였다. 이 외에도 《세사정강(世史正綱)》, 《가례의절(家禮儀節)》, 《오륜전비충효기(伍倫全備忠孝記)》, 《구문장집(丘文莊集)》, 《경대집(瓊台集)》 등의 저술을 남겼다.

역주자 소개

윤정분(1952~2017)

연세대학교 사학과를 졸업하고, 國立臺灣大學校 歷史學硏究所에서 석사학위를, 연세대학교 대학원 사학과에서 박사학위를 받았다.

덕성여자대학교 사학과 교수를 역임했다.

저서로 《군신, 함께 정치를 논하다》, 《한국 여성사 연구 70년》, 《중국근세 경세사상연구》 등이 있다.

역주자 소개

정재훈(鄭在薰)

서울대학교 국사학과, 동 대학원을 졸업하고, 서울대 규장각한국학연구원, 인문학연구원을 거쳐 현재 경북대학교 사학과 교수로 재직 중이다.
저서로 《조선전기 유교 정치사상 연구》, 《조선시대의 학파와 사상》, 《조선의 국왕과 의례》, 《조선 국왕의 상징》 등이 있고, 역서로 《동사(東史)》, 《용헌집(容軒集)》, 《동호문답(東湖問答)》, 《대학연의(大學衍義)》 등이 있다. 그 외 논문 40여 편이 있다.

역주자 소개

오항녕(吳恒寧)

고려대학교 한국사학과를 졸업하고, 태동고전연구소, 한국사상사연구소 연구원, 연변대학교와 튀빙겐대학교 방문교수를 지냈다. 현재 전주대학교 사학과(대학원) 교수로 재직 중이며, 한국고전번역원 이사, 인권평화연구원 이사로 있다.
저서로 《역사학 1교시, 사실과 해석》, 《실록이란 무엇인가》, 《광해군, 그 위험한 거울》, 《조선의 힘》, 《한국 사관제도 성립사》, 《조선초기성리학과 역사학》 등이 있고, 역서로 《사통(史通)》, 《국역 영종대왕실록청의궤(英宗大王實錄廳儀軌)》, 《문곡집(文谷集)》, 《존재집(存齋集)》 등이 있다. 그 외 논문 50여 편이 있다.

역주자 소개

정호훈(鄭豪薰)

연세대학교 사학과를 졸업하고, 동 대학원에서 《17세기 北人系 南人 學者의 政治思想》으로 박사학위를 받았다. 현재 서울대학교 규장각한국학연구원 교수이다.
저서로 《朝鮮後期 政治思想 研究》, 《조선의 《소학》: 주석과 번역》, 《교화와 형벌: 조선의 범죄대책과 《경민편》》이 있고, 역서로 《선각》, 《대학연의》(공역) 등이 있다.

역주자 소개

김선민(金羨珉)

연세대학교 사학과, 동 대학원 석·박사를 졸업하고, 연세대학교 연구교수 등을 지냈다.
역서로 《양한사상사(兩漢思想史)》 1(2022), 《황제사경 역주(黃帝四經譯註)》(2011), 《古代中國》(1995) 등이 있고, 논문으로 〈魏晉시기 관리의 三年喪 "解官" 법제화 과정〉(2022), 〈위진남북조 상례(喪禮)에서의 윤월(閏月)의 문제와 법제화 과정〉(2013), 〈兩漢 이후 皇帝短喪制의 확립과 官人三年服喪의 入律〉(2007) 등이 있다.